长江国际黄金旅游带

精品线路路书

文化和旅游部资源开发司
国家发展改革委社会发展司 编著

中国旅游出版社

序言

长江自青藏高原奔腾而下，纵贯 6300 多公里，汇聚万千河湖，注入东海。长江是中华民族的母亲河，承载了中华民族的共同记忆。数千年来，逶迤流淌的长江养育了中华儿女，造就了从巴山蜀水到江南水乡的千年文脉。长江文化印证了中华文明的灿烂辉煌，是中华民族的代表性符号和中华文明的标志性象征。

2020 年 11 月 14 日，习近平总书记在全面推动长江经济带发展座谈会上指出，"要把长江文化保护好、传承好、弘扬好，延续历史文脉，坚定文化自信。要保护好长江文物和文化遗产，深入研究长江文化内涵，推动优秀传统文化创造性转化、创新性发展。"《中华人民共和国国民经济和社会发展第十四个五年规划和 2035 年远景目标纲要》将"打造长江国际黄金旅游带"列入 102 项重大工程项目。

为在新的起点上继续推动文化繁荣、建设文化强国、建设中华民族现代文明，建好用好长江国家文化公园和长江国际黄金旅游带，打造独具魅力的中华文化旅游体验，文化和旅游部资源开发司、国家发展改革委社会发展司共同组织编印了《长江国际黄金旅游带精品线路路书》。

长江流域文化和旅游资源丰富，景观多样、人文荟萃，是我国具有全球影响力的自然山水人文旅游资源的主要集聚区。《长江国际黄金旅游带精品线路路书》精心设计了长江文明溯源之旅、长江世界遗产之旅、长江安澜见证之旅、长江红色基因传承之旅、长江自然生态之旅、长江风景览胜之旅、长江乡村振兴之旅、长江非遗体验之旅、长江瑰丽地貌之旅、长江都市休闲之旅 10 条长江主题国家级旅游线路和清凉渝东避暑之旅、荆楚千年文明之旅、南水北调源头之旅等 38 条长江精品旅游线路，涵盖行程规划、路况介绍、沿途城市和景区、游玩锦囊等旅游信息，以吸引旅游爱好者探索和发现长江的自然人文之美。

不知江月待何人，但见长江送流水。长江之美，已流淌千年。希望通过这本路书，让更多人走近长江，认知长江，爱上长江。

长江第一湾

目录 CONTENTS

长江主题
国家级旅游线路

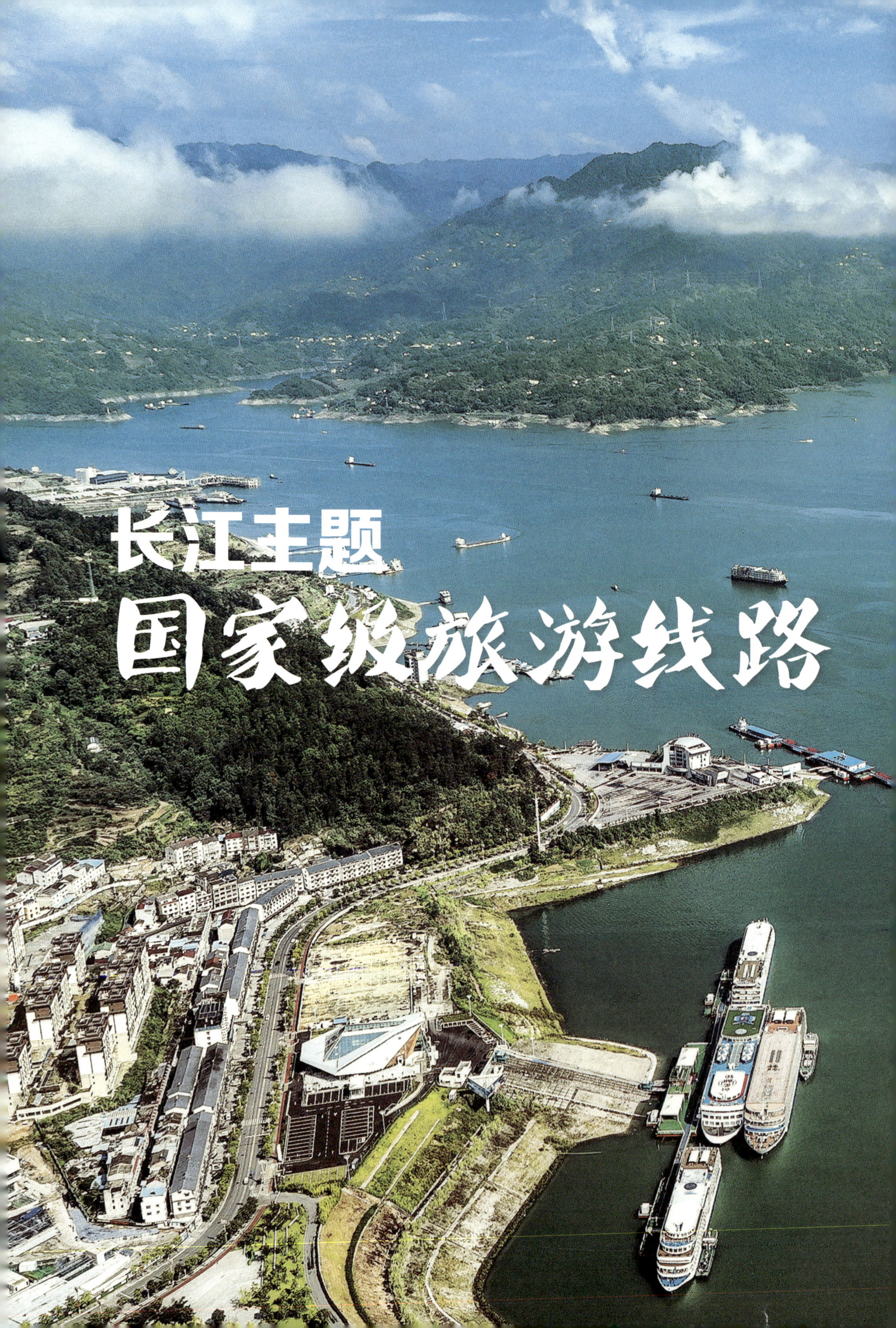

长江夔门

长江主题国家级旅游线路

长江文明溯源之旅

线路组成： 四川（四川博物院，三星堆博物馆，金沙遗址博物馆，邛窑国家考古遗址公园等）—云南（云南省博物馆等）—重庆（重庆中国三峡博物馆，钓鱼城国家考古遗址公园等）—湖北（湖北省博物馆，武汉自然博物馆，荆州博物馆，屈家岭国家考古遗址公园等）—湖南（湖南博物院，城头山国家考古遗址公园，长沙铜官窑国家考古遗址公园，长沙简牍博物馆等）—江西（江西省博物馆，汉代海昏侯国国家考古遗址公园，景德镇中国陶瓷博物馆，御窑厂国家考古遗址公园等）—安徽（安徽博物院，明中都皇故城国家考古遗址公园，凌家滩国家考古遗址公园，寿春城遗址等）—江苏（南京博物院，六朝博物馆，鸿山国家考古遗址公园，阖闾城遗址博物馆等）—浙江（浙江省博物馆，中国丝绸博物馆，河姆渡遗址博物馆，良渚国家考古遗址公园等）—上海（上海博物馆，上海崧泽遗址博物馆，广富林文化遗址等）。

线路简介： 长江造就了从巴山蜀水到江南水乡的千年文脉，是中华民族的代表性符号和中华文明的标志性象征。该线路以三星堆博物馆、湖北省博物馆、良渚国家考古遗址公园等博物馆和标志性文化遗址为载体，集中展现源远流长、博大精深的长江文明，让人们在探寻长江文明起源、发展脉络和灿烂成就的过程中汲取精神滋养和前进力量。

广汉三星堆遗址青铜器

良渚国家考古遗址公园

长江世界遗产之旅

线路组成： 四川（九寨沟风景名胜区，黄龙风景名胜区，青城山—都江堰，峨眉山—乐山大佛，四川大熊猫栖息地等）—云南（云南三江并流保护区，丽江古城，澄江化石遗址，石林风景名胜区，红河哈尼梯田文化景观等）—贵州（梵净山，赤水风景名胜区，海龙屯，潕阳河风景名胜区等）—重庆（大足石刻，芙蓉江风景名胜区，金佛山风景名胜区，五里坡国家级自然保护区等）—湖北（武当山古建筑群，神农架，明显陵，唐崖土司城址等）—湖南（武陵源风景名胜区，崀山风景名胜区，老司城遗址等）—江西（庐山国家公园，三清山国家公园，龙虎山风景名胜区，龟峰风景名胜区等）—安徽（黄山，皖南古村落—西递、宏村等）—江苏［苏州古典园林，明孝陵，中国黄（渤）海候鸟栖息地（第一期）等］—浙江（杭州西湖文化景观，良渚古城遗址，江郎山风景名胜区等）。

线路简介： 长江沿线拥有风光旖旎的自然景观和巧夺天工的文化景观，为世界留下了无可替代的宝贵财富。该线路串联起九寨沟风景名胜区、丽江古城、黄山、苏州古典园林、杭州西湖文化景观等世界文化和自然遗产，形成融灵山秀水与深厚文化为一体的世界遗产旅游长廊，让旅游成为人们感悟中华文化、增强文化自信的过程。

大足石刻

武陵源

皖南古村落

长江安澜见证之旅

线路组成： 四川（都江堰，东风堰，眉山通济堰等）—重庆（重庆白鹤梁水下博物馆，长寿湖旅游区，龙水湖风景区等）—湖北（三峡水利枢纽，葛洲坝水利枢纽，丹江口水库等）—湖南（东江湖旅游区，紫鹊界梯田等）—江西（泰和槎滩陂，抚州千金陂，潦河灌区，上堡梯田等）—安徽（芍陂，渔梁坝，佛子岭水库等）—江苏（江都水利枢纽，兴化垛田灌排工程体系，里运河—高邮灌区等）—浙江（中国水利博物馆，丽水通济堰，诸暨桔槔井灌工程，宁波它山堰，龙游姜席堰，金华白沙溪三十六堰，松阳松古灌区等）—上海（松江生态水利风景区等）。

线路简介： 善治国者必善治水，兴国必先兴水。从两千多年前的都江堰到如今的"世纪工程"三峡水利枢纽、南水北调工程，从激流险滩到高峡平湖，从水患频发到旱涝无虞、安居乐业，功在当代，利在千秋。该线路以长江沿线主要水利枢纽和世界灌溉工程遗产为载体，让人们走近三峡水利枢纽、都江堰等重大水利工程和治水实践，深刻体会流淌千年的治水智慧，见证长江安澜、百姓安居、生态优良的美好画卷。

三峡大坝

南水北调工程中的江都水利枢纽泵站

松阳松古灌区

长江红色基因传承之旅

线路组成： 四川（邓小平故居和纪念馆，朱德故居纪念馆，甘孜州泸定县红军飞夺泸定桥纪念馆等）—云南（曲靖市会泽县水城红军扩军旧址，楚雄州元谋县龙街红军横渡金沙江渡口，昭通市威信县扎西会议纪念馆等）—贵州（遵义会议纪念馆，娄山关景区，四渡赤水纪念馆，黔东南州黎平县黎平会议旧址等）—重庆（歌乐山革命纪念馆，红岩魂广场及陈列馆，刘伯承故居及纪念馆，聂荣臻元帅陈列馆，邱少云烈士纪念馆等）—湖北（辛亥革命博物院，八七会议会址纪念馆，毛泽东旧居及中央农民运动讲习所旧址纪念馆，红安县黄麻起义和鄂豫皖苏区革命烈士陵园等）—湖南（湘潭市韶山市毛泽东故居和纪念馆，宁乡市花明楼刘少奇故居和纪念馆，湘潭县彭德怀故居和纪念馆，桑植县贺龙故居和纪念馆，衡东县罗荣桓故居，通道转兵纪念馆等）—江西（南昌八一起义纪念馆，方志敏纪念馆，井冈山红色旅游系列景区等）—安徽（宣城市泾县皖南事变烈士陵园及新四军军部旧址，淮北市濉溪县淮海战役双堆集烈士陵园，六安市皖西烈士陵园，金寨县革命烈士陵园，合肥渡江战役纪念馆等）—江苏（侵华日军南京大屠杀遇难同胞纪念馆，常熟市沙家浜革命历史纪念馆，南京雨花台烈士纪念馆，南京渡江胜利纪念馆，中国人民解放军海军诞生地纪念馆等）—浙江（嘉兴市南湖风景名胜区，绍兴市鲁迅故居及纪念馆，解放一江山岛纪念馆等）—上海（中国共产党第一次全国代表大会会址纪念馆，中国共产党第二次全国代表大会会址纪念馆，中共四大纪念馆等）。

线路简介： 长江的波涛澎湃，赓续着中华儿女的红色血脉；长江的奔流不息，传承着中华儿女的红色基因。长江见证了中国共产党的成立，记录了无数革命先烈们前行的足迹。该线路以长江沿线全国红色旅游经典景区为载体，集中展现中国共产党的光辉历程，引导广大人民群众在回溯红色历史时感悟初心使命，汲取前进力量。

遵义会议会址

渡江战役纪念碑

长江自然生态之旅

线路组成： 四川（邛海旅游度假区，光雾山旅游景区，甘孜州海螺沟景区等）—云南（玉溪抚仙湖旅游度假区，文山丘北普者黑景区，香格里拉普达措景区等）—贵州（毕节市百里杜鹃景区，赤水河谷旅游度假区，乌江源百里画廊旅游区等）—重庆（小三峡—小小三峡生态旅游区，黑山谷景区，阿依河景区，西阳桃花源景区等）—湖北（三峡人家风景区，长阳清江画廊景区，恩施大峡谷景区等）—湖南（酒埠江风景区，雪峰湖国家湿地公园，湘江源国家森林公园等）—江西（鄱阳湖景区，东江源国家湿地公园，三百山景区等）—安徽（太平湖风景区，焦岗湖景区，花亭湖旅游区等）—江苏（天目湖旅游度假区，沙家浜·虞山尚湖旅游区，姜堰溱湖旅游景区等）—浙江（杭州市西溪湿地旅游区，宁波市奉化溪口—滕头旅游景区，台州市神仙居景区等）—上海（崇明西沙国家湿地公园，吴淞炮台湾国家湿地公园，海湾国家森林公园等）。

香格里拉普达措国家森林公园

恩施大峡谷云龙地缝瀑布

线路简介： 满目千山绿，长江万里清。长江沿线群峰峻岭绵延，山原荒漠迢遥，森林草原苍莽，江湖湿地纵横，拥有庞大的河湖水系和独特完整的自然生态系统，是我国重要的生态宝库。近年来，长江沿线各地坚持"共抓大保护、不搞大开发"，全面推进生态文明建设，长江沿线山河披绿、河湖向美，探索出一条生态优先、绿色发展新路子。让我们共同守护天蓝水清岸绿鱼丰的长江生态美景，打造人与自然和谐共生的文明画卷。

鄱阳湖白鹤

长江风景览胜之旅

线路组成： 四川（阆中古城旅游区，剑门蜀道剑门关旅游区，稻城亚丁旅游景区等）—云南（玉龙雪山景区，崇圣寺三塔文化旅游区等）—贵州（花溪青岩古镇景区，镇远古城旅游景区等）—重庆（白帝城·瞿塘峡景区，四面山景区，濯水景区等）—湖北（东湖景区，三峡大坝—屈原故里旅游区，神农溪纤夫文化旅游区，三国赤壁古战场景区等）—湖南（衡

岳阳楼

山旅游区，岳阳楼—君山岛景区，武陵源—天门山旅游区，常德桃花源旅游区等）—江西（明月山旅游区，武功山景区，庐山西海景区等）—安徽（九华山风景区，天柱山风景区，天堂寨旅游景区，古徽州文化旅游区等）—江苏（苏州市吴中太湖旅游区，南京市夫子庙—秦淮风光带景区，瘦西湖风景区，无锡市鼋头渚景区等）—浙江（普陀山风景区，千岛湖风景区，乌镇古镇旅游区，天一阁·月湖景区等）—上海（东方明珠广播电视塔等）

线路简介： 长江沿线是我国具有全球影响力的自然山水和人文旅游资源的主要集聚区，玉龙雪山、衡山、九华山等名山荟萃，东湖、太湖、千岛湖等秀水竞流，山水相映、江湖交融，描绘出一幅千姿百态、异彩纷呈的山水画卷。该线路以长江沿线国家 5A 级旅游景区为载体，让人们在领略自然之美中感悟文化之美、陶冶心灵之美。

阆中古城秋色

玉龙雪山倒影

长江乡村振兴之旅

线路组成：四川（成都市蒲江县甘溪镇明月村，成都市郫都区唐昌街道战旗村，宜宾市翠屏区李庄镇高桥村等）—云南（昆明市宜良县九乡彝族回族乡麦地冲村，丽江市玉龙纳西族自治县白沙镇玉湖村，红河哈尼族彝族自治州元阳县新街镇阿者科村等）—贵州（遵义市播州区枫香镇花茂村，铜仁市江口县太平镇云舍村，黔东南苗族侗族自治州台江县老屯乡长滩村等）—重庆（巫山县竹贤乡下庄村，石柱土家族自治县中益乡华溪村，巫溪县红池坝镇茶山村等）—湖北（荆州市石首市桃花山镇李花山村，黄冈市蕲春县檀林镇雾云山村，宜昌市夷陵区太平溪镇许家冲村等）—湖南（湘西土家族苗族自治州花垣县双龙镇十八洞村，郴州市汝城县文明瑶族乡沙洲瑶族村，湘潭市韶山市银田镇银田村等）—江西（上饶市婺源县江湾镇栗木坑村，上饶市婺源县赋春镇源头村，赣州市大余县黄龙镇大龙村等）—安徽（合肥市庐江县汤池镇百花村，滁州市凤阳县小溪河镇小岗村，宣城市泾县桃花潭镇查济村等）—江苏（南京市江宁区江宁街道黄龙岘茶文化村，无锡市宜兴市湖㳇镇洑西村，南通市海门区常乐镇颐生村等）—浙江（杭州市淳安县枫树岭镇下姜村，湖州市长兴县水口乡顾渚村，湖州市安吉县天荒坪镇余村等）—上海（金山区山阳镇渔业村，奉贤区青村镇吴房村，崇明区竖新镇仙桥村等）。

线路简介：雄浑壮阔七千里，通络润滋亿万家。千百年来，万里长江泽被南北两岸，哺育滋养了大大小小的村庄。进入新时代，生态治理、产业升级，两岸村落开启乡村振兴新篇章，焕发出新的生机与活力，大江南北，景美人和。该线路串联起长江沿线具有代表性的全国乡村旅游重点村，让游客近距离体验长江沿线美丽乡村的独特魅力，感受水乡田园的悠闲惬意与乡村振兴的重大成就。

元阳哈尼梯田

重庆市巫山县下庄村

婺源的春天

长江非遗体验之旅

线路组成：羌族文化生态保护区—迪庆民族文化生态保护实验区—大理文化生态保护区—黔东南民族文化生态保护区—武陵山区（渝东南）土家族苗族文化生态保护实验区—武陵山区（鄂西南）土家族苗族文化生态保护实验区—武陵山区（湘西）土家族苗族文化生态保护区—客家文化（赣南）生态保护实验区—景德镇陶瓷文化生态保护实验区—徽州文化生态保护区

景德镇民俗博物馆

线路简介：大江两岸，非遗荟萃。长江沿线丰富的非物质文化遗产，如珍宝般闪烁在绿水青山间，是长江文明绵延传承的生动见证。近年来，长江沿线非物质文化遗产不断实现创造性转化和创新性发展，不断将非遗之美清晰完整地呈现在人们面前，在守正创新中绽放出时代光彩。该线路以长江沿线文化生态保护（实验）区为载体，吸引着更多人走近非遗、认识非遗、热爱非遗，感受长江非遗在新时代焕发的活力与魅力。

湘西凤凰古城

肇兴古镇侗族建筑

长江瑰丽地貌之旅

线路组成： 四川（兴文世界地质公园，光雾山—诺水河世界地质公园，自贡世界地质公园等）—云南（大理苍山世界地质公园，石林世界地质公园等）—贵州（织金洞世界地质公园等）—湖北（黄冈大别山世界地质公园，神农架世界地质公园等）—湖南（湘西世界地质公园，张家界世界地质公园等）—江西（三清山世界地质公园，龙虎山世界地质公园，庐山世界地质公园等）—安徽（黄山世界地质公园，天柱山世界地质公园，九华山世界地质公园等）—浙江（雁荡山世界地质公园等）

张家界世界地质公园

线路简介： 长江发源于"世界屋脊"青藏高原的唐古拉山脉，自西向东流经云贵高原、四川盆地、长江中下游平原四大地形区，地跨中国地貌三大阶梯，沿途有高山、峡谷、湖泊、平原等各种景观类型，地面高差悬殊、地貌类型多样。该线路串联苍山、神农架、张家界、天柱山、雁荡山等世界地质公园，游客可领略长江沿线亘古造化的地质遗产和鬼斧神工的地貌奇观，探寻亿万年来的地球演变历程和生命演化奥秘。

光雾山秋色

天柱山世界地质公园

长江都市休闲之旅

线路组成：成都（武侯祠·锦里，宽窄巷子，春熙路等）—昆明（昆明老街，南屏步行街，滇池风景区等）—贵阳（黔灵山公园，甲秀楼，天河潭风景区等）—重庆（大九街旅游休闲街区，磁器口街区，弹子石老街，洪崖洞民俗风貌区等）—武汉（黄鹤楼公园，黎黄陂路历史文化街区，江汉路及中山大道历史文化街区，昙华林历史文化街区等）—长沙（岳麓山·橘子洲旅游区，太

绍兴兰亭景区

平街，坡子街等）—南昌（滕王阁旅游区，万寿宫旅游休闲街区等）—合肥（淮河路步行街，罍街等）—南京（夫子庙步行街，梅园新村历史文化街区，长江路文化旅游集聚区等）—苏州（平江历史街区，李公堤旅游休闲街区等）—杭州（湖滨步行街，清河坊历史文化街区，桥西历史文化街区等）—绍兴（仓桥直街，书圣故里历史街区，兰亭景区等）—上海（武康路—安福路街区，思南公馆街区，愚园艺术生活街区等）

线路简介：万里长江，奔流入海；千埠并起，因水而生。长江沿线城市积极实施城市更新行动，让城市与自然和谐共生，绘就山水人城和谐相融新画卷。该线路以成都、重庆、武汉、长沙、南京、杭州等长江沿线城市的休闲旅游节点为载体，让游客感受都市历史文化和现代生活的相融相生。

成都宽窄巷子

夫子庙风光

巫峡风光

长江国际黄金旅游带
38条精品线路

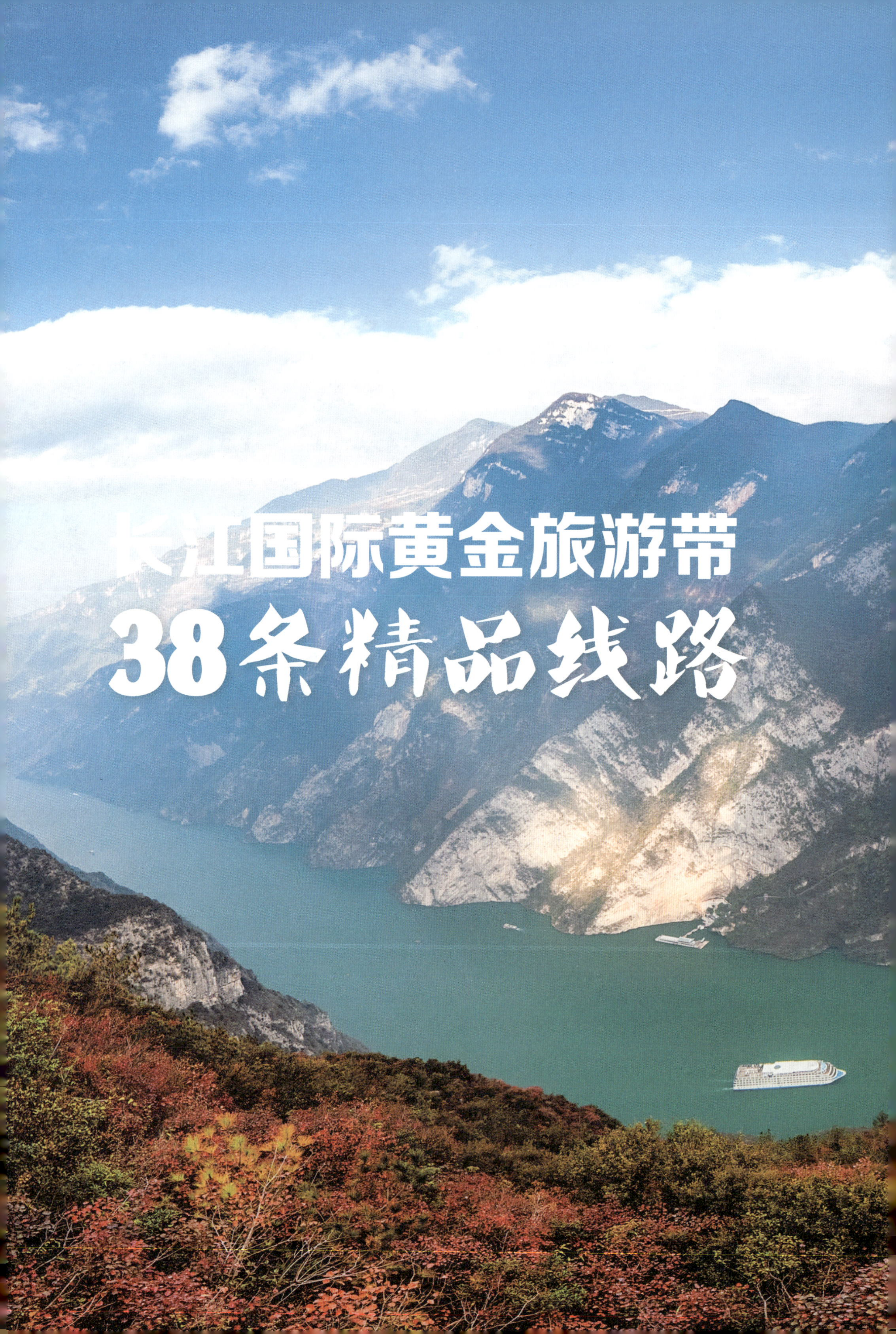

No.1 巴蜀文化溯源之旅

手绘线路图

线路概况

巴蜀文化与中国其他地域文化，如中原文化、吴越文化、荆楚文化一样，是中华文化的重要组成部分，有着悠久的历史和鲜明的地域特征。其源头可追溯到新石器时代晚期文明起源之时。本精品线路串联起金沙遗址博物馆、三星堆遗址、城坝遗址、罗家坝巴人文化遗址、重庆巫山大溪文化遗址等巴蜀文化的源头遗迹，让游客穿越时空，探秘千年古蜀三星堆、大溪等文明，感受中华文明博大精深。

非遗体验

川剧、灯戏、木偶戏、绵竹木版年画、蜀绣、蜀锦织造技艺、川江号子、石柱土家啰儿调、南溪号子。

土特产

甘棠徽子、灯影牛肉、四川腊肉、蜀锦、瓷胎竹编、蜀绣、郫县豆瓣。

行程规划

⚡ **线路：** 金沙遗址博物馆—三星堆遗址—城坝遗址—罗家坝巴人文化遗址—巫山大溪文化遗址。

🚩 **总里程：** 880 公里。

⏱ **推荐时长：** 3 天。

DAY1 金沙遗址博物馆—三星堆遗址—南充市
（行驶里程 288 公里）

今日来到著名的"太阳神鸟"的展示地——金沙遗址博物馆和以"青铜王国"名满天下的三星堆遗址及博物馆

参观，这两处宝贵的人类文化遗产，在中国浩如烟海、蔚为壮观的文物群体中，是最具历史科学文化艺术价值和最富观赏性的文物群体之一。

➤ 路况

整体路况良好，途经成万高速、成都第二绕城高速、沪蓉高速。

➤ 海拔情况

成都：平均海拔 500 米；南充：平均海拔 338 米。

➤ 沿途特色景区

国际非物质文化遗产博览园——国家 4A 级旅游景区。我国确立的国际非遗文化节的永久会址，也是国内首个非遗文化园区，汇聚了世界各地的非遗文化。博览园内有很多的展馆，分别展示着来自世界各地的非物质文化，其中的非遗项目有手绘脸谱、动感皮影、无极剪

△ 国际非物质文化遗产博览园

△ 三星堆博物馆青铜人面像

纸、木版年画、面塑等。

金沙遗址博物馆——国家 4A 级旅游景区，展示了金沙遗址出土的金器、铜器、石器等精美文物，通过这些器物，展现出古蜀文明发生、发展和演变的过程。展品中，最负盛名的是太阳神鸟金箔，金箔呈圆形，由内圈的太阳和外圈的神鸟构成，堪称古蜀国黄金工艺的代表。从南大门进入后，首先映入眼帘的是一座大型雕塑"中国文化遗产纪念雕塑"，雕塑外形就是源于出土的那件"太阳神鸟"黄金饰品。

三星堆遗址——全国重点文物保护单位。四川广汉南兴镇北，古老的马牧河蜿蜒淌过，在三星堆村形成一月牙般弯道——月亮湾，河南岸是三个起伏相连的黄土堆与

之相望，这里就是古蜀先民生息繁衍之地——闻名中外的三星堆遗址。三星堆遗址距今已有 3000～5000 年历史，是四川境内目前所知范围最广、延续时间最长，文化内涵最为丰富的古蜀文化遗址。现有保存最完整的东、西、南城墙和月亮湾内城墙。

三星堆博物馆——国家 4A 级旅游景区。博物馆位于全国重点文物保护单位三星堆遗址东北角，是我国一座大型现代化的专题性遗址博物馆。三星堆博物馆现有两个展馆，分为第一展馆的综合馆，陈列金、铜、玉、石、陶等类文物和第二展馆的青铜专馆。两大展馆陈列规模宏大，布局考究，内容与展线节奏动静结合，波澜起伏；融合知识性、故事性、观赏性、趣味性的诠释方式，全

△ 金沙遗址博物馆太阳神鸟的传说

△ 金沙遗址博物馆金面具

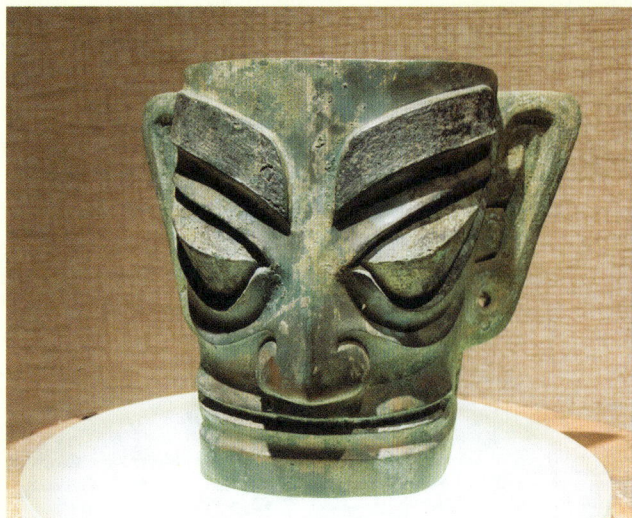

△ 三星堆博物馆青铜人面像

△ 三星堆博物馆青铜鸟

面地揭示了三星堆文物的深刻内涵，展现了三星堆文明的辉煌灿烂；游客身临其境，有故国神游的感觉。

◎ 旅行锦囊

加油站：

中国石油加油站（羊西站）、中国石油加油站（南充二桥站）。

服务区：

新繁服务区、新都清流服务区、广汉旅游服务区、青白江服务区、淮口服务区、遂宁服务区、南充服务区。

温馨提示： 金沙遗址博物馆：周一闭馆。博物馆设有讲解服务。

◎ 餐饮推荐

夫妻肺片、钵钵鸡、水煮肉片、肥肠火锅、麻婆豆腐、南充米粉、营山凉面、锅盔灌凉粉。

DAY2 南充市—城坝遗址—罗家坝巴人文化遗址
（行驶里程 293 公里）

今日首先前往城坝遗址，这里的发现对研究西汉时期的经济文化面貌提供了极有价值的实物资料，填补了川东北地区的考古空白。接着前往罗家坝巴人文化遗址，这处被公认的、20 世纪末发现的面积最大的古代巴人中心文化遗址，改写了长江上游人类文明史。

◎ 路况

整体路况良好，途经南充绕城高速、张南高速、包茂高速。

◎ 海拔情况

渠县：平均海拔 360 米；宣汉县：平均海拔 780 米；达州：海拔 880~1050 米。

◎ 沿途特色景区

南充凌云山——国家 4A 级旅游景区。有左青龙、右白虎、前朱雀、后玄武的独特地貌，山势连绵，林木参天，具有"雄、奇、险、幽"四大特色。

城坝遗址——全国重点文物保护单位。城坝遗址位于四川渠县土溪乡城坝，又名宕渠城遗址，是賨人文化遗址。

洋烈水乡——国家 4A 级旅游景区。这里三面环水一面靠山，山间云笼雾罩，宛若世外桃源。整个村子也展现出一幅"房在林中坐、水在窗下流、人在画中游"的美丽画卷。

罗家坝巴人文化遗址——全国重点文物保护单位。在此发现了文化积淀非常深厚的巴人文化遗址，堆积有 11 层，涵盖两汉、周、商、夏、新石器时代晚期。出土的青铜器包括剑、釜、钺、削、矛、带钩、箭镞等，此外还出土有尊、釜等陶器以及各种玉石器。

◎ 旅行锦囊

加油站：

中国石油加油站（南充二桥站）、临巴加油站、中国石化加油站（普光气田站）。

服务区：

高坪停车区、营山服务区、渠县服务区、杨家停车区、达州南服务区、达州北服务区。

温馨提示： 途中隧道较多，弯道多，有土路，行车请务必注意安全。

◎ 餐饮推荐

大竹观音豆干、涌兴卢板鸭、灯影牛肉、江阳酸辣鸡、大风羊肉、石梯蒸鱼、小煎仔鸡、酸辣粉、尖椒肥肠、羊肉格格。

△ 中国国家博物馆筒形彩陶瓶（大溪文化 1958 年四川巫山大溪出土）

△ 夔州博物馆

DAY3 达州市—巫山大溪文化遗址
（行驶里程 299 公里）

今日前往巫山大溪文化遗址，这里是我国长江流域古文明的发祥地之一，是中国著名的原始社会古文化遗址之一。大溪文化的发现，揭示了长江上中游的一种以红陶为主并含彩陶的地区性文化遗存。

❥ 路况
整体路况良好，途经恩广高速、银百高速、沪蓉高速。

❥ 海拔情况
奉节县：平均海拔 100 米；巫山县：平均海拔 1000 米。

❥ 沿途特色景区
巫山大溪文化遗址——我国长江流域古文明的发祥地之一，是长江中上游地区最早发现和确认的考古学文化，是大溪文化命名的典型遗址。大溪文化遗址距今五六千年，是母系氏族晚期至父系氏族的萌芽阶段，也是中国著名的原始社会古文化遗址之一。

龙骨坡遗址——全国重点文物保护单位。龙骨坡遗址位于中国西部重庆市的巫山县庙宇镇龙骨坡，又称"巫山猿人遗址"，是一处更新世时期遗址。龙骨坡遗址出土的遗物代表了一种直立人的新亚种，后被定名为"直立人巫山亚种"，也称"巫山人"，距今 201 万～204 万年。

白帝城武侯祠——提到武侯祠，可能很多朋友会想到成都，其实重庆奉节白帝城上面也有一个纪念诸葛亮的武侯祠，白帝城内的武侯祠不大，仅供有诸葛亮及其儿子诸葛瞻、孙子诸葛尚祖孙三代的塑像。

夔州博物馆——国家 4A 级旅游景区。博物馆彰显本土特色，张扬奉节个性的"乡土志"。现有丰富多样的民俗实物、非物质文化传承等文物藏品 2 万余件，其中珍贵文物数百件。

❥ 旅行锦囊
加油站：
中国石化加油站（达州北外站）、中国石化加油站（奉节魏家站）、中国石化加油站（奉节九牛站）、中国油联加油站（奉节两河口站）。

服务区：
开江服务区、开州服务区、云阳服务区。

> **温馨提示：** 途中隧道较多，弯道多，有土路，行车请务必注意安全。

❥ 餐饮推荐
巫山烤鱼、干洋芋果果炖腊蹄、鲊辣子回锅肉、酸水洋芋片、风锅腊肉、萝卜炖酥肉。

△ 夔州博物馆汉代陶俑

No.2 上天入水震撼之旅

手绘线路图

线路概况

长江不仅是世界第三长河，更是世界水能大河。尤其是从巴塘河口至四川宜宾的岷江口江段，水流湍急且水面降幅巨大，近3000米落差蕴藏着极为丰富的水利资源。三峡大坝水电站就是水利资源利用的杰出代表，随着中国的发展，在长江上游也落成了许多新型水电站，部分规模已经超过了三峡大坝。本精品线路自雅安至西昌转而北上，在引领游客于卫星发射中心观"九天揽月"了解中国探月工程之余，沿长江探访溪洛渡水电站、向家坝水电站，它们是"西电东送"中路通道的骨干电源项目，登临大坝观景台，民族自豪感会油然而生。

非遗体验

羌年、格萨（斯）尔、藏戏（德格格萨尔藏戏、巴塘藏戏、色达藏戏）、蜀锦（蜀锦织造技艺）、阆中皮影戏、藏医药（甘孜州南派藏医药）、中国雕版印刷技艺（德格印经院藏族雕版印刷技艺）。

土特产

西昌葡萄、西昌高山黑猪、建昌板鸭、凉山马铃薯、永善花椒、金江白魔芋、滇曲、宜宾五粮液、宜宾大塔荔枝、宜宾茵红李、南溪豆腐干、长宁长裙竹荪、屏山龙眼。

行程规划

◉ **线路：** 雅安市—石棉县双螺旋隧道—西昌卫星发射中心—溪洛渡水电站—向家坝水电站—宜宾市。

◉ **总里程：** 880公里。

◉ **总天数：** 3天。

△ 峨眉山金顶日出

DAY1 雅安市—石棉县双螺旋隧道—西昌市
（行驶里程 360 公里）

今日前往位于雅安市石棉县的双螺旋隧道，这 50 多公里的路段，垂直高差达 1500 米，两次跨越同一个地震带，堪称"世界公路建设的奇迹"。

❯ 路况

整体路况良好，途经京昆高速。

❯ 海拔情况

雅安市区：海拔 1000～1500 米；双螺旋隧道：海拔从 700 米至 2200 米；西昌市区：海拔 1500～2000 米。

❯ 沿途特色景区

峨眉山——峨眉山雄踞四川盆地西南部，以"雄、秀、神、奇、灵"和深厚的佛教文化，成为世界自然与文化双遗产。峨眉山自然遗产丰富，素有"植物王国""动物乐园""地质博物馆"之称，并有"峨眉天下秀"之赞誉。峨眉山文化遗产深厚，是我国四大佛教名山之一，以供奉普贤菩萨著称。在漫长的历史中，以包容道教、佛教、儒学三教之宗的胸襟，形成了道之源、佛之始、儒之境，并传习至今。

海螺沟——位于贡嘎雪峰脚下，以低海拔现代冰川著称于世。晶莹的现代冰川从高峻的山谷铺泻而下，巨大的冰洞、险峻的冰桥，使人如入神话中的水晶宫。特别是举世无双的大冰瀑布，高达 1000 多米，宽约 1100 米，

瑰丽非凡。是中国至今发现的最高大冰瀑布。

泸定桥纪念馆——坐落于泸定县城西南的红军飞夺泸定桥纪念碑公园内，外观造型独特，气势雄伟，融合了川西民居、藏式建筑、明清古建筑的元素，与纪念碑公园大门、红军飞夺泸定桥纪念碑形成了一条延伸的红色文化游览中轴线。

石棉县双螺旋隧道——世界上最长的钢管桁架梁公路桥，大桥的主体结构全部采用了钢纤维混凝土。从空中俯视雅西高速双螺旋隧道，大桥呈"S"状，不同于常见高速公路上钢筋混凝土结构的护栏，大桥上的护栏均为钢结构。为了克服高落差的影响，设计者巧妙地采用"双螺旋隧道"方案，让过往车辆在大山内盘旋，解决了较短水平距离中攀爬足够的高度落差，至今也是独

△ 海螺沟贡嘎雪山

△ 红军飞夺泸定桥纪念碑

一无二的设计。进入隧道后，感觉车辆顺着路标一直朝左，当驶出隧道的时候，车辆已经爬升了近 200 米。

❯ 旅行锦囊

加油站：

中国石油加油站（雅安斗胆站）、中国石化加油站（西昌昭运站）。

服务区：

荥经服务区、石棉服务区、菩萨岗服务区、西宁服务区。

> **温馨提示：** 1. 途中隧道较多，弯道较多，行车请务必注意安全。
> 2. 昼夜温差大，请注意增减衣物。

❯ 餐饮推荐

砂锅雅鱼、阴酱鸡、挞挞面、木桶鱼、酥盒回锅肉、汉源坛子肉、西昌烧烤、西昌醉虾。

DAY2 西昌卫星发射中心—溪洛渡水电站
（行驶里程 290 公里）

今日首先来到西昌卫星发射中心，这里是主要承担地球同步轨道卫星发射任务的航天发射基地，担负通信、广播、气象卫星等试验发射和应用发射任务。随后前往溪洛渡水电站，这里是金沙江上最大的一座水电站，也是中国第三、世界第四大水电站。

❯ 路况

整体路况良好，途经京昆高速、S307。

❯ 海拔情况

西昌卫星发射中心：海拔 1518 米；溪洛渡水电站观景平台：海拔 870 米。

❯ 沿途特色景区

西昌卫星发射中心——国家 3A 级旅游景区，是我国目前规模最大、设备最先进、发射功能最好的基地。步入基地景区，通过景区观光车前往全景参观平台，可观看发射场全景，听讲解员讲解 85.5 米高的 3 号发射塔架和 97 米高的 2 号发射塔架，了解基地的建设和发射任务完成情况。中心始建于 1970 年，这里先后成功发射我国第一颗试验通信卫星、实用通信卫星、国际商业卫星、导航卫星、月球探测卫星、数据中继卫星和第一枚大推力捆绑式运载火箭等多项"第一"，年发射能力达到 10 发以上。首次承担整星整箭出口发射任务等多个第一，跃居世界十大航天发射场之列。

邛海国家级旅游度假区——邛海国家级旅游度假区是国家 4A 级景区，景区与西昌城区连成一体，组成了国内不多见的山、水、城相依相融的独特自然景观。邛海是四川省第二大淡水湖。邛海日出是这里的一大美景，荡舟尝湖鲜，骑自行车环湖都是不错的体验。

螺髻山风景区——螺髻山主峰海拔 4359 米，到山脚可乘缆车上山顶，缆车沿途可一览无余地观赏连绵山脉。山顶有黑龙潭，潭水清澈，冬季结冰可滑冰其上。山顶四周灌木丛环绕，云雾缭绕，巍峨秀丽。

溪洛渡水电站——这是金沙江下游四个巨型水电站中最大的一个，装机容量与世界第二大水电站——伊泰普相当，总装机容量为 1260 万千瓦，年发电量位居世界第三，为 571.2 亿千瓦时，相当于三个半葛洲坝，是中国第二大水电站。水电站大坝以发电为主，兼有防洪、拦沙和改善下游航运条件等综合效益，并可为下游电站进行梯级补偿。

❯ 旅行锦囊

加油站：

△ 西昌卫星发射中心

△ 向家坝水电站

△ 蜀锦

中国石油加油站（漫水湾站）、中国石化加油站（尔舞山站）、中国石化加油站（昭觉站）、中国石化加油站（307省道站）、中国石化加油站（昭通溪洛渡站）。

服务区：

西宁服务区。

> **温馨提示：** 1. 途中省道多，隧道较多，弯道较多，请务必注意安全。
> 2. 昼夜温差大，请注意增减衣物。

❯ **餐饮推荐**

西昌米粉、西昌坨坨肉、西昌炸洋芋、油糕饵块、昭通凉粉、红豆酸菜汤、酸辣饺面、天麻炖鸡。

DAY3　溪洛渡镇—向家坝水电站—宜宾市
（行驶里程230公里）

从溪洛渡镇出发，前往参观向家坝水电站。截至2022年9月27日，装机规模排名中国第五的金沙江向家坝水电站累计发电量突破3000亿千瓦时。

❯ **路况**

整体路况良好，途经兰磨线、串新高速、银昆高速。

❯ **海拔情况**

向家坝水电站大坝：海拔384米；宜宾：海拔500～2000米。

❯ **沿途特色景区**

横江古镇——国家4A级旅游景区。古镇厚重的历史文化氛围、优美的自然风光、淳朴的乡村气息散发着特别的魅力，2014年，被国家文物局、住建部列为全国第六批历史文化名镇，2017年入选"四川省第一批省级特色小镇"。

向家坝水电站——金沙江水电基地共计在金沙江下游开发了四个水电站，而向家坝水电站刚好是四级开发中的最末一个，上距溪洛渡水电站坝址157公里。它于2014

年建成，采用了单机80万千瓦水轮发电机组，高于三峡大坝单机70万千瓦水轮发电机组，问鼎世界最大单机水轮发电机组，而总装机规模也不小，仅次于三峡、溪洛渡水电站等，位居国内第五、世界第十一。

宜宾五粮液旅游景区——国家4A级旅游景区。五粮液十里酒城，是万里长江第一城宜宾的一颗明珠。以精美而独特的设计，形成了众多的环境建筑艺术景区，成为四川的一大人文旅游胜景，并在"国际建筑师协会第二十届大会"上以独家企业的身份荣获《当代中国建筑艺术展》创作成就奖。

翠屏山景区——国家4A级旅游景区。山前有宽阔的石级直达山巅。两旁绿树扶疏，藤萝缠绕，繁花飘香。山上有唐代石刻千佛岩。"翠屏晚钟"是"宜宾八景"之一。每当丽日晴空，可从山顶俯瞰宜宾全城；极目远望，著名的"叙府三塔"——旧州塔、白塔、黑塔鼎足而立，一览无遗。

❯ **旅行锦囊**

加油站：

中国石化加油站（昭通永兴站）、中国石油加油站（S301站）、中国石油加油站（水富市振兴南路站）、中国石油加油站（宜宾两路桥站）。

服务区：

紫秋停车区、楼坝服务区。

> **温馨提示：** 1. 途中省道较多，隧道较多，弯道较多，请务必注意安全。
> 2. 昼夜温差大，请注意增减衣物。

❯ **餐饮推荐**

横江眉毛酥、怪味鸡、鱼香肉丝、李庄白肉、糟蛋、鸡丝凉面、屏山口水鸡、肥肠豆花。

No.3 千秋功业感怀之旅

手绘线路图

N

二王庙

安澜索桥

飞沙堰

都江堰文庙及魁星阁

都江堰水利风景区

都江堰博览馆

都江堰水文化广场

宝瓶口

岷

青城山上清宫

都江堰市

江

青城山风景名胜区

华希昆虫博物馆

彭山通济堰

夹江县东风堰（夹江县千佛岩景区）

中国大熊猫保护研究中心都江堰基地

线路概况

都江堰水利工程自公元前 256 年秦国蜀郡太守李冰率众修建以来，就造就了"水旱从人、不知饥馑、时无荒年、沃野千里"的天府之国，且历经两千多年岁月，仍发挥着巨大作用，以其"全世界历时最悠久、设计最科学、布局最合理、经济效益最发达、自流灌溉面积最广"的特点享誉中外，被赞为中国水利工程史上的伟大奇迹，世界水利工程的璀璨明珠。本精品线路串联起二王庙、安澜索桥、宝瓶口、飞沙堰、都江堰博览馆、都江堰水文化广场等都江堰水利工程的重要景点。让游客了解到，时至今日，都江堰水利工程灌区规模仍居全国之冠，担负着四川盆地中西部地区 7 市 38 县 1076 万余亩农田灌溉，以及防洪、发电、养殖、旅游、工业生产等多项综合服务，受益人口高达 2300 万，是四川省经济发展不可替代的水利基础设施。不愧为功在当代，利在千秋。

△ 都江堰航拍

非遗体验

都江堰放水节、青城武术、青城洞经古乐、聚源竹雕、柳街薅秧歌、传统金铜制作技艺、安龙川派盆景制作技艺、春节迎财神、天马轿房唢呐音乐、青城马椅子、青城道茶。

土特产

都江堰猕猴桃、都江堰茶叶、都江堰方竹笋、川芎、都江堰厚朴、青城老腊肉、茅亭茶、青城山道家老泡菜、洞天乳酒、都江青石器、贡品道茶、玉沿大葱、青城丝毯。

行程规划

线路： 都江堰水利风景区—都江堰博览馆—都江堰水文化广场—青城山风景名胜区—彭山通济堰—夹江县东风堰（夹江县千佛岩景区）。

总里程： 260 公里。

总天数： 4 天。

DAY1 成都市—都江堰水利风景区
（行驶里程 75 公里）

今日前往参观都江堰水利风景区，都江堰不仅是文明世界的伟大杰作、造福人民的伟大水利工程，而且历经两千多年岁月，仍发挥着巨大作用，灌溉着四川盆地中西部地区千万亩良田。

路况

整体路况良好，途经成都绕城高速、成灌高速。

海拔情况

都江堰：海拔 592～4582 米。

沿途特色景区

都江堰水利风景区——国家级风景名胜区、国家 5A 级旅游景区、世界文化遗产。青城山因其四季常青，满目青翠，诸峰环峙，状若城郭而得名，素有"青城天下幽"之美誉，与剑门之险、峨眉之秀、夔门之雄齐名。2006 年作为四川大熊猫栖息地的一部分被列入世界自然遗产名录。都江堰是全世界至今为止，年代最悠久、唯一留存、以无坝引水为特征的宏大水利工程，历经两千多年风雨仍然发挥着越来越巨大的作用，使川西平原成为"天府之国"，堪称"举世无双"，被誉为"世界活的水利博物馆"。

二王庙——全国重点文物保护单位。二王庙原名"崇德祠"，寓意人们推崇李冰的恩德。宋、元两代，李冰父子先后被敕封为王，崇德祠自此成为二王庙。

安澜索桥——全国重点文物保护单位。又名"安澜桥""夫妻桥"。桥体飞架岷江南北，是古代四川西部与阿

△ 都江堰二王庙

△ 宝瓶口

△ 都江堰天窝广场熊猫

坝之间的商业要道，是藏、汉、羌族人民的联系纽带。现在的桥将竹改为钢，承托缆索的木桩桥墩改为混凝土桩，屹立于都江堰首鱼嘴上，是都江堰最具特色的景观。

宝瓶口——全国重点文物保护单位。宝瓶口是进入都江堰景区的第一个水利工程。虽是当时李冰人工挖掘的一个宽不足 20 米的水渠，但却极其关键，是内江水进入成都平原的咽喉，起节制闸作用，能自动控制内江水进入成都平原的流量。高处俯瞰像瓶口，故而得名，也有"保佑平安"之意。

飞沙堰——全国重点文物保护单位。它的作用是当内江水量较小的时候，拦水进入宝瓶口，起到河堤的作用，保证灌区水量。飞沙堰溢洪道又称"泄洪道"，是都江堰水利工程中第二大主体工程。它功用巨大，通过巧妙的设计不仅能疏通洪水、分流，还具有强大的排沙石功能，是都江堰确保成都平原不受水灾的关键。

❯ **旅行锦囊**

加油站：

中国石油加油站（都江堰李冰站）。

服务区：

成都西服务区。

❯ **餐饮推荐**

担担面、龙抄手、肥肠粉、钟水饺、钟鸭子、老妈火锅粉、新繁豆花。

DAY2 都江堰博览馆—都江堰水文化广场—
青城山风景名胜区
（行驶里程 19 公里）

今日通过对都江堰水利工程周围的博物馆等人文场景的参观，从形象上、学术上、文化上对"都江堰"这个称谓，又有了更深层的了解，它不仅是千秋功业水利工程的代名词，更是中华民族千古精神文明的完美诠释。

❯ **路况**

整体路况良好，途经都江堰市内道路、青城山大道。

❯ **海拔情况**

青城山游客中心：海拔 726 米。

❯ **沿途特色景区**

都江堰博览馆——博物馆通过实景再现，展示了《古蜀芒城》《秦人作堰》《唐宋窑址》《明清移民》4 个当时场景，游客可以快速对都江堰水利工程有一个形象的认识。随后参阅展厅资料，可以详细了解都江堰水利工程的历史和作用。也可以在博物馆内请讲解员讲解有关的水利知识，如工程的原理等。

都江堰水文化广场——广场位于城市中心，柏条河、走马河、江安河三条灌渠穿流其间。广场主要展示水景，体现古老悠远且独具特色的水文化、种植文化及围绕治理和利用而产生的石文化景观，成为一个既现代又充满文化内涵的城市中心广场。

都江堰文庙及魁星阁——四川省文物保护单位。都江堰文庙，又称孔庙，原本是川西地区规模最大的县级文庙。

青城山风景名胜区——青城山为中国道教发源地之一，属道教名山。位于四川省都江堰市西南，东距成都市 68 公里，处于都江堰水利工程西南 10 公里处。主峰老霄顶海拔 1600 米。在四川名山中与剑门之险、峨眉之秀、夔门之雄齐名，有"青城天下幽"之美誉。青城山是中国著名的历史名山和国家重点风景名胜区，并于 2000 年同都江堰共同作为一项世界文化遗产被列入世界遗产名录。青城山属于亚热带温湿季风气候区，年平均气温 15℃左右，素有"洞天福地""人间仙境"之称，山内古木参天，群峰环抱，四季如春，故名青城山。青城山分青城前山和青城后山。前山景色优美，文物古迹众多；后山自然景物原始而华美，如世外桃源，绮丽而又神秘。

❯ **旅行锦囊**

加油站：

中国石油加油站（都江堰青城站）。

❯ **餐饮推荐**

全臊米线、蒸牛肉、渣渣面、赵卖面、北街米线、串串、西川锅盔。

△ 斑竹林景区

DAY3 彭山通济堰
（行驶里程6公里）

四川通济堰是岷江中游著名的灌溉工程，渠首在成都市新津区城东南岷江支流南河、西河与岷江的汇合处。通济堰是有坝引水，拦河坝与南河斜交。壅竹笼堆筑，一般夏秋冲毁，冬季岁修再建。2022年10月，通济堰入选世界灌溉工程遗产名录。

路况

整体路况良好，途经成都第二绕城高速、成乐高速。

海拔情况

彭山区：海拔410～711.6米。

沿途特色景区

斑竹林景区——国家4A级旅游景区。景区自然风光秀丽，生态环境良好，湿地资源丰富，现有二级省重点保护树种桢楠165株，国家一、二类保护动物白鹤和灰鹤等40余种鸟类经常栖息于此，羊马河生态河堤、姚滩湿地更是各类动物栖息、繁衍的天堂。

花舞人间景区——国家4A级旅游景区。园内有大量的花卉，是赏花休闲的好地方，还能参加亲子采摘活动。

眉山农业嘉年华——国家4A级旅游景区。眉山农业嘉年华是四川首个以农业为主题的嘉年华项目，是集科技、农业、文化、旅游为一体的体验中心。位于四川眉山"岷江现代农业示范园区"核心区域，占地450亩。

江口崖墓——2001年被公布为第五批全国重点文物保护单位。江口崖墓位于四川省眉山地区彭山区江口镇岷江东岸上。该墓的时代上限为西汉（公元前206～公元8年）晚期，下限不晚于三国（公元220～280年），以东汉（公元25～220年）时期崖墓为大宗。墓葬的雕刻画像和出土文物为研究当时的道教和佛教提供了珍贵的实物资料。江口崖墓以其数量多、保存好、时代明确，成为研究汉代社会生活、宗教信仰、建筑艺术的不可或缺的重要依据。

旅行锦囊

加油站：

中国石化（成乐高速眉山加油南站）。

餐饮推荐

葱葱卷、青城茶、青城白果炖鸡、青城老泡菜、张醪糟、火腿鸡丝卷、甜水面。

DAY4 夹江县东风堰（夹江县千佛岩景区）
（行驶里程70公里）

路况

成乐高速、中心干道

海拔情况

380～820米

沿途特色景区

东风堰—千佛岩景区——国家4A级旅游景区。核心景区东风堰始建于清康熙元年，也就是公元1662年，距今已延续使用350多年。是乐山市除乐山大佛、峨眉山之后的第三处世界遗产。此外景区拥有国家级重点文物保护单位千佛岩石窟以及藏羌彝文化产业园（禅意小镇）、聚贤街、古径口、千佛寺、万咏崖、大观顶、水文化陈列馆等众多景点。

夹江天福观光茶园——国家4A级旅游景区。夹江天福观光茶园是天福集团于2002年投资于中国西部的一个重要基地，是一家集茶叶分级包装、销售、科研、文化、教育、旅游于一体的茶叶企业。夹江天福观光茶园主要分为三大部分：1.特色高速公路服务区。2.茶文化旅游景点。3.川茶的产销枢纽。园内园林式规划建设，亭台楼阁、流泉飞瀑、绿草如茵、茶香四溢，优美的人文景观与现代化的功能设施完美地演绎出天福茶园的独特魅力，使之成为成乐高速公路上的一颗璀璨明珠。

旅行锦囊

中国石化（成乐高速眉山加油南站）。

餐饮推荐

夹江甜皮鸭、木城卤鸭、夹江麻辣烫、鲜椒嫩仔鸡、夹江豆腐乳、淑明豆腐脑。

△ 斑竹林大草坪

No.4 冰火天地猎奇之旅

手绘线路图

N

康定情歌（木格措）风景区
木雅圣地景区
泸定桥
海螺沟冰川森林公园
四川甘孜藏族自治州

曾家山国际滑雪场

茂县九鼎山太子岭滑雪场

江

成都融创雪世界
四姑娘山

沙

凉山彝族自治州

螺髻·九十九里景区

金

大理地热国景区

崇圣寺三塔文化旅游区
大理古城
腾冲火山国家地质公园
大理市
腾冲市
昆明世博园
腾冲火山热海景区
和顺古镇
官渡古镇
昆明市
大理苍山世界地质公园
石瓢温泉
昆明石林风景名胜区

线路概况

本精品线路自中国"地热之乡"——云南腾冲出发，以温泉地质地貌为主线，串联起腾冲火山地热国家地质公园、大理苍山世界地质公园、石林风景区、螺髻·九十九里景区、海螺沟冰川森林公园、茂县九鼎山太子岭滑雪场、王岗坪、成都融创雪世界、曾家山国际滑雪场、四姑娘山、大邑县西岭雪山滑雪场等温泉胜地、滑雪胜地和地质公园，引领游客一路深入滇川大地，边欣赏着沿途美丽至极的原始森林、雄伟冰川、皑皑白雪，边探寻路上著名的世界地质公园和世界自然遗产，休息之余更可享受途中美妙的天然温泉，洗去一身的疲惫，容光焕发地继续新的旅程。

非遗体验

彝族火把节、傣族孔雀舞、傣族泼水节、佤族木鼓舞、纳西族东巴造纸技艺、绵竹木版年画、蜀绣、藏族格萨尔彩绘石刻。

土特产

云南白药、宣威火腿、普洱茶、香格里拉青稞、藏红花、四川腊肉、射洪牛肉、宜宾黄粑、蒙顶茶、马牛山茶、剑门关豆腐、通江银耳。

行程规划

🚌 **线路：** 腾冲火山国家地质公园—大理苍山世界地质公

△ 腾冲火山国家地质公园

△ 腾冲火山热海景区——热海大滚锅

园—昆明石林风景名胜区—螺髻·九十九里景区—海螺沟冰川森林公园—成都融创雪世界—四姑娘山—茂县九鼎山太子岭滑雪场—曾家山国际滑雪场。

◎ **总里程：** 1330 公里。

◎ **总天数：** 5 天。

DAY1 腾冲火山国家地质公园—大理市
（行驶里程 350 公里）

今日来到我国最为著名的"地热之乡"——腾冲，这里以数量众多、类型齐全、景观奇特的火山、地热资源为特色，游客到此可了解地质地貌、民族文化及生物多样性特征，开展科考科普、观光游览、休闲疗养等活动。随后前往大理。

❥ **路况**

整体路况良好，途经 X195（福沙线）、保腾高速、杭瑞高速。

❥ **海拔情况**

腾冲：平均海拔 1640 米；大理：平均海拔 2090 米。

❥ **沿途特色景区**

腾冲火山国家地质公园——国家级地质公园、全国科普教育基地。地质公园以古火山地质遗迹及相伴生的地热泉为特色。腾冲火山具有时代年轻、活动频繁、分布密集、种类较齐全和形成地质条件特殊的特征，地下岩浆仍在活动，为腾冲热泉提供源源不断的热能。

腾冲火山热海景区——国家 5A 级旅游景区。腾冲是我国最为著名的"地热之乡"，全区目前发现有 60 多个各地热活动区，温泉群达 80 余处。其中热力最猛、外观也最为奇妙的就是位于城西的腾冲火山热海了。这里青山环抱，一水喧腾，各种地热景观类型丰富。

和顺古镇——国家 4A 级旅游景区。云南省著名的侨乡，更是茶马古道重镇、西南丝绸之路的必经之地。古镇建筑环山而建，从东到西渐次递升，绵延两三公里，一座

座明清时期的祠堂、牌坊、古宅遍布古镇，镇子前一马平川，清溪绕村，垂柳拂岸，一派和谐的田园风光。

石瓢温泉——这里因主泉眼有一巨石，形如瓢状，故名石瓢。石瓢温泉水温恒定在 50~80℃，水流量巨大，有大小温泉眼 10 余处；有从古树根旁流出的、有从壁崖倾泻的、有伴小溪飞流的；还有原汁原味的石瓢遗址，弯弯的月牙池，云蒸雾缭的仙人房和高规格的人造温泉游泳池等。

❥ **旅行锦囊**

加油站：

中国石油加油站（X195 站）、中国海油加油站（大理沐月站）。

服务区：

腾冲服务区、潞江坝服务区、蒲缥停车区、保山停车区、永平服务区、跃进服务区。

> **温馨提示：** 1.腾冲全年日照充足，注意做好防晒措施，涂防晒霜以及带上遮阳帽和墨镜。
> 2.最好清早前往热海景区，趁着天气凉爽的时候游览，景区内地热丰富，温度很高，不宜中午前往。如温泉泡澡，需自带泳装和泳帽。
> 3.途中隧道较多，弯道较多，行车请务必注意安全。

△ 和顺古镇

◉ **餐饮推荐**

松花糕、腾冲果脯、八宝饭、甜白酒、和顺头脑、鹅油拌饭、银杏烀鸡。

DAY2 大理苍山世界地质公园—昆明市
（行驶里程 350 公里）

今日我们前往大理苍山世界地质公园，古时该地质公园被称为熊苍山、玷苍山、灵鹫山等。它以云、雪、泉、石著称，由十九峰组成，最高峰马龙峰海拔 4122 米，终年白雪皑皑，山顶有冰碛湖泊。随后前往大理地热国景区，在这里做一场舒舒服服的 SPA 温泉理疗，缓解疲劳。结束后前往昆明。

◉ **路况**

整体路况良好，途经大理市内道路、杭瑞高速、南绕城高速。

◉ **海拔情况**

昆明：平均海拔 1891 米。

◉ **沿途特色景区**

大理苍山世界地质公园——苍山又名点苍山，它是云岭山脉南端的主峰，东临洱海，西望黑惠江，共有雄峙嵯峨的 19 峰，海拔一般都在 3500 米到 4122 米，山顶上终年积雪，被称为"炎天赤日雪不融"。每两座山峰之间都有一条溪水，由上而下，顺东流淌一直注入洱海。这 19 峰 18 溪构成了苍山独特而多姿的景观。许多充满白族文化特色的景观都位于苍山之麓，如著名的崇圣寺三塔、佛图塔、无为寺、桃溪中和寺、九龙女池、清碧寺三潭、感通寺等。在大理著名的"风花雪月"这四大名景中，"雪"之所指就是苍山上的雪景。

崇圣寺三塔文化旅游区——国家 5A 级旅游景区、全国重点文物保护单位。这里背靠苍山，面临洱海，主景观"崇圣寺三塔"由一大二小三座佛塔组成，呈鼎立之态，远远望去，雄浑壮丽，是苍洱胜景之一。三塔的基座呈

△ 崇圣寺三塔文化旅游区

方形，四周有石栏，栏的四角柱头雕有石狮，其东面正中有块石照壁，有"永镇山川"四个大字，颇有气魄。三塔的主塔名叫千寻塔，为方形 16 层密檐式塔，塔顶有铜制覆钵，上置塔刹，与西安大小雁塔同是唐代的典型建筑。

大理古城——国家 4A 级旅游景区、大理州文物保护单位。大理古城简称叶榆，又称紫城，其历史可追溯至唐天宝年间，南诏王阁逻凤筑的羊苴咩城（今城之西三塔附近）。现存的大理古城是在明朝初年羊苴咩城的基础上恢复的，城呈方形，开四门，上建城楼，下有卫城，更有南北三条溪水作为天然屏障，整个城市呈棋盘式布局，素有"九街十八巷"之称。

大理地热国景区——国家 4A 级旅游景区。大理地热国位于洱源茈碧湖畔的九气台，九气台温泉富含钾、钠、钙、镁、铁等多种元素，水质好、水色清。风光秀丽，景色宜人，可同时容纳 1 万多人泡温泉，有"亚洲最大的露天温泉"之称。

◉ **旅行锦囊**

加油站：

中国石化（大理上荷花加油站）。

△ 大理苍山世界地质公园

△ 大理古城

服务区：

小白营服务区、云南驿服务区、普洱服务区、大井服务区、灵官桥服务区、达连坝服务区、程家坝服务区、楚雄服务区、大平地服务区、恐龙山服务区、读书铺服务区、呈贡服务区。

温馨提示：途中隧道较多，弯道较多，行车请务必注意安全。

▶ 餐饮推荐

大理鸡丝米线、乳扇、喜洲粑粑、生皮、喜洲年糕、南谷锅巴油粉。

DAY3 昆明石林风景名胜区—螺髻·九十九里景区
（行驶里程 377 公里）

今日来到昆明的石林风景名胜区，该景区在世界溶岩地貌中，以面积广，岩柱高，小尺度造型见长，也因此成了国际公认的世界地质公园和世界自然遗产。随后前往位于四川凉山彝族自治州的螺髻·九十九里景区，感受一场美妙的"世界最大温泉瀑布"体验。

▶ 路况

整体路况良好，途经银昆高速、昆巧高速、G248。

▶ 海拔情况

凉山彝族自治州：平均海拔 1800 米。

▶ 沿途特色景区

昆明石林风景名胜区——国家级风景名胜区、国家 5A 级旅游景区、世界地质公园、国家生态旅游示范区和世界自然遗产。云南石林以其雄、奇、险、幽的地貌风光独树一帜。在世界溶岩地貌风光中，以其面积广，岩柱高，小尺度造型见长。在 350 平方公里的石林自然风景区内，大自然把大小石林、乃古石林、芝云洞、奇风洞、长湖、月湖、飞龙瀑等景点巧妙地分布在东西南北中。世界著名的叙事长诗《阿诗玛》就出自石林彝区，

所以这里又被誉为"阿诗玛故乡"。

官渡古镇——国家 4A 级旅游景区，昆明地区著名的历史文化古镇之一。古镇文化古迹众多，人文景观丰富，在不到 1.5 平方公里的面积内就有唐、宋、元、明、清时期的五山、六寺、七阁、八庙等多处景观。官渡曾是一个誉满滇中的古渡口，唐宋时已是滇池东昆岸的一大集镇，元代与昆明同时设县，明清已成为商业、手工业很发达的乡镇。昔日官渡，商贾云集，高塔辉映，至今仍保留着许多文化建筑遗址。

昆明世博园——国家 5A 级旅游景区。这里由中国馆、大温室、人与自然馆、科技馆、国际馆五大展馆，七大专题园，四大广场及室外展区等组成。浓缩了多种独具特色的中外建筑，再现了美好自然与现代科技的有机融合，体现了世界各国园艺风格及发展水平。

螺髻·九十九里景区——国家 4A 级旅游景区，螺髻山的核心景区，最高峰海拔 4359 米。常年 40℃ 的温泉水从半山悬崖上飞泻而下，其中最高一个瀑布落差 50 米，景区内的螺髻·九十九里温泉瀑布由上百个大小不一的温泉瀑布形成一个宽达 200 余米的温泉瀑布群，十分壮观。

▶ 旅行锦囊

加油站：

中国石化（新石加油站）、中国石化（宁南加油站）、中国石油加油站（大河坝站）。

服务区：

北羊街服务区、杨林停车区、潘所服务区、阿旺服务区、补味停车区、东川服务区、金塘服务区。

温馨提示：途中隧道较多，弯道较多，行车请务必注意安全。

▶ 餐饮推荐

烤乳饼、竹筒饭、烧饵块、官渡粑粑、小锅米线、破酥包子、西昌醉虾。

△ 昆明石林风景名胜区

△ 昆明世博园中国馆

△ 云雾缭绕下的海螺沟景区若丁山七号营地

△ 泸定桥

DAY4 凉山州—海螺沟冰川森林公园
（行驶里程 253 公里）

今日前往参观国家地质公园——海螺沟冰川森林公园，公园内汇集了自然冰川、高山雪峰、沸热温泉、原始森林、野生动植物，特别是举世无双的大冰瀑布是中国至今发现的最高大冰瀑布。

路况

整体路况良好，途经 G248、京昆高速、S211。

海拔情况

甘孜藏族自治州：平均海拔 3500 米。

沿途特色景区

海螺沟冰川森林公园——国家 5A 级旅游景区、国家地质公园。位于贡嘎雪峰脚下，以低海拔现代冰川著称于世。晶莹的现代冰川从高峻的山谷铺泻而下；巨大的冰洞、险峻的冰桥，使人如入神话中的水晶宫。特别是举世无双的大冰瀑布，高达 1000 多米，宽约 1100 米，瑰丽非凡，是中国至今发现的最高大冰瀑布。

泸定桥——又名大渡桥，是全国重点文物保护单位。此桥始建于清康熙年间，康熙御笔题定"泸定桥"，并立御碑于桥头。桥长 103 米，宽 3 米，13 根铁链固定在两岸桥台落井里，9 根作底链，4 根分两侧作扶手，两岸桥头堡是木结构古建筑。自清朝以来，此桥一直是四川入藏的重要通道和军事要冲。1935 年 5 月 29 日，中国工农红军长征途经这里飞夺泸定桥而使该桥闻名中外。

康定情歌（木格措）风景区——国家 4A 级旅游景区。这里由木格沟、木格措海等景点组成，是一处观赏湖泊、森林、草原、叠瀑、花卉自然景观及水上游乐、热泉沐浴等多功能的景区。景区内有四处温泉，尤以"药池"最为著名，早在清朝年间，康定明正土司就曾长期派差役到此取泉水，用于康养。

木雅圣地景区——国家 4A 级旅游景区，位于享誉世界的情歌之城——康定。景区置身雪山、草原、花海、河流、湖泊和木雅藏族民俗文化氛围之间，有"花海寻踪""梵音送福""天界牧歌""佛佑木雅""群峰围屏"5 个主要景点，其中"花海寻踪"是当年木雅公主最爱之地，也是整个景区花开茂盛的地方。

王岗坪旅游景区——景区资源覆盖面广、规模大、互补性强，所有的观赏景点都尽显独特。高山苔藓、高山草甸、高山杜鹃、红石、箭竹、森林等景观皆震撼，可谓"一山观四季，四季皆精彩"的蜀山伊甸园，是游客休闲、度假、观光、摄影、娱乐、养生的绝佳旅游目的地，被誉为"星空下的雪山盛宴，云端上的度假天堂"。

西岭雪山——国家 4A 级旅游景区、中国南方雪山温泉国际休闲度假区。这里是世界自然遗产——大熊猫栖息地、国家级风景名胜区、国家森林公园，拥有中国南方规模最大、档次最高、设施最完善的大型高山滑雪场。

旅行锦囊

加油站：

中国石化加油站（胜利南路一段站）、中国石油加油站（京昆线站）、中国石油加油站（大岗山大桥站）、中国石油加油站（贡嘎温泉站）。

服务区：

西宁服务区、菩萨岗服务区、栗子坪停车区。

△ 木雅圣地

△ 四姑娘山

温馨提示： 1. 途中隧道较多，弯道较多，行车请务必注意安全。

2. 海螺沟闭园后，严禁在园内逗留。请勿随意下河戏水，避免遭遇山洪。

▶ **餐饮推荐**

丹巴香猪腿、巴塘团结包子、高原无鳞雪鱼、磨西老腊肉、道孚牛羊肉泡馍、甘孜奶渣、酥酪糕。

DAY5 成都融创雪世界—四姑娘山—茂县九鼎山太子岭滑雪场—曾家山国际滑雪场
（行驶里程 500 公里）

今日前往成都融创雪世界、四姑娘山、茂县九鼎山太子岭滑雪场、曾家山国际滑雪场景区，感受冬季滑雪之旅。

▶ **路况**

整体路况良好，途经荣昌高速、京昆高速。

▶ **海拔情况**

阿坝州：平均海拔 3500 米。

▶ **沿途特色景区**

成都融创雪世界——总建筑面积约 8.08 万平方米，拥有 7 条不同等级的滑雪道和 2 个地形公园，全天可接待 7000 人滑雪。雪世界首创室内藏羌秘境冰雪主题，十余项精彩纷呈的娱雪项目，真冰真雪，四季恒温，为中国家庭创造一个"全龄段、全年度、全天候"的冰雪运动场馆。

四姑娘山——四姑娘、三姑娘、二姑娘、大姑娘海拔分别为 6250 米、5664 米、5454 米、5355 米。因这里的雪峰、森林、牧场、河流、藏家组成的独特景观颇具异域风情，故而有"东方的阿尔卑斯山"之称，拥有双桥沟

景区、长坪沟景区、海子沟景区和猫鼻梁等景区。

茂县九鼎山太子岭滑雪场——九鼎山太子岭风景区冬季严寒，湖水冰封，白雪皑皑，冰棱晶莹，是一个如水晶般剔透的童话世界，太子岭滑雪场戏雪乐园为所有打雪仗爱好者提供了一个不错的打雪仗场地。九鼎山作为《中国国家地理》评选出十大"非著名"山峰之一。

曾家山国际滑雪场——国家 4A 级旅游景区。景区是集滑雪、戏雪、避暑、休闲、度假养生于一体的综合性项目，项目内容可概括为"春赏花、夏避暑、秋采摘、冬滑雪"。

▶ **旅行锦囊**

加油站：

中国石油加油站（京昆线站）、中国石油汶川卧龙加油站、中国石油新四姑娘山加油站、中国石油蜀道能源剑门关服务区加油站。

服务区：

成都西服务区、中国石油蜀道能源剑门关服务区、绵虒服务区。

温馨提示： 1. 途中隧道较多，弯道较多，行车请务必注意安全。

2. 四姑娘山、茂县九鼎山太子岭滑雪场、曾家山国际滑雪场闭园后，严禁在园内逗留。请勿随意下河戏水，避免遭遇山洪。

▶ **餐饮推荐**

夫妻肺片、担担面、串串香、麻婆豆腐、羊肉血肠、和尚包子、九寨沟蜂蜜、糌粑、土腊肉、牦牛肉、玉带酥、核桃酥饼、酸菜豆花面、酸辣蕨根粉、火烧馍、肉蛤蟆等。

No.5 西南沿江美村之旅

手绘线路图

玉龙雪山景区
丽江市玉龙纳西族自治县拉市镇均良村
拉市海茶马古道
束河古镇
拉市美镇美泉村
丽江古城区文林村
丽江金塔景区
丽江市
丽江古城
宜宾市高县胜天镇安和村
长 江
攀枝花市
阿署达彝族村
攀枝花市盐边县红格镇昔格达村
永仁方山景区
攀枝花市仁和区迤沙拉村
N

线路概况

西南沿江地区自然生态环境复杂，人文生活独具气质风格，自古以来，在合理处理人与自然关系上形成了特有文化。推进少数民族地区乡村振兴要注重继承发扬少数民族文化，以少数民族生态文化串起文旅产业，凸显本民族的独特性、趣味性与故事性，彰显古老文化在现代化进程中的勃勃生机。本精品线路串联起均良村、美泉村、文林村、昔格达村、迤沙拉村、安和村等特色村落，引领游客亲身体会乡村振兴所带来的巨大成就。

非遗体验

永胜珐琅银器制作技艺、三多节、普米族拈达则封山仪式、纳西族童谣、纳西族东巴画、纳西族民间歌舞《热美蹉》、纳西族古典音乐套曲《白沙细乐》、纳西族英雄史诗《黑白战争》、新山傈僳族约德节、迤沙拉谈经古乐、阿署达彝族打跳舞、傈僳族婚礼、仡佬族送年节、大田镇板凳龙、盐边国胜茶制作技艺、哪吒传说、五粮液酒传统酿造技艺、苗族蜡染技艺、大坝高装、宜宾面塑。

土特产

丽江烟叶、玉龙滇重楼、丽江玛咖、他留乌骨鸡、程海螺旋藻、宁蒗高原红米、丽江雪桃、玛卡、苴却砚、中坝草莓、米易中华绿、米易兰、盐边油底肉、国胜茶叶、红格脐橙、攀枝花枇杷、米易何首乌、攀西大田石榴龙须牛肉、宜宾熏肉、怪味鸡、宜宾燃面、竹叶糕小黄粑、筠连重阳饼、屏山椪柑。

行程规划

⮕ **线路：** 丽江市玉龙纳西族自治县拉市镇均良村—拉市镇美泉村—丽江古城区文林村—攀枝花市盐边县红格镇昔格达村—攀枝花市仁和区迤沙拉村——宜宾市高县胜天镇安和村。

◉ **总里程：** 978 公里。

◉ **总天数：** 4 天。

DAY1 **丽江市玉龙纳西族自治县拉市镇均良村—拉市镇美泉村—丽江市**
（行驶里程 20 公里）

今日首先来到全国乡村旅游重点村——丽江市玉龙纳西族自治县拉市镇均良村，这里通过发展玫瑰花海乡村旅游，整个村子也完成了美丽乡村的蜕变。随后前往参观

△ 丽江金塔

全国乡村旅游重点村——美泉村，纳西语称"姆邨"。纳西歌舞文化、纳西民俗风情、纳西古乐等民族文化在这里熠熠生辉。游客到此可体验雪山湖泊风光、生态田园风光、露营、古道探险等一系列活动。

❯ 路况
整体路况良好，途经 G353、长水路。

❯ 海拔情况
丽江：平均海拔 2400 米。

❯ 沿途特色景区
丽江市玉龙纳西族自治县拉市镇均良村——全国乡村旅游重点村。当地立足得天独厚的自然资源和独具特色的旅游资源，在充分研究市场、熟悉村情的基础上，发展以骑马健身、农业观光、体验农家生活为主的乡村旅游。通过大力发展玫瑰花海乡村游，形成了生态美、环境美、乡村美、山水美的美丽村庄。

拉市镇美泉村——全国乡村旅游重点村。因村庄西侧有流入拉市海的美泉河而得名。美泉村面朝拉市海，建有环海观光大道，游客在此或散步或骑行，吹吹海风、看看水鸟，就是一段曼妙的时光。村内有美泉龙潭、七仙湖，虽不如拉市海大，却也有精微巧致的美。村内有高原湿地、茶马古道、卧虎山，风光怡人。

△ 丽江拉市海

△ 茶马古道雕塑

△ 茶马古道上的铁索桥

△ 玉龙雪山景区

玉龙雪山景区——全国首批 5A 级旅游景区，全国首批旅游标准化试点景区，国家级冰川地质公园。玉龙雪山是纳西族及丽江各民族心目中一座神圣的山，纳西族的保护神"三朵"就是玉龙雪山的化身，至今丽江还举行每年一度盛大的"三朵节"。玉龙雪山自然资源丰富，最具观赏价值的属高山雪域景观、水域景观、森林景观和草甸景观，这些独具特色的自然景观每年吸引着无数的游客到此观光游览。

拉市海茶马古道——全国重点文物保护单位。茶马古道是指存在于中国西南地区，以马帮为主要交通工具的民间国际商贸通道，是中国西南民族经济文化交流的走廊。美丽的拉市海是茶马古道的重要驿站，如镜的湖面倒映着玉龙雪山，越冬水鸟安然栖息，构成高原湿地特有的气息。在拉市海可以游湖赏鸟，骑马驰骋，还可以边吃烤鱼，边听纳西民歌。

◇ **旅行锦囊**

加油站：

中国海油加油站（丽江夏樱站）

◇ **餐饮推荐**

腊排骨火锅、吹猪肝、黑山羊火锅、岩巴玖、纳西火锅、东巴烤鱼、腌酸鱼、鸡豆凉粉。

DAY2 丽江古城—丽江古城区文林村—攀枝花市
（行驶里程 250 公里）

今日来到全国乡村旅游重点村——丽江古城区文林村，这是一个纳西族文化氛围浓郁的村子。有国家级非遗项目"热美蹉""白沙细乐"、省级非遗项目"洞经音乐""勒巴舞"的保护传承点，可以完美邂逅一场视听盛宴。

◇ **路况**

整体路况良好，途经华丽高速、蓉丽高速、G353。

◇ **海拔情况**

丽江古城：平均海拔 2416 米；攀枝花地区：海拔 1300～1500 米。

◇ **沿途特色景区**

丽江古城——国家 5A 级旅游景区、中国历史文化名城，世界文化遗产。丽江古城是一座风景秀丽、历史悠久和文化灿烂的名城，也是中国罕见的保存相当完好的少数

△ 纳西族东巴绘画

△ 丽江古城

△ 丽江古城夜景

民族古城。古城内的街道依山傍水修建，以红色角砾岩铺就，有四方街、木府、五凤楼、黑龙潭、文昌宫、王丕震纪念馆、雪山书院、王家庄基督教堂、方国瑜故居、白马龙潭寺、顾彼得旧居、净莲寺、普贤寺、接风楼、十月文学馆等景点。

丽江古城区文林村——我国首批全国乡村旅游重点村。村名"文林"，有"文仕如林""文化茂林"之意，是丽江一个极具文化内涵的村落，也是唯一保留纳西族生活方式的村落，至今村里还住着纳西族原住民，留存着纳西族民居、古戏台、亭台楼阁、苍天古树等，著名的甘泽泉、魁星阁、龙神祠等。如今，兴建了藏书阁、文化长廊，具有浓厚的文化底蕴，增添了"乐舞之乡"美誉。

束河古镇——纳西族先民在丽江坝子中最早的聚居地之一，如今也还没有被彻底开发。正因为如此，这里比丽江古城更有一番乡村的气息，保持了一个古镇独有的宁静和质朴，也保留了多少人美丽的梦想。束河古镇也是茶马古道上保存完好的重要集镇，是纳西先民从农耕文明向商业文明过渡的活标本，是对外开放和马帮活动形成的集镇建设典范。同时束河还是世界文化遗产丽江古城的重要组成部分，是国家 4A 级旅游景区。

丽江金塔景区——国家 3A 级旅游景区。景区至宝大金塔"东宝尊胜塔"是我国藏传佛教唯一金塔。游客立于金塔之上，微风拂面，视野开阔。俯瞰丽江新城，尽收眼底；远眺丽江古城，一览无遗；极目所见，玉龙雪山，白雪皑皑，让人心旷神怡。

▶ 旅行锦囊

加油站：
中国石化加油站（丽江站）、中国石油加油站（大村站）、中国石化（荷花加油站）。

服务区：
攀枝花西服务区。

> **温馨提示：**途中隧道较多，弯道较多，行车请务必注意安全。

▶ 餐饮推荐
盐边羊肉米线、盐边牛肉、松茸炖土鸡、油底肉、铜火锅、大竹签烧烤。

△ 束河古镇飞华触水

△ 攀枝花市仁和区迤沙拉村

DAY3 攀枝花市—攀枝花市盐边县红格镇昔格达村—攀枝花仁和区迤沙拉村
(行驶里程 110 公里)

今日探访攀枝花市的著名村落。这里既有"田园花海美不胜收"的全国文明村——昔格达村，又有我国最大的彝族自然村的中国历史文化名村——迤沙拉村，网红花海打卡、彝族歌舞欣赏，必是身心收获满满的一天。

◆ 路况
整体路况良好，途经 G353、京昆高速、京昆线。

◆ 海拔情况
攀枝花地区：海拔 1300～1500 米。

◆ 沿途特色景区
攀枝花市盐边县红格镇昔格达村——这里不仅是"全国文明村"，还是乡村旅游重点村。经过多年来的发展，从曾经农业大村到如今的旅游新村，从一个田园村变成了一个网红村。这个神奇的村落现在不仅有文史馆、文创馆、餐饮、民宿，还有大片的向日葵花海以及粉黛乱子草、鼠尾草、红色虞美人、月季、红玫瑰、花菱草等花田。

阿署达彝族村——这里坡地如梯，果树遍野，池塘星罗棋布，民居傍水而立。除了生态农业外，还有浓郁的彝族风俗。彝民们能歌善舞，在节庆、婚嫁等不同场合以及青年男女相互倾慕时，都能用歌舞传情达意。

攀枝花市仁和区迤沙拉村——中国历史文化名村、全国民族团结示范村、中国最美古村落、十大四川最具保护价值村落。这里是我国最大的彝族自然村。这里居住着 600 余户人家，其中有 400 多户人家高度集中在一处小山坡上，修建着相似风格的苏皖民居木瓦房，错落有序，高墙深巷，仿佛置身于江南小镇。迤沙拉村至今有 600 多年历史，是汉族与彝族相互交融而形成的一个独特群体，既传承了古老彝族的民族特性，又融入了汉族的文化元素。

永仁方山景区——国家 2A 级旅游景区。这里山高林密，湿度较大，年均气温 10 多度，所以又有"清凉世界"的称呼。整个景区有望江岭、珍珠滴水岩、七星桥、仙女潭、老鹰岩、孔明洞、寒泉瀑布、犀牛塘八处景点区域。

◆ 旅行锦囊
加油站：
中国石化加油站（金沙江站）、中国石油加油站（平地站）。
服务区：
大田停车区。

温馨提示：途中弯道较多，行车请务必注意安全。

◆ 餐饮推荐
箐河浑浆豆花、羊肉米粉、油炸爬沙虫、方山全羊汤、红锅黄辣丁、龙须牛肉、宜宾熏肉、怪味鸡、宜宾燃面、竹叶糕小黄粑、筠连重阳饼。

△ 宜宾燃面

△ 李庄古镇

DAY4 攀枝花市—宜宾市高县胜天镇安和村
（行驶里程 598公里）

今日探访宜宾市著名古村落安和村和李庄古镇。这里有原始桫椤海、丹霞绝壁，有清时期川南民居、庙宇、殿堂等建筑，还有五粮液十里酒城，感受长江首城、宜人宜宾。

◆ 路况

整体路况良好，途经京昆高速、G365、S307、G353、银昆高速。

◆ 海拔情况

攀枝花地区：海拔 1300～1500 米。

◆ 沿途特色景区

宜宾市高县胜天镇安和村——国家 4A 级旅游景区。景区内有千年古刹流米寺、原始桫椤海、丹霞绝壁、流米洞、犀牛山、夫妻双峰等 100 余处景观景点，集中成片的流米李，可让游客春赏花、夏品果。以花为媒，以节会友，连年举办李花节、品李活动等节庆活动，四方游客慕名纷沓而至，或踏青赏花，或避暑品李，住川南风格民俗，品安和特色美食。

李庄古镇——国家 4A 级旅游景区。李庄古镇文物古迹众多，人文景观荟萃，古建筑群规模宏大，布局严谨，比较完整地体现了明、清时期川南民居、庙宇、殿堂等建筑的特点。镇上酒肆茶楼，商店林立，繁华热闹。现仍保存明、清古镇的格局和风貌，石板街道，两旁多个清代建筑，风火山墙高耸，雕花门窗，古色古香。

宜宾五粮液旅游景区——国家 4A 级旅游景区。景区内有一幢幢错落有致的现代建筑，一排排造型别致的生产车间，一处处使人流连忘返的古今景观，一片片鸟语花香的现代园林，使人眼花缭乱，曾在国际建筑师协会第二十届大会上以独家企业的身份荣获《当代中国建筑艺术展》创作成就奖。

◆ 旅行锦囊

加油站：

中国石油蜀道能源米易加油站、中国石油城关加油站、中国石化太和加油站

服务区：

米易服务区、德昌服务区、楼坝服务区、冠英服务区

> **温馨提示：** 途中弯道较多，行车请务必注意安全。

◆ 餐饮推荐

龙须牛肉、宜宾熏肉、怪味鸡、宜宾燃面、竹叶糕小黄粑、筠连重阳饼。

No.6 滇境动物奇趣之旅

手绘线路图

线路概况

这条云南境内南北穿行线路，以可爱的动物为主题，从香格里拉的白马雪山国家级自然保护区到昆明滇池国家旅游度假区，再到西双版纳的野象谷热带雨林景区，体现出了人与动物相处之间的无尽乐趣。迪庆藏族自治州有着我国特有、世界稀有的濒危动物滇金丝猴种群，昆明滇池国家度假区是现今到昆明越冬的红嘴鸥的重要栖息地之一。西双版纳的野象谷热带雨林公园是中国首家以动物保护和环境保护为主题的国家公园，是中国首批国家生态旅游示范区，这3个地方的线路串联会让我们体验到一场人与动物的亲密感官体验，从而体会到大自然的真正魅力。

非遗体验

彝族叙事长诗（阿诗玛）、彝族火把节、格萨尔史诗、傣族孔雀舞、傣族泼水节、纳西族东巴画、佤族木鼓舞、纳西族东巴造纸技艺、独龙族民歌、阿数瑟、宣抚司礼仪乐舞、傣族白象马鹿舞、昭通端公戏。

土特产

云南白药、云南天麻、云南米线、云南鲜花饼、龙陵紫皮石斛、蒙自石榴、建水紫陶、宣威火腿、普洱茶、文山三七、云南下关沱茶、鹤庆乾酒、白族扎染、香格里拉五味子酒、香格里拉青稞、迪庆藏红花。

行程规划

线路： 迪庆白马雪山自然保护区—玉龙雪山景区—鸡足山风景区—昆明滇池国家旅游度假区—红河元阳哈尼梯田景区—西双版纳野象谷国家生态旅游示范区。

总里程： 1580 公里。

总天数： 5 天。

DAY1 迪庆白马雪山自然保护区—玉龙雪山景区
（行驶里程 305 公里）

今日来到云南迪庆香格里拉游览有着绝美景致的白马雪山自然保护区，这里是云南省面积最大、海拔最高的自然保护区，同时还是世界稀有的濒危动物滇金丝猴的核心栖息地。

路况

整体路况良好，途经西景线、香丽高速。

海拔情况

迪庆州：平均海拔 3380 米；丽江：平均海拔 2466 米。

沿途特色景区

迪庆白马雪山自然保护区——金沙江与澜沧江的分水岭，也是云南省面积最大、海拔最高的自然保护区，且保存有国家重点保护植物星叶草、澜沧黄杉和重点保护动物云豹、小熊猫等，素有"寒温带高山动植物王国"之美誉。白马雪山也是我国特有、世界稀有的濒危动物滇金丝猴的核心栖息地。

△ 普达措国家公园

普达措国家公园——国家 5A 级旅游景区，也是我国第一个国家公园。公园地处云南"三江并流"世界自然遗产核心区的属都湖，平均海拔近 3500 米，至今保持完整的原始森林生态系统、蓝天白云下的高山草甸和清如明镜的高原湖泊，是迪庆州优良生态环境的缩影。

梅里雪山景区——梅里雪山又称雪山太子，当地藏民视为"神山"。海拔在 6000 米以上的有 13 座山峰，称为"太子十三峰"。主峰卡格博峰海拔高 6740 米，是云南第一高峰。山下的取登贡寺、衮玛顶寺是藏民朝拜神山的寺庙。每年云南、西藏、四川、青海、甘肃的藏民都要前来朝拜，有浓郁的藏族风情。

虎跳峡景区——虎跳峡是世界上落差最大的峡谷。峡长 17 公里，谷地海拔 1800 米，江面落差 200 多米。有 18 个险滩，两岸雪山峭壁笔立于江面之上 3000 多米。整个虎跳峡分为上虎跳、中虎跳、下虎跳三段，迂回 25 公里。各段江面奇窄，飞瀑直泻，巨石横生。虎跳峡以"险"名天下，也是中国最深的峡谷之一。

△ 滇金丝猴

△ 梅里雪山景区

△ 虎跳峡景区

△ 玉龙雪山景区

溪流等无限风光，还有那美丽动人的神话传说，会让你一路流连忘返。这里也是国家级风景名胜区、国家 5A 级旅游景区。

丽江古城——丽江古城是一座风景秀丽、历史悠久和文化灿烂的名城，也是中国罕见的保存相当完好的少数民族古城。古城内的街道依山傍水修建，以红色角砾岩铺就，有四方街、木府、五凤楼、黑龙潭、文昌宫、王丕震纪念馆、雪山书院、王家庄基督教堂、方国瑜故居、白马龙潭寺、顾彼得旧居、净莲寺、普贤寺、接风楼、十月文学馆等景点。也是中国历史文化名城，世界文化遗产。

束河古镇——位于丽江古城西北，依山傍水。古镇后山是玉龙雪山的余脉，山峦青秀缠绵，林木苍翠。镇内大石桥、大觉宫保留完好。该镇是世界文化遗产丽江古城的重要组成部分，于 2005 年入选 CCTV "中国魅力名镇"。

◈ 旅行锦囊

加油站：

中国石化加油站（迪庆奔子栏站）、安中石化加油站、中国石化加油站（束河站）。

服务区：

尼西服务区、小中甸服务区、拉市海服务区。

温馨提示： 白马雪山自然保护区内有大面积的云杉冷杉林，游客进山须先到保护区管理局办理审批手续后，方可步行进入。特别提醒：每年 12 月到次年 3 月大雪封山的季节，一旦降雪，不可通行！

◈ 餐饮推荐

香格里拉牦牛肉、香格里拉糌粑、普米族猪头肉、清汤鱼、迪庆药膳、松茸土鸡汤锅。

DAY2 玉龙雪山景区—鸡足山风景区
（行驶里程 201 公里）

今日前往纳西族人民心中的神山——玉龙雪山，去到雪山俯瞰丽江古镇全景。

◈ 路况

整体路况良好，途经丽江市内道路、鹤关高速、上鹤高速。

◈ 海拔情况

大理：平均海拔 2090 米。

◈ 沿途特色景区

玉龙雪山景区——北半球最近赤道终年积雪的山脉，13 座山峰由南向北纵向排列，主峰扇子陡最高处海拔 5596 米，终年积雪，雪线高度介于 4800～5000 米。玉龙雪山在纳西语中称为 "欧鲁"，意为 "天山"。当你深入其中，雪山会展现给你奇花、异树、雪海、冰川、草甸、

△ 丽江古城大水车

△ 束河古镇

△ 大理鸡足山金顶——日出云海

丽江黑龙潭公园——国家 4A 级旅游景区。公园内有广大的湖面，形状如一弯新月，湖中心有亭子，亭与湖岸另一侧有一珍珠泉出水口。玉龙雪山正好倒映在黑龙潭水面上，清澈的湖水倒映着玉龙的巍峨，这个画面曾经作为丽江的标志为很多人所熟悉。现在是丽江城区著名游览胜地。

🞛 **旅行锦囊**

加油站：

中国石油加油站（丽江玉泉路站）、中国石油加油站（鸡足山站）。

服务区：

鹤庆服务区、西邑服务区、双廊服务区。

温馨提示：途中隧道较多，弯道较多，行车请务必注意安全。

🞛 **餐饮推荐**

腊排骨火锅、纳西火锅、丽江鸡粽、炸蜻蜓、丽江糍粑。

DAY3 鸡足山风景区—昆明市
（行驶里程 321 公里）

今日来到位于大理的鸡足山风景区，这里原始生态保存完好，珍禽异兽数十种，形成了以动物和原始生态植被为主的自然生态体系。

🞛 **路况**

整体路况良好，途经大丽高速、杭瑞高速、昆明市内道路。

🞛 **海拔情况**

昆明：平均海拔 1891 米。

🞛 **沿途特色景区**

鸡足山风景区——国家 4A 级旅游景区，是享誉南亚、东南亚的佛教圣地，中国十大著名佛教名山之一，是佛教禅宗的发源地。两千多年前，释迦牟尼首座弟子迦叶守衣入定鸡足山华首门，奠定了它在佛教界的崇高地位。鸡足山最高峰天柱峰海拔 3248 米，苍崖万仞，翠微千里，高峻险拔，因 "前列三峰，后拖一岭，俨然鸡足" 而得名。

大理古城—— "一水绕苍山，苍山抱古城"，大理古城东临洱海，西枕苍山，古城几乎成为大理的标签。这里不仅有古色古香的韵味，还有西洋文化的气息。来到大理，就是与历史对话，与苍洱之景、古城风韵对话，与多姿多彩的民俗与琳琅满目的美食对话。

南诏风情岛——它是洱海三岛之一，也是国家 4A 级旅游景区。四面环水，东靠著名佛教圣地鸡足山，北接石

△ 丽江黑龙潭公园

△ 大理古城

△ 崇圣寺三塔

宝山，南连大理，西对苍山洱海，因占据着得天独厚的旅游资源，故素有"大理风光在苍洱，苍洱风光在双廊"之美誉。大理南诏风情岛被列为云南省 25 个旅游精品项目之一，并是 1999 年昆明世界园艺博览会定点接待单位。

崇圣寺三塔文化旅游区——崇圣寺三塔始建于唐开元年间，鼎盛于宋代，以三塔、建极大钟、雨铜观音像、"佛都"匾、三圣金像五大重器著称于世。曾有九位大理国国王在崇圣寺出家修行，为南诏、大理国著名的王家寺院。清咸丰、同治年间，崇圣寺毁于兵燹和自然灾害，仅存三塔。

旅行锦囊

加油站：

中国海油加油站（大理映雪站）、中国石化加油站（昆明海埂 B 站）。

服务区：

△ 南诏风情岛

△ 昆明滇池大堤，海鸥成群

△ 石林风景名胜区望峰亭

云南驿服务区、普洴服务区、大井服务区、灵官桥服务区、达连坝服务区、程家坝服务区、大平地服务区、恐龙山服务区、读书铺服务区。

温馨提示：高速弯道较多，注意安全减速行驶。

❖ 餐饮推荐

大理鸡丝米线、乳扇、喜洲粑粑、生皮、喜洲年糕、南谷锅巴油粉。

DAY4 昆明滇池国家旅游度假区—红河元阳哈尼梯田景区
（行驶里程 353 公里）

今日来到昆明滇池国家度假区，这里已然成为到昆明过冬红嘴鸥的重要栖息地。随后前往红河参观气势磅礴的元阳梯田美景，这里作为世界文化遗产，已被列入了世界遗产名录。

❖ 路况

整体路况良好，途经高海高速、晋红高速、昆磨高速、元蔓高速。

❖ 海拔情况

红河县：海拔 1000～2000 米。

❖ 沿途特色景区

昆明滇池国家旅游度假区——滇池又叫昆明湖，古称滇南泽，由内湖（草海）和外湖（外海）两部分组成，是我国第六大淡水湖，云南第一大湖，湖面辽阔，景色优美，被誉为"高原明珠"。滇池是滇池风景名胜的中心，四周风景名胜较多，有大观楼、西山、海埂、观音山、白鱼口、石城、郑和公园、石寨山滇王家族墓地、盘龙古寺、官渡金刚塔等。这里现已成为到昆明越冬红嘴鸥的重要栖息地之一。

石林风景名胜区——国家级风景名胜区、国家 5A 级旅游景区、世界地质公园、国家生态旅游示范区和世界自然遗产。云南石林以其雄、奇、险、幽的地貌风光独树一帜。在世界溶岩地貌风光中，以其面积广，岩柱高，小尺度造型见长。在 350 平方公里的石林自然风景区内，大自然把大小石林、乃古石林、芝云洞、奇风洞、长湖、月湖、飞龙瀑等景点巧妙地分布在东西南北中。世界著名的叙事长诗《阿诗玛》就出自石林彝区，所以这里又被誉为"阿诗玛故乡"。

澄江化石遗址——国家地质公园、世界自然遗产。寒武纪早期，种类繁多的多细胞动物突然在海洋里大量出现。澄江化石记录了这段特殊时期生物群的全貌，成为迄今地球上发现的分布最集中、保存最完整、种类最丰富的"寒武纪生命大爆发"例证。澄江化石遗址也被国际科学界誉为"古生物圣地""古生物化石模式标本产地""世界级的化石宝库"和 20 世纪最惊人的发现之一。

红河元阳哈尼梯田景区——国家 4A 级旅游景区、全国重点文物保护单位、世界文化遗产。哈尼梯田历史悠久，仅文字史料记载就有 1300 多年的历史，中国明代大农学家徐光启将其列为中国农耕史上的七大田制之一；哈尼梯田规模宏大，气势磅礴，绵延整个

△ 澄江化石地世界自然遗产博物馆

△ 红河元阳哈尼梯田

红河南岸的红河、元阳、绿春、金平等县，具有令世人震撼的历史、科学、美学和实用价值。元阳哈尼梯田主要有三大景区：坝达景区、老虎嘴景区、多依树景区。

旅行锦囊

加油站：

中国石化加油站（昆明海埂A站）、中化石化加油站（水龙加油站）。

服务区：

晋宁服务区、玉溪服务区、研和服务区、扬武服务区、甘庄服务区、元江服务区。

> **温馨提示：** 元阳县境内崇山峻岭，高速弯道多，务必低速行驶，切勿疲劳驾驶。

餐饮推荐

河口魔芋豆腐、元阳火烧小豆腐、河口牛肉粉、元阳五色糯米饭、昆明豆花米线、火腿豆焖饭。

DAY5 元阳县—西双版纳野象谷国家生态旅游示范区
（行驶里程400公里）

今日前往西双版纳，游览著名的野象谷国家生态旅游示范区，和野生大象以及热带雨林景观来一场亲密邂逅。

路况

整体路况良好，途经元蔓高速、昆磨高速。

海拔情况

西双版纳：平均海拔1450米。

沿途特色景区

撒玛坝万亩梯田景区——国家4A级旅游景区。有梯田1.4万余亩，共有4300多层，海拔600～1880米，是汉文史记载开垦最早的哈尼梯田。主要种植杂交稻，粮食单产量高，是云南粮食主产区之一。撒玛坝梯田最高处，是落孔大尖山，海拔2436米，是眺望梯田的好去处。历经千年沧桑，哈尼梯田理念不改，至今仍是哈尼人赖以生存的物质基础，依然具有永恒的生命力。最大特点就是：气势磅礴，万亩连片，壮阔无比。

勐梭龙潭景区——国家4A级旅游景区、国家水利风景区、天然的高原淡水湖泊。湖泊四周原始森林青翠欲滴、景色秀丽，林中有许多珍贵的植物和珍稀的野生动物。勐梭龙潭周边分布了有荷塘、湿地、龙摩爷圣地、圣水、蟒蛇谷、盘须岩、祈雨洼、将军吟、猴子崖、仙石凹、赕佛山、千指树、树包石、相思树、聚友滩、缅寺、观碧亭、王冠蕨等景点20余处。

△ 撒玛坝万亩梯田

△ 勐梭龙潭日出

西双版纳茶马古道景区——国家 4A 级旅游景区、全国重点文物保护单位。云南省展示茶文化、茶科技、茶产品的重要窗口。景区充分利用云南省农业科学院茶叶研究所的优质茶地和科技优势，深度挖掘茶文化内涵，将古老的茶马古道和现代的有机茶园以及各少数民族的制茶工艺和饮茶习俗集中展现。

西双版纳野象谷国家生态旅游示范区——野象谷地处西双版纳国家级自然保护区勐养子保护区、"联合国教科文组织人与生物圈保护区"之内，是我国首家以动物保护和环境保护为主题的国家公园。热带雨林中现存亚洲象近 300 头，现驯养大象 16 头（含表演象），是我国第一所驯象表演学校。中国的野象，目前仅存在于西双版纳的热带雨林之中。而西双版纳野象谷，是野象活动最为集中、频繁的地方。游客不仅可以看到野象，还能欣赏独具特色的热带雨林景观。

❯ **旅行锦囊**

加油站：

中国石油加油站（元阳南沙路站）。

服务区：

元江服务区、墨江服务区、通关服务区、普洱服务区、香河服务区、普文服务区、大渡岗服务区。

温馨提示： 1.途中隧道较多，弯道较多，行车请务必注意安全。

2.参观野象谷时，须与野象保持距离，不可过于靠近。为防备蚊虫和强烈的日光，需备妥驱蚊和防晒用品。请着长袖长裤并将袜筒套在裤腿外，以防水蛭钻附。

❯ **餐饮推荐**

傣味酸肉、香竹烤饭、傣族竹筒饭、勐海竹筒鸡、柠檬八宝饭、孟连凉卷粉、江城大黄鱼。

△ 西双版纳勐海茶山

△ 西双版纳野象谷

No.7 古今未来邂逅之旅

手绘线路图

镇远古城旅游景区

青龙洞古建筑群

黔东南苗族侗族自治州

西江千户苗寨

掌布河峡谷风景区

平塘县克度镇天文科普馆

黔南布依族苗族自治州

平塘风景区

榕江苗山侗水风景名胜区

平塘县"中国天眼"景区

荔波瑶山古寨

茂兰喀斯特森林

荔波樟江风景名胜区

线路概况

本线路为黔东南自驾挺进天眼的精品线路。首站从镇远古城出发，在古城悠久历史精粹中体验过往；途经西江，感受千户苗寨的前世今生；随后来到自然风光婀娜的荔波，作为我国南方喀斯特世界自然遗产的核心区域，峰峦叠嶂，溪流纵横，在这里游客将与原始森林中的珍禽异兽来一场美丽邂逅；最后，在伟大的"天眼"基地驻足，通过"天眼"对话宇宙、回顾过往、探秘未来。该线路引领游客身临其境地去了解和体验黔东南独特自然与文化，并通过与国之重器亲密接触，感知祖国的繁荣富强。

非遗体验

苗族百鸟衣艺、窑上古法制陶、鸟笼制作技艺、石桥古法造纸、苗族蜡染、蓝靛印染、侗族大歌、侗族萨玛节。

土特产

威宁火腿、湄潭翠芽、水城猕猴桃、贵州刺绣、风猪、花溪牛肉粉、青岩豆腐、天印贡茶、天麻、青溪大曲。

行程规划

⊙ **线路：** 镇远古城旅游景区—西江千户苗寨—榕江苗山侗水风景名胜区—茂兰喀斯特森林—荔波樟江风景名胜区—平塘县"中国天眼"景区—平塘县克度镇天文科普馆。

⊙ **总里程：** 700公里。

⊙ **总天数：** 3天。

△ 镇远古镇

DAY1 镇远古城旅游景区—西江千户苗寨—榕江县
（行驶里程 300 公里）

今日参观著名的国家 5A 级旅游景区——镇远古城，它素有"滇楚锁钥、黔东门户"之称。随后游览"全世界最大的苗寨"——西江千户苗寨。

▶ **路况**
整体路况良好，途经沿榕高速、沪昆高速、厦蓉高速。

▶ **海拔情况**
镇远县：平均海拔 589 米；西江千户苗寨：平均海拔 833 米；榕江县：平均海拔 270 米。

▶ **沿途特色景区**
镇远古城旅游景区——国家 5A 级旅游景区，位于舞阳河畔，河水蜿蜒，以"S"形穿城而过，北岸为旧府城，南岸为旧卫城，远观颇似太极图。两城池皆为明代所建，现尚存部分城墙和城门，素有"滇楚锁钥、黔东门户"之称。
青龙洞古建筑群——古建筑群由祝圣桥、中元禅院、紫阳洞、青龙洞、万寿宫、香炉岩 6 个部分组成，为国家重点文物保护单位，是我国古建筑群落中距离城市最近，

同时又保持了山水园林本色的一处古建筑群，与甘肃麦积山、山西悬空寺并称中国古代三大"空中古建筑"。
西江千户苗寨——全世界最大的苗寨。被中外人类学家和民俗学者认为是保存苗族"原始生态"文化比较完整的地方。由十余个依山而建的自然村寨相连成片，四面环山，重峦叠嶂，梯田依山顺势直连云天，白水河穿寨而过，将西江苗寨一分为二。西江千户苗寨在半山建造独具特色的木结构吊脚楼，它的主要景点有西江苗族博物馆、酿酒坊、刺绣坊、蜡染坊、银饰坊、观景台、田园观光区等。

▶ **旅行锦囊**
加油站：
中国石化加油站（黔东南镇远东关站）、中国石油加油站（台江站）、中国石油加油站（西江站）、中国石化加油站（榕江辣子寨站）。

服务区：
温泉服务区、三棵树服务区、兴仁服务区、四格服务区。

> **温馨提示：**途中隧道较多，弯道较多，行车请务必注意安全。

▶ **餐饮推荐**
镇远红酸汤、镇远道菜、苗王鱼、苗家鼓藏肉、苗家冻鱼、榕江全鱼宴。

DAY2 榕江苗山侗水风景名胜区—茂兰喀斯特森林—荔波樟江风景名胜区
（行驶里程 200 公里）

今日前往国家 5A 级旅游景区——荔波樟江风景名胜区，欣赏神奇的喀斯特地貌和浓郁的少数民族风情。沿途游览茂兰喀斯特森林，这里有喀斯特地貌的原始森林，被中国国家地理杂志评为"中国最美十大森林之一"。

▶ **路况**
整体路况良好，途经荔榕高速、三荔高速、X918。

△ 青龙洞古建筑群

△ 西江千户苗寨

△ 茂兰喀斯特森林

△ 荔波樟江——小七孔桥

海拔情况

荔波县：平均海拔 425 米。

沿途特色景区

榕江苗山侗水风景名胜区——国家级风景名胜区，景区资源类型丰富，苗族、侗族文化与自然山水环境融合，其中侗族琵琶歌、萨玛节、侗族大歌、摆贝苗族服饰、《珠郎娘美》都已被列入国家非物质文化遗产名录。

茂兰喀斯特森林——中国南方喀斯特世界自然遗产的核心区域，世界人与生物圈保护区和国家级自然保护区，荔波四大旅游景区之一。区内峰峦叠嶂，溪流纵横，原生森林茂密，喀斯特地貌形成的山、水、林、洞、瀑、石融为一体，呈现出喀斯特森林生态环境的完美统一，是地球同纬度地区和世界喀斯特地区绝无仅有的生态奇观。茂兰总面积达 200 多平方公里，森林覆盖率超过 91%，被中国国家地理杂志评选为"中国最美十大森林"之一。

荔波樟江风景名胜区——国家 5A 级旅游景区。以喀斯特地貌上樟江水系的水景特色和浩瀚苍茫的喀斯特森林景观为主体，景区内峰峦叠嶂，溪流纵横，景物景观动静相间，刚柔相济，是既有奇、幽、俊、秀、古、野、险、雄的自然美，又有浓郁的布依、水、瑶、苗等民族风情融为一体。景区内的小七孔景区的喀斯特森林科学游览区随荔波喀斯特森林一起作为南方喀斯特的组成部分在 2007 年成功申报了世界遗产。

荔波瑶山古寨——瑶族文化展示区，至今有些地方仍保留着"刀耕火种"的原始耕作方式和原始粗犷的风俗，被誉为"原始社会遗存的活化石"，这里的白裤瑶族群世代深居于此，白裤瑶被联合国教科文组织认定为民族文化保留最完整，被誉为"人类文明的活化石"，有"东方印第安人"之称。

旅行锦囊

加油站：

中国石化加油站（榕江辣子寨站）、中国石化加油站（黔南荔波茂兰站）、中国石化加油站（荔波城西站）。

服务区：

月亮山服务区、九阡服务区、荔波服务区。

温馨提示：途中山路较多，隧道较多，弯道多，行车请务必注意安全。

△ 荔波小七孔山水

△ 荔波瑶山古寨

餐饮推荐

水蕨菜、酸肉、杨梅汤、豆花烤鱼、鱼包韭菜、干锅斑鸠。

DAY3 荔波县—平塘县"中国天眼"景区—平塘县克度镇天文科普馆
（行驶里程 200 公里）

今日我们从荔波县出发，前往享誉全球的科技之光——"中国天眼"的所在地"中国天眼科普基地"。这里是"观天探地，世界唯一"的天文科学旅游胜地，为游客打造 5 公里返璞归真的无联区。我们可以放下手机，远离电子设备，全身心回归自然，享受纯净，体验"静谧"。

路况

整体路况良好，途经麻驾高速、兰海高速、余安高速。

海拔情况

平塘县：平均海拔 710 米。

沿途特色景区

掌布河峡谷风景区——黔南州首个国家 4A 级景区，景区有奇山、奇水、奇石、奇洞、奇竹、奇树、奇鱼并称"七奇景观"。掌布河峡谷幽深，河水清澈见底，两岸耸立高高的悬崖，植物青葱茂密，风景秀丽。

平塘风景区——平塘风景名胜区位于贵州高原向广西丘陵下降的倾斜面上，是我国 4A 级国家旅游风景区。它属中亚热带岩溶喀斯特地区，由于风景名胜区具有面积广大，分布连续的碳酸盐岩，特定的地质、地理环境下，喀斯特地貌发育很好，构成了整个自然景观中最为醒目的主体。

平塘县"中国天眼"景区 + 平塘县克度镇天文科普馆——这里合称"中国天眼科普基地"，依托 500 米口径球面射电望远镜（简称 FAST）在未来 20 ~ 30 年内保持国际领先水平的世界品牌效应而建设，2016 年 9 月成立到现在，先后获得了中国十大科技旅游基地、国家科普示范基地、全国民族团结进步创建示范区（单位）、国家 4A 级旅游景区、全国中小学生研学实践教育基地、贵州省科普示范基地等荣誉称号。FAST 项目是中国科学院国家天文台和贵州省政府共建的"十一五"国家重大科技项目，是目前世界上口径最大的单天线射电望远镜，也是人类直接观测遥远星系、寻找类似太阳系或地球的宇宙环境及潜在智慧生命的重要设施。中国天眼的灵敏度比德国 100 米望远镜高 10 倍，综合性能也比美国 300 米望远镜高 10 倍，澳大利亚 64 米望远镜只能观测到 1 颗类地星，美国 305 米望远镜最多也只能观测到 12 颗，而 FAST 则可观测到 1400 颗，亦使我国形成具有国际先进水平的天文观测与研究平台，为我国开展"暗物质"和"暗能量"本质、宇宙起源和演化、太空生命起源和寻找地外文明等研究活动提供了重要支持。

旅行锦囊

加油站：

中国石化加油站（黔南荔波驾欧站）、中国石化加油站（黔南平塘航龙站）。

服务区：

子为停车区、姚家寨停车区、平塘服务区、天空之桥观光服务区。

> **温馨提示：** 1. 前往"天眼景区"参观，游客不得携带电子设备，包括但不限于手机、数码相机、平板电脑、笔记本电脑、充电器、充电宝、手表、智能手环、车钥匙、感应门钥匙、对讲机、遥控器等一切电子产品；香烟、打火机、火柴等易燃易爆物品；管制刀具及其他违禁品。
>
> 2. 天眼景区观景台海拔较高，台阶陡长，行动不便或患有心脏病、高血压等疾病的游客不建议前往，未成年人参观"中国天眼"须有成年家人陪同。

餐饮推荐

贵州剪粉、苗家冻鱼、坛子鱼、青岩卤猪蹄、狗蹦肠、荷叶粑。

△ 平塘县"中国天眼"景区

△ 云海之上的平塘特大桥——世界最高桥墩

No.8 黔西名城锦绣之旅

手绘线路图

茅台中国酒文化城

天下第一壶茶文化公园

凤凰山公园　遵义市

奢香古镇

毕节市

百里杜鹃风景区

江

九洞天

六盘水市

乌

梅花山

时光贵州小镇　贵阳市

红枫湖

安顺市

龙宫风景区

青岩古镇景区

黄果树大瀑布

线路概况

这是一条感受黔西环线文化名城名镇的精品线路。途中既能游览贵州特色的休闲旅游主题景区，也能饱览军事古镇的雄伟壮观。沿着黔西方向行驶，途经全国历史文化名城安顺，领略独特历史文化遗存，再向西行驶途经国家风景名胜区龙宫风景区，感受大自然的奇迹和世界上最阔大壮观的瀑布之一，再向北来到拥有丰富文化底蕴的毕节市，感受丰富的人文景观，多姿多彩的民间艺术，最后一站来到黔西北的国家文化名城遵义，途中感受茅台文化，了解现代化经济建设给贵州带来的巨大变化。

非遗体验

皮纸制作技艺、苗绣、安顺地戏、苗族跳花节、蜡染技艺、梭戛长角苗染色服饰、布依族盘歌、彝族山歌、茅台酒酿制技艺。

△ 安顺龙宫龙字田

△ 青岩古镇景区

土特产

贵州茅台、威宁火腿、湄潭翠芽、水城猕猴桃、贵州刺绣、风猪、花溪牛肉粉、青岩豆腐、遵义丝娃娃。

行程规划

🚗 **线路：** 贵阳市—安顺市—六盘水市—毕节市—遵义市。

📍 **总里程：** 600公里。

📅 **总天数：** 4天。

DAY1 贵阳市—安顺市
（行驶里程88公里）

今日从贵阳市出发，来到安顺市，安顺历史悠久、文化深厚，2006年入选全国历史文化名城，拥有穿洞文化、夜郎文化、牂牁文化、屯堡文化等独特的历史文化遗存。有"亚洲文明之灯"普定穿洞古人类文化遗址、"千

古之谜"关岭、"红崖天书""世界唯一"的明代屯堡村落、"中国戏剧活化石"安顺地戏。

路况

整体路况良好，途经沪昆高速。

海拔情况

贵阳：平均海拔1100米；安顺：海拔1102～1694米。

沿途特色景区

青岩古镇景区——国家5A级旅游景区，也是贵州四大古镇之一，一座建于600年前的军事古镇。古镇内设计精巧、工艺精湛的明清古建筑交错密布，寺庙、楼阁画栋雕梁，飞角重檐相间。悠悠古韵，被誉为中国最具魅力小镇之一。古镇曾有九寺、八庙、三宫、三阁、一院、一楼，还有石牌坊、城墙等古建筑群。原为土城，经数百年历史沧桑，经多次整修扩建，由土城而渐成街巷纵横错综之石城。

时光贵州小镇——国家4A级旅游景区，是贵阳城西休闲旅游主题商业街区、贵州100个特色旅游景区之一，位于贵阳百花湖、红枫湖之间。小镇所在地清镇市，在明朝时期是"威清卫"和"镇西卫"两个卫所名字的简称，而这两个名称恰恰代表了贵州典型的屯堡文化遗存地。这一文化底蕴，为小镇注入了灵魂与魅力。时光贵州以明朝"调北征南"的屯堡文化为重要节点，用"海纳百川"的民国时期老贵阳为本底，讲述贵州600年来的文化繁华，成为小镇的文化精髓。

红枫湖——国家级风景名胜区、国家4A级旅游景区。是一个融合高原湖光山色、岩溶地貌、少数民族风情的国家重点风景名胜区。红枫湖是一个典型的喀斯特高原

△ 红枫湖大桥

湖泊，湖中分布着大大小小170多个岛屿。红枫湖的山，或雄奇，或秀美。环湖四顾，但见群山环绕，山水相连。红枫湖分布着不可胜数的天然溶洞，形成了"山里有湖湖里岛，岛中藏洞洞中湖。"的奇妙景观，尤以将军湾一带溶洞群最负盛名。

◆ **旅行锦囊**

加油站：

中国石油加油站（贵阳观山站）、中国石油加油站（安顺新兴站）。

服务区：

夏云停车区、云峰服务区。

> **温馨提示：** 途中较多桥梁隧道，行车请注意车速安全。

◆ **餐饮推荐**

贵阳辣子鸡、糟辣脆皮鱼、状元蹄、泡椒板筋、折耳根炒腊肉、青岩豆腐、腊肉血豆腐、安顺屯堡菜、布依鸡八块、安顺一锅香、上关辣子鸡。

DAY2 安顺市—六盘水市
（行驶里程156公里）

今日来到贵州历史文化名城——六盘水市，这里是一个多民族居住的地区，少数民族众多，其中彝族、苗族、布依族、白族、回族、仡佬族六个民族为六盘水市的世居民族。在长远的历史长河中，他们与大自然和谐相处，传承和创造着优秀的民族文化，这些优秀的民族文化形成了独具特色的民族风情。

◆ **路况**

整体路况良好，途经沪昆高速、都香高速。

◆ **海拔情况**

六盘水：海拔1400～1900米。

◆ **沿途特色景区**

龙宫风景区——国家级风景名胜区、国家5A级旅游景区。龙宫风景区以水溶洞群为主体，更集旱溶洞、瀑布、峡谷、峰丛、绝壁、湖泊、溪河、民族风情、宗教文化于一身，构成一幅怡然自得的人间仙境画图。龙宫总体面积达60平方公里，分为中心、漩塘、油菜湖、仙人箐四大景区。有着全国最长、最美丽的水溶洞，还有着多类型的喀斯特景观，被游客赞誉为"大自然的大奇迹"。

黄果树大瀑布——国家级风景名胜区、国家5A级旅游景区。位于贵州安顺镇宁布依族苗族自治县境内白水河上，以连环密布的瀑布群闻名于海内外，享有"中华第一瀑"之盛誉，也是世界上最阔大壮观的瀑布之一。黄果树瀑布是白水河上最雄浑瑰丽的乐章，它将河水的缓游漫吟和欢跃奔腾奇妙地糅合在一起。

◆ **旅行锦囊**

加油站：

中国石化加油站（安顺城区城东站）、中国石化加油站（六盘水钟山站）。

服务区：

龙宫服务区、镇宁服务区、岩脚服务区、陡箐停车区。

△ 黄果树大瀑布

△ 梅花山

里的四季特色，还可赏日出、云海、佛光、雾凇等奇特景观。梅花山一年四季都可游玩。初春可赏梅，不同的梅花绵延在山峰之间，每年 12 月到 3 月随着高差不同，品种不同先后开放。夏季气候凉爽，六盘水别称中国凉都，夏季平均温度 19.7℃，梅花山的海拔高出市区 700 米左右，几乎要低 3~4℃，是避暑度假、休闲徒步的理想场所。随着入秋，气温下降，湿度上升，选择这个时候登山，常会遇到云海的奇观。冬季积雪期为 12 月至次年 2 月，此时梅花山国际滑雪场将会开放，将会迎来景区的旅游旺季。

温馨提示： 途中隧道较多，弯道较多，行车请注意车速安全。

餐饮推荐

水城羊肉粉、水城烙锅、盘县刺梨果脯、盘县燃面、怪噜饭、盘州辣鸡糯米饭、岩脚肉饼、郎岱凉粉、凉都蒸蒸糕。

DAY3 六盘水市—毕节市
（行驶里程 136 公里）

今日来到毕节市大方县；大方文化底蕴深厚，文物典籍繁多，人文景观丰富，民族民间艺术多姿多彩，书法、诗词、楹联、灯谜、农民画、漆器工艺、木雕等一直在黔西北文化领域独树一帜。拥有"中国民间绘画画乡""中国民间文化艺术之乡"的称号，被省政府命名为"历史文化名城"，被评选为"全国民族团结进步模范集体""全国文化先进单位"。

路况

整体路况良好，途经都香高速、杭瑞高速。

海拔情况

毕节：平均海拔 1600 米。

沿途特色景区

梅花山——"春赏梅、夏避暑、秋踏青、冬滑雪"是这

△ 九洞天

△ 奢香古镇

九洞天——国家级风景名胜区、国家 4A 级旅游景区。景区内的河谷两岸自然植被非常丰富，有着众多野生猴群。坐船而下，可观赏到千姿百态、气势磅礴的自然景观。下游约 2 公里处，有九个伏流"洞口"，称"九洞天"，每个"洞口"周围都有奇特的熔岩景观，形成了风格迥异的伏流洞口风光。

奢香古镇——国家 4A 级旅游景区。拥有全国唯一的城中花海梯田——古彝梯田，加之古色古香的文旅商业街，并保留彝族古老风情的小镇，2018 年年底正式成为国家 4A 级旅游景区。奢香古镇分为安置区、商业区和公建配套区三大区域，核心文旅商业区域从南至北由旅游观光道紧密连接约 2.3 公里，景色错落有致。

❯ 旅行锦囊

加油站：

中国石化加油站（六盘水钟山站）、中国石化加油站（毕节城区同心一站）。

服务区：

九洞天服务区。

> **温馨提示**：途中隧道较多，行车请注意车速安全。

❯ 餐饮推荐

宫保鸡丁、骟鸡点豆腐、夜郎苗家回锅肉、卤牛肉、水八碗、夜郎八卦鸡、威宁火腿洋芋荞饭、金沙排骨、天麻肚包鸡。

DAY4 毕节市—遵义市
（行驶里程 220 公里）

今日来到国家历史文化名城遵义。1935 年 1 月，中国工农红军到达遵义，中国共产党在这里召开了举世闻名的遵义会议，使中国革命转危为安，走向光明前景。中华人民共和国成立后，国家重新整修了遵义会议会址、红军烈士陵园和娄山关的纪念点。同时大力发展经济，在遵义建设了现代化的冶金、电力、建材、丝织、食品等一批中央和地方的重点骨干企业，川黔铁路和川黔公路于这里经过，使遵义成为黔北地区的政治、经济、文化中心和交通枢纽。

❯ 路况

整体路况良好，途经杭瑞高速、兰海高速。

❯ 海拔情况

遵义：海拔 1000～1500 米。

❯ 沿途特色景区

百里杜鹃风景区——国家 5A 级旅游景区、科普教育基地。是迄今为止中国已查明的面积最大的原生杜鹃林，

△ 百里杜鹃景区

△ 茅台中国酒文化城

总面积达 125.8 平方公里，百里杜鹃以此得名。在长约 50 公里的狭长丘陵上，分布着马樱、鹅黄、百合、青莲、紫玉等 4 属 23 个品种，占世界杜鹃花 5 个亚属中的 4 个亚属，最为难得的是"一树不同花"，即一棵树上开出若干不同品种的花朵，最壮观的可达 7 种之多。

茅台中国酒文化城——国家 4A 级旅游景区。茅台国酒文化城是中国茅台酒厂（集团）有限责任公司经过三年艰苦努力而建成。规模浩大，气势恢宏，建有汉、唐、宋、元、明、清及现代的七个馆。每个馆均体现了各个时代建筑美学的典型风格：汉馆古朴巍峨，唐馆富丽堂皇，宋馆古典玲珑，元馆粗犷明快，明馆精巧别致，清馆华丽凝重，现代馆明晰流畅，洋溢着时代的气息。馆内大量的群雕、浮雕、匾、屏、书画、实物、图片和文物从不同的角度介绍了中国历代酒业的发展过程及与酒有关的政治、经济、文化、民俗等，展示了我国酒类生产发展的历史沿革。

凤凰山公园——主景区凤凰山是红军长征时期许多红军前辈埋骨捐躯之地，著名的遵义红军烈士陵园就修建于此。公园主要由分布在湘江河两岸的凤凰山景区、大龙山景区、红花岗景区和两城区境内的桃溪寺景区、十字铺杜仲因树林景区、九节滩与莲花山景区、董公寺镇的五星村松林景区和遵义植物园组成，南北跨度 40 多公里，环绕在历史文化名城遵义市的中心城区及举世闻名的"遵义会议会址"周围。

天下第一壶茶文化公园——国家 4A 级旅游景区。公园主要由天下第一茶壶、天壶长廊、水上乐园、茶文化广场及茶文化古道 5 部分组成。其中"天下第一壶"体积 28360 立方米，总高近 74 米，是目前世界上最大的茶壶实物造型，获上海大世界吉尼斯总部认证的"大世界吉尼斯之最"称号。

❯ **旅行锦囊**

加油站：

中国石油加油站（望湖路站）、中国石化加油站（遵义城区汇川大道站）。

服务区：

响水服务区、新化服务区、金沙服务区、水洋湾服务区、遵义服务区。

> **温馨提示：**途中较多桥梁隧道，行车请注意车速安全。

❯ **餐饮推荐**

乌江鱼、糟辣鱼、遵义盐菜扣肉、遵义八大碗、酸鲊肉、合马羊肉、仁怀三把鸡、娄山黄焖鸡、剔骨鸭、张家牛肉烧腊。

△ 凤凰山公园宝塔

△ 天下第一壶茶文化公园

No.9 少数民族名村之旅

手绘线路图

线路概况

本精品线路串联起贵阳市的凯伦村、王岗村，毕节市的猫山村、石门坎村等历史文化名村及乡村旅游特色村。让游客领略贵阳大环线各少数民族文化，欣赏沿途中的绝美风景，探秘原生态的宝藏村落，体验世外桃源般的自由自在、与世无争。

非遗体验

花溪苗族跳场、杜寨布依族丧葬砍牛习俗、头堡棋子灯、高坡苗族射背牌、素朴金钱棍、化屋苗族文化空间、威宁"彝族撮泰吉"。

土特产

贵阳丝娃娃、黄果树香烟、开阳富硒茶、青岩玫瑰糖、花溪辣椒、清镇黄粑、花溪苗绣、清池茶、毕节白萝卜、大方皱椒、威宁芸豆、金沙贡茶。

行程规划

🚗 **线路**：贵州省贵阳市花溪区凯伦村—贵阳市乌当区王岗村—毕节市黔西县猫山村—毕节市威宁县石门坎村。

📍 **总里程**：350 公里。

📍 **总天数**：3 天。

DAY1 贵州省贵阳市花溪区凯伦村—贵阳市乌当区王岗村
（行驶里程 95 公里）

今日来到贵阳市花溪区文化名村凯伦村。该村依托凯伦村金家四组打造化石古寨、夜郎王后裔夜郎文化中心，发展独具特色的化石文化旅游品牌。随后前往贵阳市乌当区王岗村，2009 年列入首批历史文化名村。这里的传统布依美食"庖汤"宴以"三盘四碟八大碗"而远近闻名，也使得这里享有了"庖汤第一村"的美誉。

路况
整体路况良好，途经贵阳南环高速、贵阳绕城高速、云开二级公路。

海拔情况
贵阳：平均海拔 1100 米。

△ 青岩古镇景区

◉ 沿途特色景区

青岩古镇景区——青岩古镇，贵州四大古镇之一，位于贵阳市南郊，建于明洪武十一年（1378年），原为军事要塞。古镇人文荟萃，有历史名人周渔璜、清末状元赵以炯（贵州历史上第一个文状元）。镇内有近代史上震惊中外的青岩教案遗址、赵状元府第、平刚先生故居、红军长征作战指挥部等历史遗存。

鱼洞峡——景区内山峦波状起伏，陡岩峭壁耸立，形成奇特的岩溶绝壁、峡谷景观，南明河、鱼梁河、渔洞河迂回交错，有"十里河湾"的美誉。景区以来仙阁和鱼洞峡两景点为主干。鱼洞峡上游是地下河溶洞以及人工湖，湖两岸是高200米的峡谷，悬崖绝壁，河谷狭窄，"天水一线"；下游在清澈的鱼洞河，是游泳场和划船区。

蓬莱仙界——这里是国家4A级旅游景区。是全国休闲农业与乡村旅游示范点之一。依托贵阳首届农业嘉年华举行的契机，对都拉乡至牛场乡七公里沿线整体进行都市现代农业提升改造，塑造出7公里"神农庄园""荷塘月色""佛田春韵"等"九大篇章"景观。

◉ 旅行锦囊

加油站：

中国石化加油站（贵阳乌当新堡站）。

服务区：

青岩服务区、龙洞堡服务区。

> **温馨提示：** 途中公路较多，弯道较多，行车请务必注意安全。

◉ 餐饮推荐

贵阳辣子鸡、糟辣脆皮鱼、状元蹄、八宝甲鱼、贵阳泡椒板筋、贵阳酸汤鱼、折耳根炒腊肉、青岩豆腐。

△ 蓬莱仙界

△ 贵阳辣子鸡

△ 贵阳酸汤鱼

DAY2 贵阳市乌当区王岗村—毕节市黔西县猫山村

（行驶里程 180 公里）

今日前往毕节市黔西市猫山村，2009 年 9 月被列入首批历史文化名村，后被贵州省布依学会命名为黔中布依诗乡。

> **路况**

整体路况良好，途经渝筑高速、江都高速。

> **海拔情况**

毕节：平均海拔 1600 米。

> **沿途特色景区**

羊昌花画小镇——国家 4A 级旅游景区。小镇划分十二大功能区，包括特色民俗餐饮区、亲子秀贤游乐园、中草药园区、农耕文化园、知青文化园、精品花卉生产基地、创意农特产品园等。

南江大峡谷——国家 4A 级旅游景区。景区内岩溶地质地貌发育典型、资源独特，享有"喀斯特生态博物馆"之美誉，集奇峰、峡谷、峭壁、断崖、瀑布、跌水、钙华、溪泉、巨石、岩石上的森林于一峡，风光旖旎、景象万千，气候凉爽，为原生态峡谷景观的瑰宝。这里有亚洲最大的钙华瀑布——金钟瀑布，有全国最长的悬

空木栈道——飞龙栈道，有贵州最大的野生鸳鸯栖息地——高峡鸳鸯湖。

息烽温泉——全国著名八大温泉之一，海拔高度 700 米，四面环山。周围林木丰茂、风光秀美，有"天台丛林""白石涌泉""奇石观瀑""慈云生佛"等八大景观。温泉水经国家鉴定为"含偏硅酸和锶的重碳酸钙型氡泉"，是世界少有、国内著名的饮用矿泉水之一。

> **旅行锦囊**

加油站：

中国石化加油站（贵阳乌当新堡站）、中国石化加油站（黔西钟山站）。

服务区：

柿花寨服务区、开阳服务区、永温服务区、温泉服务区、鹿窝服务区、六广河服务区。

温馨提示： 途中弯道较多，有桥梁、公路，行车请务必注意安全。

> **餐饮推荐**

大方臭豆腐干、赵老五黄粑、擂茶糍粑、毕节酸菜、龙华粽香肉、龙华脆皮豆腐、蒜香鲈鱼蒸茄子、黔西素辣椒。

△ 南江大峡谷

△ 羊昌花画小镇郁金花次第开放

△ 贵州百里杜鹃景区

DAY3 毕节市黔西县猫山村—毕节市威宁县石门坎村
(行驶里程 75 公里)

今日来到毕节市威宁县石门坎村，一个深山中的小村落。石门坎发生了许多我国文化史上的奇观：首创苗文、开创了中国近代男女同校、培育出苗族第一个博士研究生、提倡大众体育，成为贵州足球摇篮。2015 年，石门坎村列入全国特色景观旅游名村。

◇ 路况

整体路况良好，途经江都高速、黔织高速。

◇ 海拔情况

毕节：平均海拔 1600 米。

◇ 沿途特色景区

百里杜鹃风景区——这里生态气候宜人。冬无严寒，夏无酷暑，年平均气温 14.8℃，夏季平均气温 19℃，空气负氧离子含量平均每立方厘米超 1.6 万个，是得天独厚的天然氧吧。有国家一、二级保护动物云豹、穿山甲、豹猫、小灵猫、红腹锦鸡、白冠长尾雉，有国家一、二级保护植物光叶珙桐、银杏、红豆杉、香果树、厚朴、连香树等。百里杜鹃民族风情浓郁，辖区内居住着汉、彝、苗、白、满、布依、仡佬、侗、蒙古等 21 个民族，演绎着多姿多彩的民族风情。

乌江源百里画廊旅游区——乌江源百里画廊是千里乌江滨河旅游带的重要组成部分，是连接织金洞景区的水上旅游环线，融高峡、平湖、溶洞、飞瀑为一体，十分壮观、秀丽，是中国西部喀斯特地区高峡平湖的典范，有"头上天一线、峡中水一湾"的天然画廊之称。景物景观有天竹峰、大鹏展翅、水西化屋古战场、关刀洞栈道、水西蓬莱、金枪岩、睡美人、虎门关等。

◇ 旅行锦囊

加油站：

中国石化加油站（黔西钟山站）、中国石化加油站（毕节黔西县五里站）。

服务区：

甘棠服务区、黔西服务区。

温馨提示： 途中弯道较多，行车请务必注意安全。

◇ 餐饮推荐

威宁小粑粑、毕节豆腐干、威宁荞酥、威宁洋芋、毕节凉糕。

No.10 清凉渝东避暑之旅

手绘线路图

重庆市

神龙峡漂流

重庆武隆喀斯特旅游区

重庆綦江
古剑山风景区

神龙峡

金佛山风景名胜区

乌江画廊

中山古镇

万盛石林

黑山谷景区

龚滩古镇

江津会龙庄景区

酉阳桃花源景区

四面山景区

线路概况

进入炎夏，避暑纳凉便成了重庆人民生活中的关键词。而重庆独特的长江中下游高温气候堪称三大"火炉"之一。本线路依托重庆喀斯特地质溶洞、天坑、地缝的独特地貌，金佛山的高山森林资源，神龙峡的溪涧漂流，四面山的高山瀑布，黑山谷的奇特石林地质风景等特色风貌为游客们在夏季消暑纳凉提供了选择。

非遗体验

纸竹工艺、后坪山歌、仙女山耍锣鼓、川江号子、铜梁龙舞、梁平木版年画、土家啰儿调、土家摆手舞、芦笙舞、棕编、浩口蜡染、金桥吹打、永城吹打、石壕杨戏、万盛苗族踩山会、摆手舞、小彩龙舞。

土特产

涪陵榨菜、奉节脐橙、江津米花糖、江津花椒、江津石蟆橄榄、江津广柑、南川金佛玉翠茶、忠县豆腐乳、万盛猕猴桃、白市驿板鸭、黑山方竹笋、黑山谷草莓、灯影牛肉、老四川牛肉干、武隆羊角豆干。

行程规划

⚡ **线路：** 重庆武隆区—武隆喀斯特旅游区—金佛山风景名胜区—四面山景区。

📍 **总里程：** 280公里。

📍 **总天数：** 3天。

DAY1 武隆区—武隆喀斯特旅游区
(行驶里程 22 公里)

今日从重庆武隆区出发，前往重庆武隆喀斯特旅游区，这里年平均气温低于 11.2℃，气候宜人，风光独好，是绝妙的消夏休闲度假胜地。

▶ **路况**

整体路况良好，途经柏杨路、S203。

▶ **海拔情况**

武隆喀斯特旅游区：海拔 1650～2033 米。

▶ **沿途特色景区**

武隆喀斯特旅游区——景区属典型的喀斯特地貌。其中的天生三桥景区以天龙桥、青龙桥、黑龙桥三座气势磅

△ 武隆天生三桥

△ 阿依河风采

礴的石拱桥称奇于世，属亚洲最大的天生桥群。景区里的仙女山有"南国牧原""山城夏宫"和"落在凡间的伊甸园"的美誉。林海、奇峰、草场、雪原是仙女山"四绝"。

酉阳桃花源景区——国家 5A 级旅游景区。桃花溪水自溶洞内流出，清澈见底，哗哗地流入泉孔河。仰望洞口高处，有"桃花源"三个大字。逆桃花溪入洞，洞内钟乳倒挂，千姿百态，好似观音坐莲、燃灯古佛、宫廷玉灯、银山雪海、飞禽走兽，无不令人叹为观止。

彭水阿依河景区——阿依河原名长溪河，因国家级非物质文化遗产《娇阿依》而得名，是重庆著名"爱情治愈圣地""清凉胜地"，国家 5A 级旅游景区。其峡深谷高，河床狭窄，礁石遍布，河水清幽而景色绝美，人行其中或泛舟江上有若陶渊明误入桃花源，仿佛身在美妙的天堂，乐而忘返。从舟子沱乘舟而下，沿途可见各种各样的峡谷地貌：有状若擎天的石笋、庄严的石佛、深不可测的溶洞、貌似罗汉的石笋。徒步穿行，可观奇花异草，古藤老树；荡舟江上，可享激流险滩，惊涛碧浪；

夜宿山寨，可品苗家美味，体验民族风情，是休闲观光、民俗体验、水上运动的首选之地。

乌江画廊——乌江是长江三峡库区最大支流，横贯武隆全境。乌江江水湍急、山峦雄奇，一里一景，风光旖旎，有"天险乌江，千里画廊"之美誉。乌江之美，在一洞、两江、七峡。一洞为芙蓉洞；两江即芙蓉江、大溪河；七峡有三门峡、边滩峡、盐井峡、关滩峡、中嘴峡、门栓峡、罗家沱峡。

龚滩古镇——国家 4A 级旅游景区。该镇成于蜀汉，盛于明清，距今已有 1800 年历史，是重庆市第一历史文化名镇，被誉为"乌江画廊核心景区和璀璨明珠"。

❯ 旅行锦囊

加油站：

中国石油加油站（武隆武仙路站）。

> **温馨提示：** 途中弯道较多，行车请务必注意安全。

❯ 餐饮推荐

油酥香辣牛肉、武隆板角山羊、牛蹄花、芙蓉江野鱼、武隆羊肉、江口鱼。

△ 乌江画廊

△ 龚滩古镇

△ 金佛山风景名胜区

△ 神龙峡漂流

DAY2 武隆区—金佛山风景名胜区
(行驶里程 100 公里)

从武隆出发，前往蜀中四大名山之一的金佛山，"金佛何崔嵬，缥缈云霞间"是对它最美好的写照。每当夏秋晚晴，落日斜晖把层层山崖映染得金碧辉煌，如一尊尊金身大佛闪射出万道霞光，异常壮观而美丽。

❯ 路况

整体路况良好，途经包茂高速、南万高速、南平永安路。

❯ 海拔情况

金佛山风景名胜区：西大门海拔 798 米，最高峰海拔 2238 米。

❯ 沿途特色景区

金佛山风景名胜区——世界自然遗产，国家 5A 级旅游景区、国家级风景名胜区。金佛山有喀斯特自然遗产、生物多样性、佛教文化三大奇观。景区具有原始独特的自然风貌，雄险怪奇的岩体造型，神秘幽深的洞宫地府，变幻莫测的气象景观，惊险刺激的绝壁栈道，历史悠久的唐寺庙群等。

神龙峡——国家 4A 级旅游景区，原始植被极为丰富，目视所及一片翠绿，是离重庆主城最近、最原始的生态峡谷之一。神龙峡主景区属典型的"V"字形深切峡谷，两边山峰高耸，壁立千仞，气势磅礴。峡谷内溪流蜿蜒，清澈透明。鱼翔浅底、鸟鸣空谷，甚是悠然。

黑山谷景区——国家 5A 级旅游景区、国家级森林公园、国家级地质公园、中国最佳休闲名山、中国最佳绿色低碳旅游休闲胜地、亚洲大中华区最具魅力风景名胜区、重庆市"巴渝新十二景"、重庆市首家环保示范景区。黑山谷万山叠翠，山静水幽，气候温和，降雨丰沛，年平均气温为 18.1℃，是远离喧嚣，休闲避暑的胜地。

万盛石林——国家 4A 级旅游景区。这里是中国最古老的石林，主要景观有芦花湖、情侣石、万成奔腾、莲花争妍、香炉胜景、千塔雄矗、化石长廊、水上石林、天下第一石扇、地缝一线天等。还有多姿多彩、秀丽壮观的天门溶洞与地表石林交相辉映。浓郁、淳朴的苗家风情及婀娜多姿的民族歌舞使石林更添情趣。

❯ 旅行锦囊

加油站：

中国石油加油站（南川金佛山西站）。

服务区：

武隆服务区、水江服务区。

> **温馨提示：** 途中隧道较多，行车请务必注意安全。

❯ 餐饮推荐

白油笋条、红烧干笋、金钩烩笋、虾仁闷笋、火腿肠烩笋、腊肉炖方竹笋。

△ 万盛石林喀斯特地貌

DAY3 金佛山风景名胜区—四面山景区
（行驶里程 158 公里）

今日来到著名的四面山国家生态旅游示范区，这里在地质学上称"倒置山"，是山脉在四面围绕的样子；生态资源丰富，有我国"物种基因的宝库"的美誉。

🔹 路况

整体路况良好，途经南万高速、綦万高速、江綦高速、S312。

🔹 海拔情况

四面山景区：海拔 560～1709 米。

🔹 沿途特色景区

四面山景区——国家级风景名胜区、国家 5A 级旅游景区。示范区以原始森林为胜，众多溪流、湖泊、瀑布点染于苍山绿树之间，丹霞地貌丰富其自然色彩，目不暇接的动、植物更为这里增添盎然生机。年均气温 13.7℃，是避暑优选之地。四面山的瀑布最为壮观，有大小瀑布 100 多处。瀑布倾泻激荡，掀起满天烟雾，轰然鸣响，数里之外也能感受到其威势。望乡台瀑布高 152 米，宽 40 米，居我国高瀑之首。

中山古镇——国家 4A 级旅游景区。在一层层青石垒砌的河街堡坎上，悠然排列着一长排木板青瓦吊脚楼房，自然蜿蜒而下，高低错落有致。而傍着老街的笋溪河水，清澈静幽，舒缓流淌，涟漪微漾，给这古色古香的境界平添了几多画意诗情。古镇背山临水，场镇建筑靠水而建，由龙洞、荒中坝、高升桥三条小街连接而成。

江津会龙庄景区——国家 4A 级旅游景区。会龙庄是重庆最大、最高的碉楼，坐西朝北，有"西南第一庄"

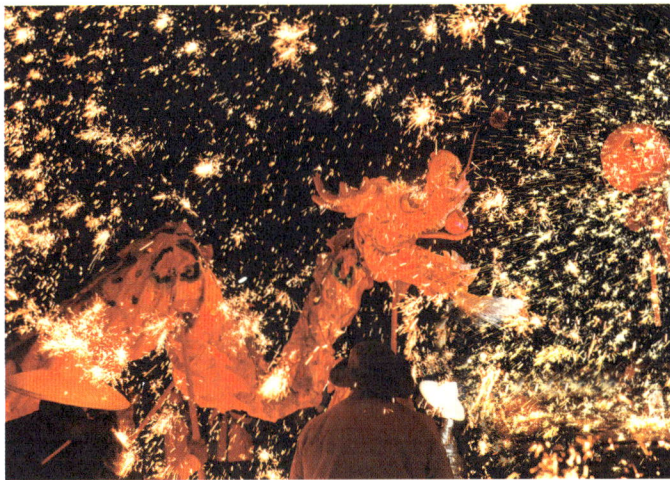
△ 重庆铜梁火龙舞

之称。现存一大一小两碉楼、16 座院落和 18 口天井，1084 扇门，共有 202 个屋舍错落有致地镶嵌其中。

🔹 旅行锦囊

加油站：
中国石油加油站（南川金佛山西站）、龙华石化加油站、中国石化加油站（龙禹富渝站）、中国石油加油站（江津四面山站）。

> **温馨提示：** 途中高速隧道较多，请注意车速；S312 盘山路段弯道较多，行车请务必注意安全。

🔹 餐饮推荐

江津酸菜鱼、尖椒鸡、江津肉片、四面山老腊肉、烟熏豆腐、泉水豆花、珍珠湖飘香鱼。

△ 中山古镇

△ 中山古镇红灯笼古建筑

No.11 南渝文旅村镇之旅

手绘线路图

线路概况

本精品线路串联起黄瓜山村、白沙古镇、保坪村、荆竹村等全国乡村旅游重点村及中国历史文化名镇，引领游客走进这些"望得见山，看得见水，留得住乡愁"的美丽乡村，体验这里的四时好风光，享受独属于这里的静谧与安逸。

非遗体验

川江号子、梁平木版年画、铜梁龙舞、木洞山歌、秀山花灯、四川竹琴、土家族吊脚楼营造技艺、酉阳民歌、梁平癫子锣鼓、南溪号子。

土特产

永川秀芽、永川豆豉、松花皮蛋、三峡蝶画、桢楠药香、江津米花糖、武隆羊角豆干、灯影牛肉、白市驿板鸭、酸辣泡凤爪、涪陵榨菜、合川桃片。

行程规划

⮑ **线路：** 永川区南大街街道黄瓜山村—塘河古镇—白沙古镇—江津先锋镇保坪村—太公山景区—南川大观原点—武隆区仙女山镇荆竹村。

◎ **总里程：** 380公里。

◎ **总天数：** 3天。

DAY1 永川区南大街街道黄瓜山村—塘河古镇—江津白沙古镇—江津先锋镇保坪村

（行驶里程 125 公里）

今天首先来到首批全国乡村旅游重点村——重庆市永川区黄瓜山村，这里发展乡村旅游已有多年，素有"中华梨村"的美誉，是重庆乡村休闲旅游的名片。接着前往位于津江区的中国历史文化名镇——白沙古镇，这里北望长江，南倚山岭，留有众多名胜古迹。该镇青石路面蜿蜒曲折，小巷深处别有洞天。

⮑ **路况**

整体路况良好，途经 S205、三环高速、成渝环线高速。

⮑ **海拔情况**

永川区：平均海拔 300 米；江津区：平均海拔 209.7 米。

⮑ **沿途特色景区**

永川区南大街街道黄瓜山村——首批全国乡村旅游重点村。黄瓜山村位于永川区南郊，黄瓜山山脉的中段，因所处山形酷似黄瓜而得名。全村发展乡村旅游已有多年，以种植梨、农家乐等为特色产业，素有"中华梨村"的美誉。这里的乡村旅游自然风光秀美旖旎，旅游基础设施完善，是重庆乡村休闲旅游的名片。春日梨花、桃花缤纷烂漫，夏天采摘香梨、葡萄，田园似画，

△ 白沙古镇

花果飘香，一年四季，景色不同。

塘河古镇——国家 3A 级旅游景区。古镇历史悠久，早在两千年前就有人类聚居，后世作为渝、川、黔交通要冲和物资集散地，塘河一带很早就形成了舟马不绝、商贾如云的繁荣景象，沉淀着古镇深厚而灿烂的文明历史。

茶山竹海国家森林公园——国家 4A 级旅游景区、国家级森林公园。景区内连片茶园成团成簇，如环似阵，层层叠叠，宛如茶坛；浩瀚竹海幽深迷离，浩渺苍茫，如烟似歌，荡人心旌。茶竹相映成趣，茶竹共生自然景观举世无双。

白沙古镇——国家 3A 级旅游景区、中国历史文化名镇。这里有着"天府名镇""川东文化重镇"盛誉，是重庆市首批历史文化名镇。古镇历史悠久，早在东汉末年，就有人口聚居，形成村落，唐朝时期曾在此兴建大圣寺，之后，宋、元、明、清朝代，都在此设建制镇。现有千担岩汉墓群、唐代大圣寺遗址、明代川主庙、清代聚奎书院等名胜古迹。

❯ **旅行锦囊**

加油站：

中国海油加油站（重庆塘河站）、中国石化加油站（龙禹泸江站）。

服务区：

双凤服务区、石蟆停车区、江津服务区。

❯ **餐饮推荐**

江津肉片、江津酸菜鱼、江津尖椒鸡、江津酸辣粉、江津酱烧鹅。

△ 塘河古镇

△ 太公山景区

DAY2 江津先锋镇保坪村—太公山景区—南川大观镇大观原点
（行驶里程 133 公里）

今日首先来到全国乡村旅游重点村——江津区先锋镇保坪村，这里已经成为现代农业园区和休闲旅游度假区，先后荣膺"全国乡村旅游重点村"和"全国乡村治理示范村"称号。随后前往南川大观镇大观原点，这里将超大圆环钢结构绕山而建，让建筑与自然完美融合，塑造了"内观青山、外观花海"景观格局，用艺术手法将绿水青山化为旅游精品资源。

路况

整体路况良好，途经江綦高速、满防线、包茂高速。

海拔情况

太公山：海拔 330～800 米；大观镇：平均海拔 700 米。

沿途特色景区

江津先锋镇保坪村——全国乡村旅游重点村。这里自然资源广博，休闲农业繁荣，能够寻味百花芬芳，浅听潺潺溪流，细嗅紫藤长廊十里飘香；踏着满地春色，百亩彩色稻田，千亩九叶花椒尽收眼底。"九院九景"描绘一幅"远看有乡愁，近看有巧思"的鹤山风情画卷。村中有梦田农庄、蓝色精蓝莓庄园、金地禾果园和山四季民宿、雨仙农谷、乡情馆等主要景点，是兼具生态旅游、采摘体验、农业观光、农家餐饮、特色民宿的现代农业园区和休闲旅游度假区。

太公山景区——这里植被丰茂，气候宜人，负氧离子含量高，是洗肺减压、避暑养生的好去处，也是难得的闲庭信步、观光休闲的好地方。景区内有麒麟花谷、世外桃源、七彩梯田大佛寺、香炉石、双山等主要景点和金色枇杷园、梨园春天、紫萱花木观光园等多个主题园林。

古剑山风景区——古剑山嵯峨挺拔，如剑指云，是国家 4A 级旅游景区，有"川东小峨眉"的美誉。松、柏、杉、柳等 110 多种林木浓荫蔽日，是綦江的"原始森林"。有三镜湖、洗剑湖等几十个大小水系分布其中，形成山水辉映，环境优美的画卷。年平均气温 18.7℃，气候温和宜人。古剑山云海变幻莫测，蔚为壮观。

南川大观原点——这里是南川全域旅游和景城乡一体化发展战略布局的重要组成部分。大观原点是乡村旅游"一站式"服务平台、"全要素"旅游综合体。

旅行锦囊

加油站：
中国石油加油站（夏坝站）、中国石化加油站（一品站）、中国石油加油站（南川大观站）。

服务区：
先锋服务区。

温馨提示： 途中隧道较多，弯道较多，行车请务必注意安全。

餐饮推荐

金佛山羊汤锅、非遗牛头宴、方竹笋、火锅、烧鸡公、豆花饭、麦耳朵、大观炖蛋、生态石锅鱼、花胶鸡。

△ 重庆古剑山净音寺

△ 金佛山绝壁栈道

DAY3 大观镇—武隆区仙女山镇荆竹村
（行驶里程 122 公里）

今日前往首批全国乡村旅游重点村——武隆区仙女山镇荆竹村，这里以"归原小镇"为着力点，规划了民宿，文创，生态农业等六个板块，为当地乡村旅游发展注入了活力。

❯ 路况

整体路况良好，途经包茂高速、S203。

❯ 海拔情况

武隆地区：平均海拔 1900 米。

❯ 沿途特色景区

金佛山风景名胜区——金佛山又名金山，古称九递山，系大娄山脉主峰。形成于 2.6 亿年前，金佛山与珠穆朗玛、玛雅文明、古埃及金字塔同处于神秘北纬 30°附近。

白马山自然保护区——远望白马山，恰似一匹飞驰蓝天的骏马。山上清泉四溢，冈峦连绵，古树老藤满目，青树翠蔓遍野。时有山雀、画眉鸣唱，锦鸡、竹鸡林边出没。近年，山中还发现了华南虎、小熊猫等珍贵物种的踪迹。这里也被称为"生物基因库"，是极好的观光旅游胜地。

武隆区仙女山镇荆竹村——首批全国乡村旅游重点村。

荆竹村着力发展农业产业、改善农村人居环境、丰富乡村文化建设，全面奏响乡村振兴新乐章，如今，走进荆竹村，一垄垄碧绿土地，一排排黄墙青瓦，条条大路宽阔整洁，房前屋后栽满鲜花，全村面貌焕然一新，一幅幅幸福美丽的乡村新画卷正徐徐展开。

武隆喀斯特旅游区——世界自然遗产，国家 5A 级旅游景区。景区包括天生三桥、仙女山、芙蓉洞三部分，都有着罕见的喀斯特自然景观，溶洞、天坑、地缝、峡谷、峰丛、高山草原，各种形态，应有尽有。土家族、苗族、仡佬族等少数民族独特的民俗风情丰富多彩。

❯ 旅行锦囊

加油站：

中国石油加油站（南川大观站）、中国石油加油站（武隆杨叉岭站）。

服务区：

大观服务区、武隆服务区。

温馨提示： 途中隧道较多，行车请务必注意安全。

❯ 餐饮推荐

高山烤羊、碗碗羊肉、腊猪蹄炖粉条、渣海椒炒洋芋、回锅肉炒蕨粑、芙蓉江黄辣丁。

△ 金佛山日落前的光影变化

△ 武隆喀斯特芙蓉洞

No.12 红岩精神重温之旅

手绘线路图

重庆红岩革命纪念馆

八路军重庆办事处旧址

步云桥烈士诗文碑林

红岩魂广场

长江索道

重庆歌乐山革命烈士陵园

人民解放纪念碑

聂荣臻元帅陈列馆

重庆市

重庆湖广会馆

周贡植故居

聂荣臻元帅故居

江津区

长

江

石壕红军烈士墓

线路概况

红岩精神，是在近代中国面临重大历史转折的全面抗战时期和解放战争时期，以毛泽东、周恩来同志为主要代表的中国共产党人，在国民党政权统治中心的重庆暨中共中央南方局所辖地区，在为争取民族独立和人民解放的革命斗争实践中培育、锤炼和凝结成的伟大革命精神。

重庆是一座英雄的山城，更是著名的"红岩精神"起源地。本精品线路串联起重庆红岩革命纪念馆、红岩魂广场、重庆歌乐山烈士陵园、步云桥烈士诗文碑林等著名红岩景点，展现了共产党人和革命志士，在国统区复杂恶劣的环境中，高举抗日民族统一战线旗帜，广泛团结抗日民主力量，推动民主运动发展，开创了党的革命统一战线和党的建设的新局面。

非遗体验

川剧、川江号子、蜀绣、重庆漆艺、巴渝木偶、重庆吊脚楼营造技艺、黄杨木雕刻工艺、梁平木版年画、铜梁龙舞、金钱板、江津米花糖制作技艺、塘河婚俗、南溪号子、永城吹打、石壕杨戏、横山昆词、綦江农民版画。

土特产

涪陵榨菜、怪味胡豆、火锅底料、岳南泡糖、牛皮糖、秀山雪枣、石柱黄连、奉节脐橙、南川方竹笋、垫江咂酒、城口蜂蜜、忠州豆腐乳、江津米花糖、江津广柑、江津石蟆橄榄、江津百合、江津花椒、天府花生。

行程规划

线路：重庆湖广会馆—人民解放纪念碑—八路军重庆办事处旧址—重庆红岩革命纪念馆—红岩魂广场—重庆歌乐山革命烈士陵园—聂荣臻元帅陈列馆—石壕红军烈士墓。

总里程：220 公里。

总天数：3 天。

DAY1 重庆湖广会馆—人民解放纪念碑—八路军重庆办事处旧址
（行驶里程 20 公里）

今日来到山城重庆，从湖广会馆开始红色之旅。会馆在抗日战争时期是军用仓库，承接对中国军队的补给重任。接着前往人民解放纪念碑，这里自"精神堡垒"至抗战胜利纪功碑到如今的纪念碑，都在讲述中国军民英勇抗日和重庆解放过程中的无畏精神与英雄气概。最后来到八路军重庆办事处旧址，重温老一辈无产阶级革命家的光辉事迹。

路况

整体路况良好，途经重庆市内道路。

海拔情况

渝中区：海拔 167～394 米。

沿途特色景区

重庆湖广会馆——国家 4A 级旅游景区、全国重点文物保护单位、爱国主义教育基地。抗战时这里是军用 203 仓库，现在是重庆市商业储运仓库。湖广会馆与广东会馆、江南会馆为一庞大的清代古建筑群，是古代重庆作为繁华商埠的历史见证。整个古建筑群雕梁画栋、涂朱鎏金，有取材于西游记、西厢记、封神榜、二十四孝等人物故事图案的浮雕镂雕，雕镂精湛、栩栩如生。

人民解放纪念碑——全国重点文物保护单位。抗日战争全面爆发后，国民政府迁都重庆。为了动员民众抗日救

△ 川剧艺术

国，于 1941 年在重庆市中区都邮街广场建成了一座碑形建筑，名为"精神堡垒"，意指坚决抗战的精神。堡垒为四方形炮楼式木结构建筑，为防日机轰炸，外表涂成黑色。抗日战争胜利后，重庆市决定在原"精神堡垒"的旧址上，建立"抗战胜利纪功碑"，以纪念全国军民为抗日战争胜利做出的巨大牺牲。1949 年 11 月 30 日重庆解放，西南军政委员会决定对"抗战胜利纪功碑"进行改建，由西南军政委员会主席刘伯承题字，将"抗战胜利纪功碑"改名为"人民解放纪念碑"。

八路军重庆办事处旧址——全国重点文物保护单位、红色旅游经典景区。整幢楼房为土木穿斗式结构。这里也成为中国共产党在当时国统区的指挥中心。老一辈无产阶级革命家毛泽东、周恩来、董必武、叶剑英、邓颖超、秦邦宪、王若飞、吴玉章、林伯渠等都在此工作生活过。

长江索道——国家 4A 级旅游景区。是重庆最具动感气质的城市符号，是中国唯一的一条横跨长江的索道，有"万里长江第一条空中走廊"之称，是游览重庆的必打卡地。往往是游客开启是重庆旅游的第一站，重庆以"山城"和"江城"著称，更以不夜城名扬四海。

△ 湖广会馆

△ 重庆解放碑夜景

▶ **旅行锦囊**

加油站:

中国石油加油站(重庆牛滴路站)。

> **温馨提示:** 1. 重庆是山城,道路上下坡多、弯道多,请注意行车安全。
> 2. 为了交通便捷,重庆的立交桥特别的多,故岔道也多,请注意时刻观察道路,以免走错。
> 3. 在重庆,有部分路段,左转和掉头车道在最右边,请一定注意。

▶ **餐饮推荐**

重庆火锅、酸辣粉、麻辣烤鱼、桃米炒蛋、奶油燕窝酥、鸭参粥、重庆炉桥面、鱼香八炸鸡、鱼香腰花、灯影牛肉。

DAY2 重庆红岩革命纪念馆—红岩魂广场—
重庆歌乐山革命烈士陵园—江津区
(行驶里程 60 公里)

今日前往红岩红色景区瞻仰参观。红岩精神是在全面抗战时期和解放战争时期,中国共产党人在重庆,在为争取民族独立和人民解放的革命斗争实践中培育、锤炼和凝结成的伟大革命精神。为了民族独立和人民解放,无数革命先烈献出宝贵生命,在这里,不管时间如何流逝,无论风吹雨打,烈士们的精神永远屹立在国人的心中。

▶ **路况**

整体路况良好,途经重庆市内道路、成渝环线高速。

▶ **海拔情况**

沙坪坝区:平均海拔 263 米;江津区:平均海拔 209.7 米。

▶ **沿途特色景区**

重庆红岩革命纪念馆——国家 4A 级旅游景区、红色旅游经典景区、爱国主义教育基地。这里原是中共中央南方局和八路军驻重庆办事处旧址,有办公楼、礼堂、招待所、厨房等 5 幢土木结构房屋。这里以红岩村、渣滓洞、白公馆、曾家岩、特园、新华日报等革命文物遗址和《红岩魂》《红岩陈列馆》为主要载体,陈列宣传展览革命领袖、革命先贤、革命烈士的思想精神和人格风范。

红岩魂广场——红色旅游经典景区。全国第一个以烈士精神命名的广场,广场分为瞻仰区和纪念区两个部分,一座人行桥廊凌空架设,将两个部分上下贯通,连成一体。广场气势恢宏,格调沉稳。瞻仰区为"浩气长存"的赤色花岗石烈士群雕,伟岸雄奇,犹如镶嵌于万绿丛中的巨型红宝石,体现出"在那青翠的歌乐山巅仰望黎明"的意境,瞻仰区的顶端是覆斗形的"一一·二七死难烈士之墓"。

重庆歌乐山革命烈士陵园——国家 4A 级旅游景区、全国重点文物保护单位、红色旅游经典景区、爱国主义教育基地。重庆歌乐山烈士陵园修筑在"中美合作所"集中营原址之上,地处重庆市西北郊的歌乐山下。进入陵园的大门,首先映入眼帘的是原"中美合作所"阅兵场,现为美丽的绿化带,大型浮雕《不朽》坐落在阅兵场的东部。浮雕北面是陈列总馆,详细披露了军统集中营和中美特种技术合作所残害革命烈士的内幕,详实地介绍了杨虎城、叶挺、江竹筠、罗世文、车耀先等革命先烈为新中国的建立前仆后继、英勇不屈的斗争事迹。

步云桥烈士诗文碑林——红色旅游经典景区。步云桥烈士诗文碑林位于烈士墓通往白公馆的步云桥畔。共立江岸磐石 94 块,最重者达 21 吨,碑上题刻有牺牲在中美合作所的烈士诗文 24 首,皆由全国著名书法家用汉文、藏、蒙、维吾尔文题写,由能工巧匠凿刻而成。

▶ **旅行锦囊**

加油站:

△ 重庆豌杂小面

△ 红岩革命纪念馆

△ 重庆长江索道

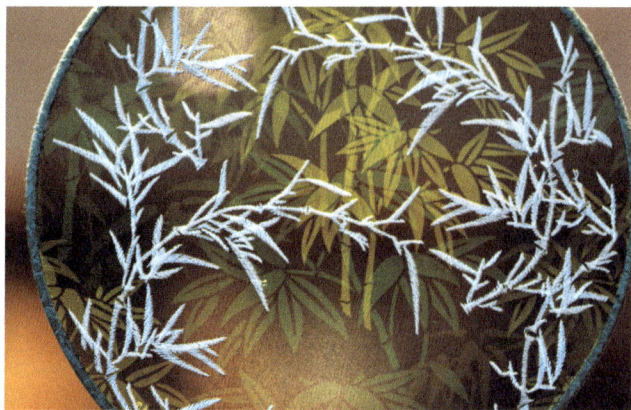
△ 蜀绣

中国石化加油站（杨公桥站）；中国海油加油站（江津滨江新城站）。

服务区：

九龙坡服务区。

> **餐饮推荐**

重庆小面、重庆辣子鸡、毛血旺、磁器口豆瓣鱼、磁器口陈麻花、龙凤饼、酸辣泡凤爪、软烩千张。

DAY3 聂荣臻元帅陈列馆—石壕红军烈士墓
（行驶里程 140 公里）

聂荣臻是党和国家的卓越领导人，中国人民解放军的创建人之一，中华人民共和国元帅，中华人民共和国开国元勋。他在为中国人民谋幸福、为中华民族谋复兴的光辉一生中，殚精竭虑、呕心沥血，建立了卓著功勋。今日通过瞻仰陈列馆和故居，缅怀聂荣臻元帅的光辉一生。

> **路况**

整体路况良好，途经成渝环线高速、江习高速、江习古高速

> **海拔情况**

綦江区：平均海拔 920 米。

> **沿途特色景区**

周贡植故居——重庆市文物保护单位、红色旅游经典景区、国家 3A 级旅游景区。故居始建于清末民初，呈三合院布局。现存正房及左右两边厢房，屋前是一院坝。这里是中共四川省委成立地，是中共四川省委领导机关早期革命活动的重要遗址。

聂荣臻元帅陈列馆——国家 4A 级旅游景区、科普教育基地、红色旅游经典景区、爱国主义教育基地、国防教育基地。聂荣臻元帅陈列馆由主馆和铜像广场组成，铜像广场宽阔平坦，两组大型浮雕分列左右，聂荣臻元帅铜像耸立中央。主馆由瞻仰大厅、陈列厅、聂荣臻元帅模拟办公室和卧室、中国卫星发射演示厅、游客接待中心等几部分组成。展厅宽阔、展线流畅，以 200 余张生

动的图片、丰富的文物和翔实的史料，以及 40 余件国防科技成果模型和西昌卫星发射演示模型，再现了聂荣臻元帅为中国革命和建设事业的作出的丰功伟绩。

聂荣臻故里景区——国家 4A 级旅游景区、全国重点文物保护单位、红色旅游经典景区、爱国主义教育基地。聂荣臻元帅故居位于江津吴滩镇郎家村，坐西向东，共有房屋 17 间。聂荣臻青少年时期在此生活了 15 年。现故居房屋中有 6 间按旧貌进行复原陈列，陈列家具 45 件；4 间房屋作为陈列室，陈列聂荣臻青少年时期在江津生活、学习用具等 35 件，展示了聂荣臻青少年时期发奋读书、立志报国的事迹，尤其是聂荣臻晚年对家乡领导的嘱托，充分表现了聂荣臻元帅对故乡切切牵挂和殷殷期盼。

石壕红军烈士墓——国家 2A 级旅游景区、文化旅游景点、红色旅游经典景区、爱国主义教育基地。为了缅怀红军烈士，1979 年，在石壕庙儿山修建红军烈士墓。红军烈士墓建成后，将原分葬在白果村和长征村的五位烈士遗骸集中迁葬于新墓。建立了红军墓纪念馆，馆内设有长征诗碑、烈士墓地、烈士塑像、烈士纪念塔、烈士事迹陈列室、颂词碑林和红军宣传标语碑林。

> **旅行锦囊**

加油站：

中国石油加油站（江津双宝站）、中国石化加油站（梨园坝站）

服务区：

蔡家服务区。

温馨提示： 途中多弯道、多隧道，有山路，请注意驾驶安全。

> **餐饮推荐**

重庆酸辣粉、火爆双脆、东溪刘氏黑鸭、蕨巴老腊肉、江津酸菜鱼、陈有良尖椒鸡、江津肉片、叶儿粑。

No.13 纵横渝都探宝之旅

手绘线路图

N

重庆三峡移民纪念馆

万州区

重庆双桂堂

梁平区

万州大瀑布群旅游区

嘉

陵

江

大足石刻博物馆

大足区

重庆自然博物馆

缙云山

北碚区

长寿区

菩提古镇文化旅游区

重庆园博园

重庆中国三峡博物馆

江

磁器口古镇

渝中区

长

重庆红岩革命历史博物馆

洪崖洞

线路概况

当山水之城遇上渺渺云雾，重庆这座城市便美到了"云上"。重庆不仅是全球六大著名雾都之一，在云雾缭绕下的山城还隐藏着许多国家一级博物馆。本精品线路串联起大足石刻博物馆、重庆红岩革命历史博物馆、重庆中国三峡博物馆、重庆自然博物馆、重庆三峡移民纪念馆，引领游客观赏有着独特"重庆烙印"的绝世馆藏，从恐龙化石、大足石刻到红岩精神、三峡移民，无不展现着长江重镇——重庆的标签、重庆的文化和重庆的精神。

非遗体验

川江号子、梁平木版年画、铜梁龙舞、木洞山歌、秀山花灯、四川竹琴、土家族吊脚楼营造技艺、酉阳民歌、梁平癞子锣鼓、南溪号子。

土特产

江津米花糖、武隆羊角豆干、重庆怪味胡豆、火锅底料、灯影牛肉、白市驿板鸭、磁器口陈麻花、酸辣泡凤爪、涪陵榨菜、合川桃片。

行程规划

➡ **线路：** 大足石刻博物馆—重庆红岩革命历史博物馆—重庆中国三峡博物馆—重庆自然博物馆—重庆三峡移民纪念馆。

◎ **总里程：** 450公里。

◎ **总天数：** 3天。

△ 大足石刻

DAY1 大足石刻博物馆—重庆红岩革命历史博物馆

（行驶里程 105 公里）

今日来到位于重庆大足石刻风景区内的国家一级博物馆——大足石刻博物馆，这里陈列着大足石刻的珍贵文物，是中国古代晚期石窟艺术的优秀代表。随后前往重庆红岩革命历史博物馆，这里是重点弘扬红岩精神，传播革命历史的国家一级博物馆。

路况

整体路况良好，途经渝蓉高速、成渝环线高速。

海拔情况

大足区：平均海拔 778 米；沙坪坝区：平均海拔 263 米；渝中区：海拔 167～394 米。

沿途特色景区

大足石刻博物馆——国家一级博物馆。位于重庆大足石刻风景区内，是石刻艺术专题博物馆。依托中国石窟艺术宝库中的一颗璀璨明珠——大足石刻，主要陈列北山石窟、宝顶山石窟、石门山石窟、南山石窟等的珍贵石刻。该地是巴蜀地区石刻艺术的代表，也是中国古代晚期石窟艺术的优秀代表。镇馆之宝：国家一级文物释迦牟尼佛头像。

磁器口古镇——国家 4A 级旅游景区。千年古镇，重庆缩影，以出产瓷器而闻名，现存古窑遗址 20 余处。如今，古镇的古建筑保存完整，有榨油、抽丝、制糖、捏面人、川剧变脸等传统表演项目和各种传统小吃、茶馆等，为距重庆主城区最近的古镇景观。

重庆红岩革命历史博物馆——又称红岩博物馆，国家一级博物馆，全国重点文物保护单位。下辖红岩革命纪念馆、重庆歌乐山革命纪念馆、中国民主党派历史陈列馆及其所属革命遗址群。主要陈列展示有：红岩魂展览，千秋红岩——中共中央南方局历史暨文物陈列展，中国民主党派历史陈列展。

洪崖洞民俗风貌区——国家 4A 级旅游景区。这里是"成渝十大文旅新地标"，无论日夜都惊艳绝伦。它依山就势，沿江而建，可观吊脚群楼、观洪崖滴翠，逛山城老街、赏巴渝文化，烫山城火锅、看两江汇流，品天下美食、玩不夜风情。

△ 磁器口古镇宝轮寺夜景

△ 洪崖洞夜景

△ 重庆自然博物馆

△ 重庆中国三峡博物馆

旅行锦囊

加油站:

中国石油加油站(大足东关站)、中国石油加油站(经纬大道站)。

服务区:

围龙服务区。

> **温馨提示:** 1. 大足石刻博物馆:凭大足石刻宝顶山门票,免费参观;参观时间 9:30—17:00(16:30 停止入馆);周一闭馆。
> 2. 重庆红岩革命历史博物馆:全年免费开放;参观时间 9:00—17:00(16:30 停止入馆)。
> 3. 途中隧道较多,行车请务必注意安全。

餐饮推荐

重庆火锅、重庆小面、辣子鸡、重庆酸辣粉、毛血旺、水煮鱼、重庆麻辣烫、山城小汤圆。

DAY2 重庆中国三峡博物馆—重庆自然博物馆
(行驶里程 45 公里)

今日首先来到重庆中国三峡博物馆,这里可以领略到巴渝文化、三峡文化、抗战文化、移民文化和城市文化等特色展示。博物馆位于重庆人民大礼堂的正西端,两者中间是重庆人民广场,三者共同形成"三位一体"的重庆市标志性建筑群。随后前往位于重庆缙云山麓间的重庆自然博物馆,这家以恐龙化石标本著称的国家一级博物馆,单单是十数具恐龙骨架的展示,就已成为"恐龙迷"心中的圣殿。

路况

整体路况良好,途经红锦大道、兰海高速。

海拔情况

北碚区:海拔 175～1316 米。

沿途特色景区

重庆中国三峡博物馆——来到重庆中国三峡博物馆,就可以领略到巴渝文化、三峡文化、抗战文化、移民文化和城市文化等博物馆的特色展示,它是中央地方共建国家级博物馆、国家文化和科技融合示范基地、首批国家一级博物馆、全国最具创新力博物馆、国家文物局重点科研基地、全国爱国主义教育示范基地、全国科普教育基地、全国青少年教育基地、全国古籍重点保护单位、国家 4A 级旅游景区等。

重庆园博园——国家 4A 级旅游景区。有入口区、景园区、展园区和生态区四大部分。其中,景园区有极好的景观视野,可远观园内候鸟湿地、卧龙石、双亭瀑布、龙景书院、湿地花溪、青山茅庐、枫香秋停、荟萃园、云顶揽胜、悠园、巴渝园、环湖六景、风雨廊桥、莫纹世界等景区景点。

重庆自然博物馆——国家一级博物馆、国家 4A 级旅游景区、全国科普教育基地。博物馆以恐龙化石标本著称,四川地区不同门类、不同时代的代表性恐龙化石标本都有收藏,已装架展出的骨架标本有 15 具,同时还收藏有 100 余件恐龙足印化石标本。"远古生命奇观——古生物进化暨恐龙知识科普展""四川恐龙化石陈列展"等恐龙展也广受欢迎。

缙云山——国家级风景名胜区、国家 4A 级旅游景区、国家级自然保护区。这里是嘉陵江边一处避暑胜地,九峰挺立,拔地而起,山上古木参天,翠竹成林,环境清幽,景色优美,有"小峨眉"之称。

旅行锦囊

加油站:

中国石油(两江新区人和加油站)。

△ 重庆园博园湖景自然风光

△ 重庆双桂堂航拍

温馨提示: 1. 重庆中国三峡博物馆:免费开放;参观时间 9:00—17:00(16:30 停止入馆);周一闭馆

2. 重庆自然博物馆:免费开放;参观时间 9:00—17:00(16:00 停止入馆);周一闭馆

3. 途中隧道较多,行车请务必注意安全。

餐饮推荐

重庆火锅、重庆小面、来凤鱼、黔江鸡杂、烧鸡公、太安鱼、啤酒鸭、芋儿鸡、酸菜鱼、泉水鸡。

DAY3 北碚区—重庆三峡移民纪念馆
(行驶里程 300 公里)

今日来到位于重庆市万州区的国家一级博物馆——三峡移民纪念馆,这是一家纪念三峡百万大移民而修建的专题性纪念馆,也是三峡库区历史文化和移民文化收藏、保护研究和展示中心。镇馆之宝:东方剑齿象化石。

路况

整体路况良好,途经重庆绕城高速、沪渝高速、沪蓉高速。

海拔情况

万州城区:平均海拔 330 米。

沿途特色景区

菩提古镇文化旅游区——国家 4A 级旅游景区。这里展示了几千年巴渝人文文化及华夏寿文化,万寿广场、万寿阁、御龙潭公园、万寿公园等巴渝民俗建筑错落有致,特色祝寿仪式、万寿千叟宴、端午长街宴、春节赏花灯等民俗活动异彩纷呈,啤酒节、泼水节、柚子节、长寿火锅节等节庆活动丰富多彩。

重庆双桂堂——国家 4A 级旅游景区、全国重点文物保护单位。这里是全国著名的明清文物旅游景点和佛教

圣地。因有两株桂花树而得名,又名"福国寺"。寺庙由清代建造,迄今已 300 多年历史,有"蜀中丛林之首""西南佛教禅宗祖庭"之誉。

重庆三峡移民纪念馆——这里展览了"伟大壮举 辉煌历程"的三峡移民精神,用时间作主线,分成"百年宏愿、筑梦三峡""伟大壮举、百万移民""万众一心、破解难题""生态环境、永续发展""文物保护、历史传承""高峡平湖、沧桑巨变""彪炳史册、历史丰碑"七个单元,通过多种方式全景展示三峡工程的由来、百万移民搬迁的辉煌壮举,全面阐释了三峡移民精神的深刻内涵。

万州大瀑布群旅游区——国家 4A 级旅游景区。这里有山青、水秀、瀑宽、洞奇、潭幽、湖大、虹美的特点。万州大瀑布闻名遐迩、饮誉中外,有"亚洲第一瀑"美誉。地灵人杰,这里也是三国东吴第一猛将甘宁的故里,甘宁鼓乐已经被列入"重庆市级非物质文化遗产"。

旅行锦囊

加油站:

中国石化加油站(双柏树站)、中国石化加油站(万州红溪沟站)。

服务区:

复兴服务区、复盛服务区、晏家服务区、龙溪河服务区、垫江服务区、梁平服务区。

温馨提示: 1. 重庆三峡移民纪念馆:免费开放;参观时间 9:00—17:00(16:30 停止入馆);周一闭馆

2. 途中隧道桥梁较多,弯道较多,行车请务必注意安全。

餐饮推荐

万州格格、万州烤鱼、洪光米粉、蒸糕、叠蛋、鸳鸯面、炖鸭脚、五香牛肉。

No.14 荆楚千年文明之旅

手绘线路图

线路概况

荆楚文化是华夏民族文化的重要组成部分，在中华文明发展史上地位举足轻重。荆楚文化继承了许多商周文化特点，源远流长，博大精深，具有鲜明的地域特色。本精品线路串联起盘龙城遗址、屈家岭文化遗址、潜江龙湾遗址、熊家冢遗址等从上古到春秋战国的荆楚文化重要遗迹，展现了楚地开放、创新、和合、爱国的文化特质，让游客体会到荆楚文化的独特魅力。

非遗体验

汉绣、黄鹤楼传说、屈原传说、湖北小曲、湖北大鼓、糖塑（天门糖塑）、天门民歌、荆州花鼓戏、皮影戏（江汉平原皮影戏）、荆河戏、潜江草把龙灯、潜江民歌、挑担围鼓。

土特产

江夏蒿头、江夏子莲、汉南甜玉米、黄陂荆蜜、黄陂荸荠、钟祥葛粉、官庄湖西瓜、京山桥米、七里湖萝卜、钟祥花生、大口蜜桃、潜半夏、潜江龙虾、潜江米茶、潜江传统酿酒、南湖萝卜、八岭山朱橘、纪山米。

行程规划

🚗 **线路：** 铜绿山古铜矿遗址—盘龙城国家考古遗址公园—石家河遗址—屈家岭国家考古遗址公园—龙湾国家考古遗址公园—熊家冢国家考古遗址公园。

◎ **总里程：** 520公里。

◎ **总天数：** 3天。

DAY1 铜绿山古铜矿遗址—盘龙城国家考古遗址公园
（行驶里程130公里）

今日首先前往铜绿山古铜矿遗址，这里高超的古代铜矿开采技术和铜的冶炼技术，展现了千年前先民们的聪明才智和辉煌成就。接着来到位于武汉的盘龙城国家考古遗址公园，这里全景展示了商代的古文化信息，出土的铜器、玉器也述说着千年前的文明高度。

▶ **路况**

整体路况良好，途经大广高速、沪渝高速、武汉绕城高速。

▶ **海拔情况**

大冶：海拔120～200米；武汉：平均海拔24米。

▶ **沿途特色景区**

铜绿山古铜矿遗址——全国重点文物保护单位、爱国主义教育基地。是中国古代铜矿的重要开采地，年代之久、延续之长、规模之大、保存之好，国内罕有。

△ 盘龙城国家考古遗址公园

黄石国家矿山公园——全国首批、湖北省首座国家矿山公园，国家 4A 级旅游景区。园内有世界第一高陡边坡之称的亚洲第一采坑和亚洲最大的硬岩复垦基地，有"矿冶峡谷""亚洲第一天坑"美誉。

盘龙城国家考古遗址公园——全国重点文物保护单位。博物馆采用"半嵌入式"设计，将建筑消隐于树丛中，把盘龙城遗址本身作为最大的展品，游客站在博物馆屋顶，可远眺盘龙城遗址核心区。盘龙城遗址出土有青铜器、陶器、玉器等遗物。这些文物，向我们传递了大量的商代文化信息。

❯ **旅行锦囊**

加油站：

中国石油加油站（汉口宏图大道站）。

服务区：

大冶服务区、鄂州服务区。

温馨提示：盘龙城国家考古遗址公园周一闭园。

❯ **餐饮推荐**

热干面、三鲜豆皮、汤包、烧卖、糊汤粉、面窝、煨汤、牛肉豆丝。

△ 铜斧（战国，湖北大冶铜绿山古矿冶遗址出土，中国国家博物馆藏，为采矿工具）

△ 盘龙城国家考古遗址出土的商代青铜器——兽首耳铜簋

DAY2 武汉市—屈家岭国家考古遗址公园—
潜江市
（行驶里程 275 公里）

今日前往屈家岭国家考古遗址公园，屈家岭文化既是楚
文化发展的基础，也是荆楚文明高度发展之源。这里的
蛋壳彩陶与彩陶纺轮，都代表着当时最高的生产水平。

● **路况**

整体路况良好，途经沪蓉高速、S107、枣石高速。

● **海拔情况**

荆门：海拔 200～500 米；潜江：平均海拔 38 米。

● **沿途特色景区**

石家河遗址——全国重点文物保护单位，新石器时代遗
址。石家河城是新石器时代晚期规模最大的一座古城
池，出土文物有大量陶质生活用具、数十种陶缸刻符，
百余件玉人、玉龙、玉鹰、玉蝉等精品，万余件陶塑人
物与动物艺术品等，代表了长江中游地区史前发展的最
高水平，成为研究中国城市起源和文明起源的重要地区。

屈家岭国家考古遗址公园——全国重点文物保护单位，
新石器时代遗址。经多次发掘，发现有房基、墓葬、窖
穴等遗迹。

潜江曹禺文化旅游区——国家 3A 级旅游景区。园内建
有曹禺纪念馆、雷雨广场、日出亭、北斗山、原野长
廊、园区桥梁等 20 多个游园景点。其中，主体建筑曹
禺纪念馆收藏曹禺人文资料 3000 余件，是目前国内纪
念曹禺规模最大、拥有资料最丰富的专业纪念馆，2006
年被列入全国名人纪念馆序列。

● **旅行锦囊**

加油站：

中国石化加油站（武汉机场东站）、中国石化加油

△ 屈家岭国家考古遗址公园

（京山易家岭站）、中国石化加油站（荆门沙洋中心站）、
中国石化加油站（潜江张金站）。

服务区：

柏泉停车区、汉川服务区、应城停车区、天门北服务
区、积玉口服务区。

● **餐饮推荐**

焌米茶、潜江油焖大虾、黄湾藕、潜江财鱼面、潜江锅
盔、抓炒鱼条、火烧粑、浩口花糕。

DAY3 龙湾国家考古遗址公园—熊家冢国家
考古遗址公园
（行驶里程 115 公里）

今日首先来到位于潜江市的龙湾国家考古遗址公园，由
于贝壳路的发现，这里经考证是"章华台"的遗址，这
座"举国营之，数年乃成"的宏大建筑，被誉为当世
"天下第一台"。随后前往位于荆州市的熊家冢国家考
古遗址公园，这里是我国现今规模最大的古楚国皇家陵
墓，规制布局和车马阵遗址堪比秦始皇兵马俑，"北有兵

△ 潜江曹禺文化旅游区

△ 荆州博物馆

△ 荆州古城东门寅宾门宾阳楼风光

马俑，南有熊家冢"名满考古界。

路况

整体路况良好，途经兴阳线、沪渝高速、荆当旅游公路。

海拔情况

荆州：平均海拔 34 米。

沿途特色景区

龙湾国家考古遗址公园——国家 4A 级旅游景区。是迄今发现的东周时期建造规模最大、规格最高、延续时间最长、建筑形式最独特、保存最好的楚国王家宫囿宫殿遗址。其中"章华台"苑宫殿基址，开创了层台建筑的先河，被誉为"天下第一台"，是王家园林建筑的鼻祖。

荆州博物馆——国家 4A 级旅游景区。博物馆有馆藏文物 13 万余件，其中国家一级文物 492 件套，有战国丝绸、吴王夫差矛，有战国秦汉漆器，有中国也是世界上最早的数学专著《算数书》和萧何"二年造律"的《二年律令》等汉初简牍。2008 年，荆州博物馆被列入国家一级博物馆名单。

荆州古城历史文化旅游区——国家 4A 级旅游景区，荆州古城，又名江陵城，是中国历史文化名城之一。有保存较完好的荆州古城墙。

熊家冢国家考古遗址公园——目前我国所见规模最大，保存完好，陵园分布最完整的楚国高等级贵族墓地。主冢规模之宏大、墓主身份之显赫、车马阵容之豪华、祭祀场景之阔绰、布局系统之完整，均十分罕见，在中国文物考古界，有"北有兵马俑，南有熊家冢"之说，可见熊家冢遗址的弥足珍贵。

旅行锦囊

加油站：

中金澳石化加油站（龙湾派出所北站）、中国石油加油站（潜江西城路站）、张场加油站。

服务区：

荆州东服务区。

餐饮推荐

荆州鱼糕、公安锅盔、早堂面、排骨藕汤、公安牛肉火锅、皮条鳝鱼、松滋鸡、荆州鱼杂火锅。

△ 荆州博物馆馆藏西汉孔雀熏炉

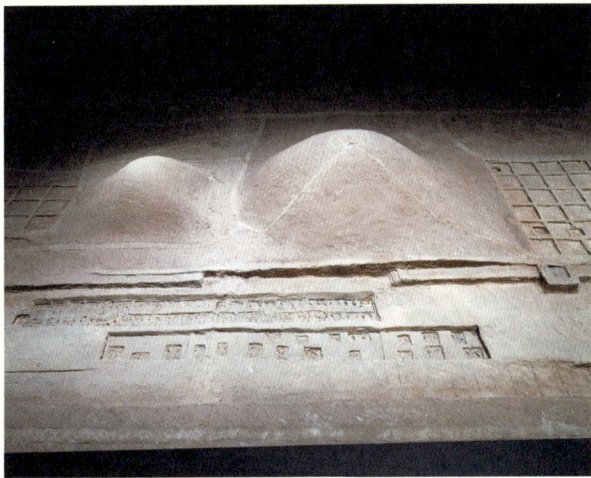
△ 熊家冢墓地模型

No.15 仙山丹霞赏珍之旅

手绘线路图

N

十堰市
丹江口太极峡景区
十堰市博物馆
武当山风景区
武当山南神道旅游区
神农架生态旅游区
天燕景区
神农架林区
红坪景区
天生桥景区
恩施神农溪
纤夫文化旅游区
巴人河生态旅游区
梭布垭石林景区
恩施大峡谷景区
恩施土司城
武隆喀斯特景区
利川腾龙洞景区
恩施土家族苗族自治州
重庆市
神龙峡
乌江画廊
金佛山风景名胜区
长江
汉江

线路概况

这条线路，有中国道教建筑中实属罕见的武当山古建筑群、大自然的鬼斧神工与现代技术的能工巧匠相结合的丹江口大坝、以及由陡峭的悬崖、红色的山块、密集深切的峡谷、壮观的瀑布及碧绿的河溪构成的景观系统——中国丹霞。此外，神农架因特殊的地理位置、优越的自然环境和气候条件使这里的生物多样性非常丰富，保存着完整的生态系统，素有"物种基因库""濒危动植物避难所"之美誉。

非遗体验

武当山庙会、武当山道教医药、三丰太极拳、沔阳三蒸制作技艺、神农的传说、堂纺叠绣、恩施灯戏、巴东堂戏、恩施扬琴、恩施社节、恩施板凳龙舞、恩施土家女儿会、巴东土家族民间历法、巴东皮影戏。

土特产

均州名晒烟、金桩堰贡米、武当酒、武当道茶、武当榔梅、武当猕猴桃、神农架天麻、木鱼绿茶、神农架野板栗、神农架洋芋、神农百花蜜、宜红茶、鹤峰茶、巴东独活、板桥党参、恩施玉露。

行程规划

线路： 武当山风景区—神农架生态旅游区—恩施大峡谷景区—武隆喀斯特景区—金佛山风景名胜区。

总里程： 900 公里。

总天数： 5 天。

DAY1 十堰市—武当山风景区
（行驶里程 38 公里）

从十堰出发，来到著名的世界文化遗产和道教圣地——武当山，这里自古以来，就有 72 峰、36 岩、24 洞、11 洞、3 潭、9 泉、10 石、9 井、10 池、9 台名胜。被誉为"自古无双胜境，天下第一仙山"。

路况

整体路况良好，途经十堰市内道路、福银高速、呼北高速。

海拔情况

十堰：平均海拔 290 米；武当山：平均海拔 1000 米以上、主峰海拔 1612 米。

沿途特色景区

武当山风景区——中国道教圣地，这里的古建筑群入选《世界遗产名录》，这里既是"全国重点文物保护单位"，又是国家 5A 级旅游风景区，还是国家森林公园和中国十大避暑名山。其武术、养生以及道教音乐同样驰名中外。武当山绵延 800 里，自然风光以雄为主，兼有险、奇、幽、秀等多重特色。

武当山南神道旅游区——这里是国家 4A 级旅游景区，位于武当山西南麓，素有武当后花园之美誉。是过去川、陕、鄂西北、鄂西南等地香客敬香的重要神道。南神道群山如花，数峰如笋，大河如链，美景如画，民歌如潮。

丹江口太极峡景区——国家 4A 级旅游景区。具有非常丰富的观光、度假和探险、科考、写生、怀古资源。

十堰市博物馆——博物馆分为陈列展览区、综合服务区两大部分。博物馆外观的设计指导思想是在现代、新颖的前提下融入了十堰市特有的文化元素，以人的抽象眼睛作为构图，以象征人类的探索和发现。

旅行锦囊

加油站：

中国石油加油站（十堰浙江路站）。

> **温馨提示：** 1. 请着舒适服装及鞋子游览景区。
> 2. 山中昼夜温差大，请注意增减衣物。

餐饮推荐

竹溪蒸盆、酸浆面、三合汤、瓦块鱼、道教斋饭、广水滑肉、黄陂三合、沔阳三蒸。

△ 武当山雪景云海

△ 神农架神农坛景区风光

DAY2 武当山风景区—神农架国家级自然保护区
（行驶里程 195 公里）

今日前往游览世界自然遗产的神农架国家级自然保护区，这里重峦叠嶂，山高谷深，主峰神农顶，海拔3105 米，是华中地区最高峰，有"华中屋脊"之称。区内古木参天，奇花异卉遍布，又有"绿色宝库"之称。

▶ 路况
整体路况良好，途经福银高速、呼北高速、苏北线。

▶ 海拔情况
神农架：平均海拔 1700 米。

▶ 沿途特色景区
神农架生态旅游区——我国首个获得联合国教科文组织人与生物圈自然保护区、世界地质公园、世界遗产三大保护制度共同录入的"三冠王"名录遗产地。

天燕景区——国家 4A 级旅游景区和全国六大生态示范区之一，也是我国内陆保存完好的一片绿洲和世界中纬度地区的一块绿色宝地。它拥有当今世界中纬度地区保存较为完好的亚热带森林生态系统。

红坪景区——位于神农架林区中西部天门垭南麓，是一小块峡谷盆地，最高峰神农顶海拔 3105.4 米，素有"华中屋脊"之称，植物区系属南北与东西的交会处，生物种类资源丰富。

天生桥景区——景区位于神农架南部的老君山北麓，经过亿万年水流侵蚀，形成了一个天生穿洞，山泉穿洞而下，故名"天生桥"。

▶ 旅行锦囊
加油站：

中国石油加油站（武当山站）、中国石化加油站（桥上站）、中国石化加油站（神农架红坪站）、神农架酒壶坪

△ 天燕景区燕子洞

△ 天生桥景区

△ 恩施神农溪纤夫文化旅游区

加油站。

服务区：

土城服务区。

> 温馨提示：入神农架景区途中多为山路，弯道较多，行车请务必注意安全。

◈ 餐饮推荐

神农架坨坨肉、渣广椒、紫苔菜炒肉、懒豆腐、神农腊猪蹄、香菇炖土鸡。

DAY3 神农架国家级自然保护区—恩施市
（行驶里程321公里）

今日继续欣赏神农架，随后前往恩施，由于路程略长，途中可以游览恩施神农溪纤夫文化旅游区等景点，以缓解长途驾车的劳顿。

◈ 路况

整体路况良好，途经苏北线、沪渝高速。

◈ 海拔情况

恩施：平均海拔1000米。

◈ 沿途特色景区

恩施神农溪纤夫文化旅游区——国家5A级旅游景区。神农溪是一条典型的峡谷溪流，两岸山峰紧束，绝壁峭耸，溪水在刀削般的峡壁间冲撞，水道曲折，湍急的溪流中有险滩、长滩、弯滩、浅滩六十余处。水道虽狭急却清浅，漂流极富刺激而又安全。

巴人河生态旅游区——国家4A级旅游景区。迷人的巴人河峡谷是折射巴人原生态的风情长廊，游客可见高耸入云的群山、万丈深渊的天坑、峻峭陡险的峡谷、波涛汹涌的激流、幽深狭长的溶洞、遮天蔽日的森林、百花

争艳的山野、鸡犬相闻的村寨。

◈ 旅行锦囊

加油站：

中国石化加油站（神农架木鱼站）、中国石化加油站（宜昌兴发加油站）、中国石油加油站（苏北线站）、中国石化加油站（三尖观站）、中国石化加油站（恩施巴东宣东站）、中国石化加油站（恩施七里坪高速站）。

服务区：

崔坝服务区、朝阳坡停车区。

> 温馨提示：途中隧道较多，弯道较多，行车请务必注意安全。

◈ 餐饮推荐

恩施土家族烧饼、恩施合渣、恩施榨广椒炒腊肉、恩施炕洋芋、恩施土家油茶汤、恩施豆皮。

△ 巴人河景区秋色

△ 恩施土司城古建筑景色

△ 恩施大峡谷——一柱香

DAY4 恩施土司城—武隆区
（行驶里程 246 公里）

今日来到恩施土司城，作为世界文化遗产，这里是全国唯一一座规模最大、工程最宏伟、风格最独特、景观最靓丽的土家族地区土司文化标志性工程。

❯ 路况

整体路况良好，途经安来高速、宣黔高速、张南高速、包茂高速。

❯ 海拔情况

武隆区：平均海拔 800 米。

❯ 沿途特色景区

恩施土司城——世界文化遗产、国家 4A 级旅游景区。恩施土司城，又称墨卫楼。有门楼、侗族风雨桥、廪君祠、校场、土家族民居、土司王宫—九进堂、城墙、钟楼、鼓楼、百花园、白虎雕像、卧虎铁桥、听涛茶楼、民族艺苑等 12 个景区 30 余个景点。

梭布垭石林景区——国家 4A 级旅游景区。它的植被居全国石林之首，被誉为"天然氧吧""戴冠石林"，境内海拔 900 多米，属亚热带季风性湿润气候，冬无严寒，夏无酷暑。梭布垭地理形态为喀斯特沉积岩风貌，整个石林景区就像一只巨大的葫芦，自然景色十分迷人。

恩施大峡谷景区——国家 5A 级旅游景区。景区的主要由大河碥风光、前山绝壁、大中小龙门峰林、板桥洞群、龙桥暗河、云龙河地缝、后山独峰、雨龙山绝壁、朝东岩绝壁、铜盆水森林公园、屯堡清江河画廊等景点组成。

利川腾龙洞景区——国家 5A 级旅游景区，中国目前最大的溶洞之一，世界特级洞穴之一。洞内景观千姿百态，神秘莫测。洞外风光山清水秀，洞口的卧龙吞江瀑布落差 20 余米，气势磅礴。目前洞内已建成全国最大的原生态洞穴剧场，演出大型土家族情景歌舞《夷水丽川》。

❯ 旅行锦囊

加油站：

中国石化加油站（一碗水站）。

服务区：

芭蕉服务区、晓关服务区、咸丰服务区、黔江舟白服务区、清平服务区、彭水服务区、武隆服务区。

> **温馨提示：** 途中隧道较多，弯道较多，行车请务必注意安全。

△ 梭布垭石林风光

△ 利川腾龙洞风景区

△ 金佛山风景名胜区

△ 乌江画廊

餐饮推荐

油酥香辣牛肉、武隆板角山羊、牛蹄花、芙蓉江野鱼、武隆羊肉、江口鱼。

DAY5 武隆喀斯特景区—金佛山风景名胜区
（行驶里程 100 公里）

今日开启世界自然遗产之旅。首先前往武隆喀斯特景区，这里的冲蚀型天坑独具特色，现已当选"巴蜀文化旅游走廊新地标"。随后来到金佛山风景名胜区，这里较为完整地保持了古老而又不同地质年代的原始自然生态，融山、水、石、林、泉、洞为一体，集雄、奇、幽、险、秀于一身。

路况

整体路况良好，途经包茂高速、南万高速。

海拔情况

武隆喀斯特旅游区：平均海拔 1900 米；金佛山风景名胜区：西大门海拔 798 米，最高峰海拔 2238 米。

沿途特色景区

武隆喀斯特旅游区——世界自然遗产，国家 5A 级旅游景区。景区包括天生三桥、仙女山、芙蓉洞三部分，都有着罕见的喀斯特自然景观，溶洞、天坑、地缝、峡谷、峰丛、高山草原，各种形态，应有尽有。土家族、苗族、仡佬族等少数民族独特的民俗风情，丰富多彩。

金佛山风景名胜区——世界自然遗产，国家 5A 级旅游景区、国家级风景名胜区。金佛山有喀斯特自然遗产、生物多样性、佛教文化三大奇观。景区具有原始独特的自然风貌，雄险怪奇的岩体造型，神秘幽深的洞宫地府，变幻莫测的气象景观，惊险刺激的绝壁栈道，历史悠久的唐寺庙群等。

乌江画廊——彭水乌江画廊景区指彭水万足至酉阳龚滩段，拥有"千里乌江，百里画廊"的美誉。乌江百里画廊的"奇山、怪石、碧水、险滩、古镇、廊桥、纤道、悬葬"构成了乌江画廊的景观要素。游人乘坐"乌江画廊"游船，感受峡江美景、山型变幻、崖壁之崔巍、欣赏船上幽默搞笑的民风民俗表演，流连其中，乐而忘返。

神龙峡——这里原始植被极为丰富，目视所及一片翠绿，是离重庆主城最近、最原始的生态峡谷之一。神龙峡主景区属典型的"V"形深切峡谷，两边山峰高耸，壁立千仞，气势磅礴。峡谷内溪流蜿蜒，清澈透明。

旅行锦囊

加油站：

中国石油加油站（武隆武仙路站）、中国石油加油站（南川金佛山西站）。

服务区：

水江服务区。

温馨提示： 途中隧道较多，行车请务必注意安全。

餐饮推荐

武隆羊肉、河水豆花、武隆羊角豆干、鸭江老咸菜、武隆晶丝红苕粉、土家鼎罐饭。

△ 神龙峡山谷中的小木屋

No.16 大桥大坝环顾之旅

手绘线路图

线路概况

本精品线路通过登武汉长江大桥，俯瞰长江东去，烟波浩渺；观船过葛洲坝，领略原汁原味的峡谷风光。葛洲坝大坝建成后，抬高了长江水位，有效地改善了三峡天然航道。"朝辞白帝彩云间，千里江陵一日还。两岸猿声啼不住，轻舟已过万重山"已不再是诗人的夸张和美好的幻想，如今已成为活生生的现实。

非遗体验

楚剧、木雕（武汉木雕船模）、黄鹤楼传说、中医传统制剂方法（夏氏炼丹术及其祖传秘方）、说鼓子、荆河戏、铅锡刻镂技艺宜昌丝竹、端午节（屈原故里端午习俗）、屈原传说、王昭君传说、都镇湾故事、江河号子、锣鼓艺术、南曲。

土特产

界豆、城楼寨茶、武汉绢花、武汉木刻船、桃叶橙、洪湖莲子、公安葡萄、荆州大白刀、笔架鱼肚、卸甲坪葛根、宜昌木姜子、安福寺白桃、殷家坪蜂蜜、三峡奇石、宜昌彩陶。

行程规划

🚩 **线路：** 武汉长江大桥—三峡试验坝主题公园景区—荆州

分洪工程—三峡大坝–屈原故里旅游区。

◎ **总里程：** 740 公里。

◎ **总天数：** 5 天。

DAY1 武汉长江大桥—三峡试验坝主题公园景区
（行驶里程 225 公里）

今日从武汉长江大桥出发，感受我国在万里长江上修建的第一座铁路、公路大桥的宏伟气魄。

❯ 路况

整体路况良好，途经武汉市内道路、武监高速、G351。

❯ 海拔情况

武汉市除龟山及西部的丘陵外，其余地区：平均海拔 24 米；赤壁市：平均海拔 260 米。

❯ 沿途特色景区

武汉长江大桥——武汉长江大桥被誉为"万里长江第一桥"，是中华人民共和国成立后修建的第一座公铁两用的长江大桥，也是武汉市重要的历史标志性建筑之一。大桥建成将京广铁路连接，使得长江南北铁路运输通畅起来。"一桥飞架南北，天堑变通途"是毛泽东同志对它的评价。武汉长江大桥全天开放，旅游观光四季皆宜，春夏秋冬景色各有千秋。武汉长江大桥可以步行，

△ 武汉东湖听涛景区

△ 黄鹤楼

乘电梯上到桥面观光，长江大桥上有专门供行人行走的地方，一边游览，一边欣赏两岸的风景。

黄鹤楼公园——在秀山起伏、湖波荡漾的美丽江城有一座如诗如画的千年古楼，它就是高居蛇山之巅的黄鹤楼。黄鹤楼与岳阳楼、滕王阁并称江南三大名楼。黄鹤楼飞檐五层，攒尖楼顶，金色琉璃瓦屋面，全楼各层布置有大型壁画、楹联、文物等。楼外铸铜黄鹤造型、胜像宝塔、牌坊、轩廊、亭阁等一批辅助建筑，将主楼烘托得更加壮丽。登楼远眺，"极目楚天舒"，不尽长江滚滚来，三镇风光尽收眼底。

武汉东湖景区——东湖生态旅游风景区由听涛、磨山、落雁、吹笛、白马和珞洪6个片区组成。历史的一次次留痕，日积月累出东湖的"名湖气质"。毛泽东一生钟爱东湖，将其称为"白云黄鹤的地方"。武汉大学、华中科技大学、中国地质大学（武汉）等全国重点大学坐落在东湖湖畔，成为一道绝佳的风景线。

湖北省博物馆——国家4A级旅游景区、爱国主义教育基地，是湖北省唯一的省级综合性博物馆，有综合陈列馆、楚文化馆、临时展览馆等高台基、宽屋檐、大坡面屋顶的仿古建筑三足鼎立，呈现出一个巨大的"品"字，展现了古楚中轴对称的建筑风格。世界上最庞大的青铜乐器曾侯乙编钟、中国冷兵器时代的翘楚之作越王勾践剑等是这里的镇馆之宝。

江夏中山舰旅游区——中山舰在26年的服役过程中，经历了众多历史事件，是中国近现代史的重要见证。1938年10月24日，在武汉保卫战中，中山舰与日军飞机激战75分钟后，被炸沉于长江金口。1997年，经国务院批准，中山舰被整体打捞出水。26分钟的纪录片《孙中山与中山舰》向人们讲述了中山舰生于清末，毁于抗战的历史，并以大量珍贵的历史镜头，展示了孙中

△ 武汉长江大桥

△ 湖北省博物馆

△ 湖北省博物馆曾侯乙编钟

山先生的奋斗历程。

咸宁赤壁古战场景区——国家 5A 级旅游景区。赤壁矶头临江悬崖上，又石刻"赤壁"二字，相传为周瑜所书，故也有人称此地为"周郎赤壁"，是赤壁现存最早的文化遗迹。周郎石像，傲对长江，壮志满怀指点江山如画。

◎ 旅行锦囊

加油站：

1. 汉阳区琴台大道周围加油便利。

2. 高速上有多个中国石油和中国石化加油站、中国石油加油站（金鸡山路站）。

服务区：

青菱停车区、湘口停车区、洪湖服务区。

> **温馨提示：** 1. 黄鹤楼：1.2 米以下儿童和 65 岁以上的老人（凭本人有效证件）免票。
> 2. 湖北省博物馆：免费开放。观看编钟表演 :30 元 /场。每周一闭馆。

◎ 餐饮推荐

热干面、三鲜豆皮、汤包、烧卖、糊汤粉、面窝、煨汤、牛肉豆丝。

DAY2 三峡试验坝主题公园景区—荆江分洪工程纪念碑
（行驶里程 238 公里）

首先参观三峡试验坝主题公园景区，大坝承载了我国大型水利水电工程设计和运营进行试验和综合开发利用各种水资源两大任务。接着一路往西出发，驰往荆州，这里是三峡工程很重要一环——荆江分洪工程的所在地。

◎ 路况

整体路况良好，途经赤洪高速、监江高速。

◎ 海拔情况

荆州：平均海拔 34 米。

◎ 沿途特色景区

三峡试验坝主题公园景区——这个三峡试验坝主题公园为三峡工程的完成提供了巨大的贡献，也是我国历史上第一次采用大块体预制安装筑坝施工方法的试验，另外在这里进行的一系列相关试验为葛洲坝水利枢纽工程建设提供了科学依据。整个大坝是由混凝土制作的，包括有着电站装机四台，具有灌溉、航运、养殖、旅游等功能。

洪湖市红色湘鄂西旅游区——这里展现了洪湖从湘鄂西土地革命、九八抗洪、生态保护、洪湖精神、建设生态家园等不同时期不同类型的红色文化。区内有九大主体建筑：湘鄂西苏区革命烈士纪念馆牌坊、贺龙元帅全身铜像、湘鄂西苏区革命烈士纪念碑、烈士墓墙、红军墓、湘鄂西苏区革命历史纪念馆、湘鄂西苏区革命烈士纪念馆、国防教育园和 3D 红色影视教育厅。其中影视教育厅通过全景画、声、光、电、影等高科技手段，展示了土地革命战争时期湘鄂西苏区史实，生动地再现了湘鄂西人民革命斗争的光辉历程。

荆江分洪工程纪念碑——国家 3A 级旅游景区。为了根治长江水患，1952 年党中央决策，在荆江南岸的公安县境，修建荆江分洪工程。为了纪念这一造福子孙后代宏伟工程的建设，1952 年工程竣工后随即修建了荆江分洪工程纪念碑。纪念碑两侧，各有亭阁一座，亭上朱栏碧瓦，亭阁内各立大理石碑块，上面镌刻有参加荆江分洪工程建设的 928 位英模的名字。

◎ 旅行锦囊

加油站：

中国石化加油站（赤壁金珠站）、中国石化加油站（荆州新欣站）、中国石油加油站（王家台站）。

服务区：

洪湖服务区、戴家场服务区、黄歇口服务区。

❯ 餐饮推荐

荆州鱼糕、早堂面、排骨藕汤、松滋鸡、荆州鱼杂火锅。

DAY3 荆江分洪工程纪念碑—荆江分洪工程
（行驶里程 91 公里）

今日来到荆江市，参观为消除荆江水患，以确保荆江大堤安全而兴建的荆江分洪工程。这是 30 万军民、技术工程人员从全国各地云集荆江，仅用 75 天时间，就建成的万里长江上第一个大型水利工程。

❯ 路况

整体路况良好，途经 S226、二广高速。

❯ 海拔情况

荆江：海拔 20～50 米。

❯ 沿途特色景区

荆州博物馆——荆州博物馆是一座地方综合性博物馆。以其优美的环境、丰富的馆藏文物和独具地域特色的文物珍品陈列，以及考古研究的丰硕成果而享誉海内外。1994 年经国家文物局专家评选，该馆荣获中国地市级"十佳博物馆之首"的美誉。荆州博物馆配合各项工程建设，发掘出土珍贵文物 12 万余件。

荆州古城历史文化旅游区——国家 4A 级旅游景区。荆州也称江陵，古时这里是一处大型防御工事。游客可以看到高大坚固的墙体和瓮城，城墙上还有许多配套的军事设施：城垛、炮台以及藏兵洞。人行城墙上，荡舟护城河，成了古城的新气象。

荆江分洪工程——荆江分洪工程是我国新中国成立之初第一个大型水利工程，包括进洪闸（北闸）、节制闸（南闸）、荆江分洪纪念碑、泵站、桥梁、躲水楼等。荆江江段蜿蜒曲折，素称"九曲回肠"，是长江水患最严重的地方，中华人民共和国成立后，在党中央的领导下，举全国之力兴建荆江分洪工程。荆江分洪工程首次

运用，三次开闸分泄荆江洪流，不仅使江汉平原和洞庭湖区直接受益，而且对九省通衢的武汉三镇和沿江城乡 7500 万人民的生命财产安全都起到重要的保护作用。

❯ 旅行锦囊

加油站：

中国石化加油站（黄山站）。

服务区：

桥南服务区。

❯ 餐饮推荐

公安锅盔、公安牛肉火锅、皮条鳝鱼、早堂面、排骨藕汤。

DAY4 荆州市—葛洲坝水利枢纽
（行驶里程 126 公里）

万里长江映彩霞，高山峡谷千秋坝。站在西陵峡口，眺望葛洲坝这座世界级水利枢纽工程，只见它犹如一颗璀璨的明珠镶嵌在风光秀丽的三峡峡口，自然风光和人工奇观交相辉映，相得益彰，为美丽的三峡添上了浓墨重彩的一笔。

❯ 路况

整体路况良好，途经沪渝高速、峡州大道。

❯ 海拔情况

葛洲坝大坝：海拔 145.56 米。

❯ 沿途特色景区

葛洲坝水利枢纽——工程主要由 3 座船闸、2 座发电厂房、27 孔泄洪闸、3 江 6 孔冲沙闸和大江 9 孔冲沙闸、左右岸非溢流坝、防淤堤等建筑物组成。工程规模宏大，施工难度大，创造了我国水利水电史上的奇迹，也是目前世界上大型水电站之一。该水利枢纽的建设，提高了水位，淹没了三峡中的 21 处急流滩点、9 处险滩，因而取消了单行航道和绞滩站各 9 处，大大改善了航道，使巴东以下各种船只能够通行无阻，增加了长江的客货运量。

西陵峡口风景区——国家 4A 级旅游景区。西陵峡口风

△ 葛洲坝水利枢纽

△ 三峡风光

景区位于宜昌市西郊，风景区东起葛洲坝，西至三峡大坝，素有"三峡门户、川鄂咽喉"之美称，这里无峰不雄，无滩不险，无洞不奇，无壑不幽，无瀑不秀，无一处不可以成诗，无一处不可以入画。西陵峡口风景区历史文明源远流长，是楚文化的发祥地之一，考古发掘已经证明，早在80万年前就有人类在此繁衍生息。

三峡大瀑布旅游区——原名白果树瀑布，是国家5A级旅游景区，被誉为"中国十大名瀑"的第三大瀑布，是展示震旦纪、奥陶纪、寒武纪等多个地质年代的天然地质博物馆，也是世界上少有的集峡谷、溶洞、山水、化石文化为一体的国家级地质公园。

旅行锦囊

加油站：

中国石化加油站（荆州沙市白云站）、中国石化加油站

△ 三峡大瀑布旅游区

（葛洲坝站）

服务区：

枝江服务区、枝江西服务区。

餐饮推荐

三游神仙鸡、红油小面、萝卜饺子、顶顶糕、凉虾、夷陵春卷、榨广椒炒腊肉、白刹肥鱼、油脆、土家抬格子。

DAY5 葛洲坝水利枢纽－三峡大坝－屈原故里旅游区
（行驶里程60公里）

今日前往三峡大坝旅游区开展参观游览，聆听展览馆中关于三峡大坝历史和三峡工程主体建筑的介绍；登185观景平台，近距离观赏雄伟的大坝；在工程现场体会实现"兴建三峡工程、治理长江水系"百年梦想的民族自豪感。

路况

整体路况良好，途经夜明珠路、三峡专用公路。

海拔情况

宜昌：平均海拔62米；三峡大坝地区：平均海拔185米。

沿途特色景区

三峡人家风景区——在三峡大坝和葛洲坝之间的风景区里，我们可以看到水上人家、溪边人家、山上人家、今日人家等景点。来三峡人家要先到游客中心换乘景区大巴，再换乘长江轮渡，一路领略波澜浩瀚。

三峡工程博物馆——博物馆的主体建筑造型为大江截流中发挥重要作用的截流四面三角体，建筑结构为空间

△ 三峡人家风景区

△ 屈原故里

钢结构，共两层，二层及屋顶设有大坝观景台。有三峡馆、工程馆和水电馆三个基本陈列馆。

三峡大坝旅游区——国家 5A 级旅游景区。景区拥有当今世界上最大的水利枢纽工程——三峡大坝。大坝既有蓄水防洪的作用，也具有发电、防洪、航运、抗旱的功能。在游客换乘中心安检后乘坐景区观光车游览整个景区。景区观光车到达坛子岭、185 观景台和截流纪念园三处景点。坛子岭视野开阔，可以俯瞰整个三峡大坝。结束以后走一段下坡路，可以看到五级船闸，然后乘坐电瓶车到达 185 平台，近距离观赏雄伟的大坝。之后去三斗坪码头乘坐长江轮渡，连人带船乘坐全球规模最大的升船电梯，亲身感受这奇妙的体验。

屈原故里——三峡地区最具特色的文化旅游区，文化底蕴极为深厚。屈原祠是屈原故里的重要组成部分，来到屈原祠可以看到山门、两厢配房、碑廊、前殿、乐舞楼、正殿、享堂、屈原墓等景点。

▶ 旅行锦囊

加油站：

中国石油加油站（平湖站）、中国石油加油站（三峡路站）、中国石化加油站（宜昌西陵站）。

> **温馨提示：** 1. 三峡大坝旅游区：免门票，需提前网上预约。
> 2. 三峡工程：自驾、团队车需要办理车辆通行证，定位导航到检查站，凭驾驶证、行驶证免费办理。

▶ 餐饮推荐

顶顶糕、萝卜饺子、凉虾、土家蒸肉、炕洋芋、三游神仙鸡、榨广椒炒腊肉、白刹肥鱼、油脆。

△ 三峡大坝鸟瞰

No.17 南水北调源头之旅

手绘线路图

N

十堰市

丹江小三峡

丹江大观苑

南水北调中线工程渠首

南水北调中线工程纪念园

丹江口水库
风景名胜区

武当山遇真宫

武当山太极湖
旅游度假区

丹江口沧浪海旅游区

丹江口大坝旅游区

武当山风景区

武当山快乐谷旅游区

丹江口市

汉

江

线路概况

丹江口大坝是南水北调中线水源地，一览巍巍大坝锁汉水。丹江口水库被誉为"中国水都、亚洲天池"，是亚洲第一大人工淡水湖。世界文化遗产武当山以其神秘空灵的仙山胜境、博大精深的道教文化、玄妙飘灵的武当武术名闻天下。武当山是自然景观和人文景观结合的山岳风景名胜区，以绚丽多姿的自然景观、规模宏大的古建筑群、源远流长的道教文化、博大精深的武当武术著称于世。本精品线路将这两处景观有机融合，让游客在一探长江流域重要水利工程的同时也可以饱览长江两岸的名山胜景。

非遗体验

武当山宫观道乐、伍家沟民间故事、武当武术、庙会（武当山庙会）、吕家河民歌、汉调二黄、武当神戏。

土特产

刘集黄酒、香花辣椒、淅川酸菜、淅川龙须草、房县黑木耳、竹溪蜂蜜、郧西香椿、均州名晒烟、房县樱桃、武当道茶。

行程规划

线路：武当山风景区—南水北调中线工程纪念园—丹江口大坝旅游区—南水北调中线工程渠首—丹江小三峡。

总里程：130公里。

总天数：3天。

△ 丹江口水库

DAY1 武当山风景区—丹江口市
（行驶里程 53 公里）

来到著名的世界文化遗产和道教圣地——武当山，这里古建筑工程浩大，工艺精湛，体现了"仙山琼阁"的意境，犹如我国古建筑成就的展览。武当山被誉为"自古无双胜境，天下第一仙山"。

路况

整体路况良好，途经福银高速、太和大道。

海拔情况

武当山：平均海拔 1000 米以上、主峰海拔 1612 米。

沿途特色景区

武当山风景区——中国道教圣地，这里的古建筑群入选《世界遗产名录》，这里既是全国重点文物保护单位，又是国家 5A 级旅游景区，还是国家森林公园和中国十大避暑名山。其武术、养生以及道教音乐同样驰名中外。武当山绵延 800 里，自然风光以雄为主，兼有险、奇、幽、秀等多重特色。现有古建筑群均采取皇家建筑法式，统一设计布局。其规模的大小、间距的疏密都恰到好处，达到时隐时现、若明若暗、欲扬先抑、前呼后应、玄妙超然的艺术效果。

武当山快乐谷旅游区——国家 4A 级旅游景区。快乐谷依山傍水、风景如画、植被丰饶、峭壁嶙峋，是一个纯天然的氧吧，也是武当山独具特色的休闲体验旅游区。景区不仅有优美的自然景观，还有张三丰的遗存，更有武当蹦极、漂流探险、飞天滑索、CS 野战、龙舟快艇、户外拓展、生态观光、餐饮住宿、浅滩寻宝等游玩项目。

△ 武当山雪景云海

△ 武当山金顶建筑群

△ 武当山太极湖

武当山太极湖旅游度假区——国家 4A 级旅游景区。太极湖在武当山北麓下，是亚洲最大的人工湖，坐落在群山环绕之中，气候宜人，空气清新，日照充沛，水质透明。游客可选择从这里水路进武当山朝圣，也可以荡舟碧波，在湖中岛屿枕水听涛，体验自由逍遥的神仙意趣。

武当山遇真宫——主要建筑有琉璃八字宫门、东西配殿、左右廊庑、真仙殿及道舍等，基本保持原有建筑风貌。真仙殿为庑殿式顶，面阔与进深均为三间，单檐飞展，彩栋朱墙，巍立于崇台之上，古朴典雅，庄严肃穆。遇真宫以奉祀张三丰而著称，其真仙殿中存有张三丰铜铸鎏金像，身着道袍，头戴斗笠，脚穿草鞋，姿态飘逸，颇有仙风道骨，是一件极为珍贵的明代艺术品。

◈ 旅行锦囊

加油站：

中国石油加油站（武当山站）、中国石化加油站（十堰水都大道站）。

服务区：

武当山服务区。

温馨提示：1. 请着舒适服装及鞋子游览景区。

2. 山中昼夜温差大，请注意增减衣物。

◈ 餐饮推荐

竹溪蒸盆、酸浆面、三合汤、瓦块鱼、道教斋饭、广水滑肉、黄陂三合、沔阳三蒸。

DAY2 丹江口水库风景名胜区—丹江口大坝旅游区—南水北调中线工程纪念园
（行驶里程 9 公里）

今日前往丹江口大坝，周恩来总理曾称赞这里是为全国唯一"五利俱全"的水利工程。随后前往丹江口市南水北调纪念园，这里是全国大型的园区实景型调水文化与水利移民精神展示纪念地、全国仅有的中线 11 大水利工程技术节点和 15 座城市文化地标全景体验旅游区。

◈ 路况

整体路况良好，途经武当大道、水都大道。

◈ 海拔情况

丹江口市：平均海拔 400 米。

◈ 沿途特色景区

丹江口大坝旅游区——国家 3A 级旅游景区，国家水利风景区。大坝是中华人民共和国成立后我国自行设计、自行建造和自行管理的以防洪为主，兼有发电、灌溉、航运、养殖等综合利用的大型水利枢纽工程。不仅是根治、开发汉江的关键，而且更是南水北调中线伟大工程中重要的水源工程。丹江口大坝承载着我国水利工程建设"自力更生、艰苦奋斗"的发展历程，彰显了南水北调的千秋伟业和时代价值。

南水北调中线工程纪念园——以中线工程走向的各地连成一线，将沿途 12 个受水区知名景点，包括许昌的三

△ 丹江口大坝

△ 丹江口大坝风光

国胜迹、南阳的医圣祠、焦作的云台山、安阳的殷墟遗址、天津的大沽口炮台、北京的四合院等景观按照一定比例微缩建设，并将调水过程中的倒虹吸工程、穿黄工程、湍河渡槽工程等 11 个重要技术节点工程融入其中，为人民群众科普水利知识，开展爱国主义主题教育，提供了绝佳的场所。

丹江口沧浪海旅游区——中西部地区水上旅游新门户，能够满足国家 5A 级旅游景区配套功能需求。

丹江口水库风景名胜区——国家级风景名胜区、国家 3A 级旅游景区、国家水利风景。水库被誉为"中国水都、亚洲天池"，是亚洲第一大人工淡水湖。水域环境优美、岛屿众多、岸线曲折、港湾优美。景区内文物古迹、风景名胜众多，核心景区主要是生态保护区、自然景观保护区和史迹保护区，并以南水北调中线工程标志性建筑和控制性工程丹江口大坝为特色。

◇ **旅行锦囊**

加油站：

汉江集团加油站。

◇ **餐饮推荐**

清蒸翘嘴鲌、香煎鳙鱼、小野鱼、青虾、银鱼炒蛋、香酥鱼鳞。

DAY3 **丹江口市—南水北调中线工程渠首—丹江小三峡**
（行驶里程 68 公里）

"沧浪之水清兮，可以濯我缨；沧浪之水浊兮，可以濯吾足"。这首传唱了千年的屈子歌赋中所提到的沧浪之水，而今已演变成了南水北调中线工程的源头。首先游览丹江小三峡，随后前往淅川县的南水北调中线渠首，这里滔滔丹江水北上，惠及沿途大小城市上亿人口。

◇ **路况**

整体路况良好，途经文清线、S335。

◇ **海拔情况**

丹江口市：平均海拔 400 米。

◇ **沿途特色景区**

南水北调中线工程渠首——南水北调中线渠首枢纽工程是南水北调中线输水总干渠的引水渠首。渠首闸是集引水、灌溉、发电、旅游、休闲度假为一体，是南水北调中线工程的标志性建筑。来到这里并不是因为风景有多美丽，而是因为这是一项在历史上有着重大意义的工程。回望南水北调干渠，丹江水正源源不断地向北流去，这一路将会让沿途的多个省市喝上优质的饮用水，有效地解决北方缺水的问题，并惠及了沿途上亿人民。

丹江大观苑——国家 4A 级旅游景区，是丹江口水库周边自然景观较丰富的区域。景区从西向东有多个岛，依次为情人岛、龟岛、鹿岛及鹤岛。其中情人岛伸入水中最远，与龟岛形成一个半环状的天然港湾。苑区依山傍水，山水相连，是镶嵌在丹江湖畔的一颗璀璨明珠。

丹江小三峡——丹江小三峡位于南水北调中线工程源头，丹江口水库库区北部。小三峡分别是云岭峡、太白峡和雁口峡，这里最窄处只有百余米，两岸群峰嵌错，削壁摩立，惊险壮观，游客乘船就可将两岸的景色一览无遗。最宽处的水面达 20 余公里，烟波浩渺，天水一色，极目无涯，有一种来到海洋的新奇感觉，也被称作"小太平洋"。

◇ **旅行锦囊**

加油站：

中国石化加油站（香花站）、中国石化加油站（香花凤凰站）。

> **温馨提示：** 途中弯道较多，过隧道，行车请务必注意安全。

◇ **餐饮推荐**

凉拌酸菜、胡辣汤、窝子面、扒素鸡、神仙凉粉、菊花肉、脚踏肉。

No.18 山林溪谷探秘之旅

手绘线路图

线路概况

这条鄂渝穿行线带您深入人迹罕至的原始森林和隐世美谷，一路欣赏宏伟壮观的各处秀美山川湖泊，一边又可带您探索大自然的神奇瑰宝和了解我国著名的人文古迹。湖北省，简称"鄂"，又称"千湖之省"，位于中国中部、长江中游，它既是我国长江流域"楚文化"的发源地，又是古代蜀、魏、吴三国鏖战之地。湖北省自然资源也极其丰富，最为知名的要数神农架国家自然保护区，它是中国中部地区最大的原始森林，也是许多珍稀动物的栖息地。还有恩施大峡谷，它被专家誉为与美国科罗拉多大峡谷难分伯仲，是世界上最美丽的大峡谷之一。

非遗体验

汉阳归元庙会、松滋滚灯舞、潜江草把龙灯、蕲春管窑手工制陶技艺、武汉木雕船模、土家族摆手舞、汉绣、花锣鼓、天门糖塑、铅锡刻镂技艺、重庆吊脚楼营造技艺。

土特产

武昌鱼、秭归脐橙、房县黑木耳、武当榔梅、武当猕猴桃、神农架天麻、木鱼绿茶、神农架野板栗、板桥党参、恩施玉露、恩施青钱柳、恩施紫油厚朴。

行程规划

⤴ **线路：** 麻城龟峰山景区—黄陂木兰文化生态旅游区—武当山风景区—神农架生态旅游区—巫山小三峡—恩施大峡谷景区。

◎ **总里程：** 1160 公里。

◎ **总天数：** 5 天。

DAY1 麻城龟峰山景区—黄陂木兰文化生态旅游区

（行驶里程 123 公里）

今日来到龟峰山国家生态旅游示范区，这里有"天下第一龟""中国杜鹃第一山""第二庐山"的美誉，也是夏季避暑的不二选择。随后前往武汉。

⤵ **路况**

整体路况良好，途经 G346、沪蓉高速。

⤵ **海拔情况**

龟山：海拔 1320 米。

△ 麻城龟峰山杜鹃花

△ 五脑山森林公园的五脑山庙一天门

❯ 沿途特色景区

麻城龟峰山景区——国家 4A 级旅游景区。因其地形山势酷似一只昂首吞日的神龟而得名"龟山"。龟峰山一年四季有景，春天山花烂漫，山茶吐绿，杜鹃花开红似海："人间四月天，麻城看杜鹃"；夏季绿树成荫，气候宜人，当武汉还在近四十度的高温煎熬时，龟峰山上却是雾气弥漫，凉风透爽，气温只有十几摄氏度，令人心旷神怡。正所谓"人间六月天，避暑龟峰山"。

五脑山森林公园——国家 4A 级旅游景区，也是湖北省著名的道教圣地。由凤凰脑、鸳鸯脑、黄狮脑、双虎脑、金狮脑五座群山组成。公园人文景观多姿多彩，山、水、寺各具特色。有建于明代的帝王庙，殿宇巍峨，气势雄伟，一直是道教活动中心；麻姑仙洞泉水清澈，终年不涸，与凤岭朝云同列入"麻城八景"；静月宫绿竹通幽，藏狮洞冬暖夏凉；石筑城墙连绵数里，三国曹操手书"万古高风"遗址等景观。

黄陂木兰文化生态旅游区——国家 5A 级旅游景区。这里是武汉市面积最大、人口最多的新城区。景区历史文脉十分悠久，最著名的就是木兰代父从军的传奇故事，还有市井的黄陂泥塑、花鼓戏等，堪称文化名片。这里也有华中地区最大的城市生态景群，想看山，这里有国家地质公园、千年宗教名胜木兰山；想看森林，这里有幽谷美景、浪漫山水的国家森林公园木兰天池；想看草原，这里有华中唯一的草原风情景区——木兰草原。

❯ 旅行锦囊

加油站：
中国石化加油站（麻城牛占鼻站）、中国石化加油站（红安汉红站）。

服务区：
中馆驿服务区。

> **温馨提示：** 武汉地区夏季炎热，务必做好防晒、防中暑工作。

❯ 餐饮推荐

龟峰扣肉、弋阳年糕、曹溪米糖、弋阳碗粿、热干面、武汉粉蒸肉。

DAY2 黄陂木兰文化生态旅游区—襄阳市
（行驶里程 336 公里）

今日继续游览黄陂木兰文化生态旅游区，这里山清水秀、风景独好，历史文脉也十分悠久，这里流传着木兰传奇故事，还有市井民俗的黄陂泥塑、花鼓戏等，堪称黄陂的文化名片。随后前往襄阳市。

❯ 路况

整体路况良好，途经沪蓉高速、福银高速、麻安高速、二广高速。

△ 黄陂木兰湖景色

△ 黄鹤楼公园

△武汉市东湖景区樱花园

海拔情况

武汉市除龟山及西部的丘陵外，其余地区：平均海拔24米；襄阳：海拔90～250米。

沿途特色景区

黄鹤楼公园——国家5A级旅游景区，也是武汉市标志建筑，有"天下江山第一楼"之美誉。主楼高49米，共五层，攒尖顶，层层飞檐，四望如一；大厅正面墙上可以看到黄鹤楼传说的大片浮雕；三层设夹层回廊，陈列有关诗词书画；二、三、四层外有四面回廊，可供游人远眺；五层有瞭望厅可俯瞰壮丽大江。

武汉东湖景区——国家级风景名胜区、国家5A级旅游景区、国家级湿地公园。秀丽的山水、丰富的植物、浓郁的楚风情和别致的园中园，是这里的四大特色。湖面浩渺、明净；港汊交错，岸线曲折，有九十九弯之称；一半的岸线被三十四座山峰环绕，山下有湖，水中有山。登高峰而望清涟，踏白浪览群山，视角不同，可体味到不同的山水之精妙情趣。东湖四季皆可游览，有"春兰、夏荷、秋桂、冬梅"四绝。

△ 古隆中景区腾龙阁

古隆中景区——国家5A级旅游景区。历史上著名的刘备三顾茅庐的史事和兴汉蓝图"隆中对策"都发生在这里。古隆中是三国时期杰出政治家、军事家诸葛亮青年时代隐居的地方。现在的古隆中是一个以诸葛亮故居为主体的风景名胜区，在鄂西北历史文化名城襄樊市区和襄阳、南漳、谷城三县交界处，自然景色优美，人文景观丰富，包括古隆中、水镜庄、承恩寺、七里山、鹤子川等五大景区。

旅行锦囊

加油站：

中国石油加油站（檀溪西路店）。

服务区：

孝感服务区、安陆服务区、大洪山服务区、板桥店服务区。

> **温馨提示：** 武汉地区夏季炎热，务必做好防晒、防中暑工作。

餐饮推荐

热干面、武汉粉蒸肉、益食鸡汁包、归元寺什锦豆腐脑、襄阳缠蹄、宜城大虾、宜城盘鳝。

DAY3 襄阳市—武当山风景区—神农架生态旅游区
（行驶里程330公里）

今日前往著名的世界文化遗产和道教圣地——武当山，这里自古以来就被誉为"自古无双胜境，天下第一仙山"。随后前往神农架生态旅游区，这里重峦叠嶂，山高谷深，主峰神农顶，海拔3105米，是华中地区最高峰，有"华中屋脊"之称。区内古木参天，奇花异卉遍布，又有"绿色宝库"之称。

路况

整体路况良好，途经二广高速、福银高速、呼北高速、苏北线。

△ 冬日里的武当山雪景风光

△ 神农架大九湖秋色

❯ 海拔情况

武当山：平均海拔 1000 米以上、主峰海拔 1612 米；神农架：平均海拔 1700 米。

❯ 沿途特色景区

武当山风景区——我国首批国家级风景名胜区、国家 5A 级旅游景区、世界文化遗产，还是国家森林公园和中国十大避暑名山。其武术、养生以及道教音乐同样驰名中外。武当山绵延 800 里，自然风光以雄为主，兼有险、奇、幽、秀等多重特色。主峰天柱峰更是海拔高达 1612 米，环绕于其的各山峰从四面八方向主峰倾斜，形成独特的"七十二峰朝大顶，二十四涧水长流"的奇观。此外还有 36 岩，11 洞，3 潭，9 泉，10 池，以及"天柱晓晴""金刚倒影"等奇观。

房县野人洞（谷）旅游区——国家 4A 级旅游景区，天然石灰岩溶洞。整个溶洞共分上下两层，中间由人造百米天梯连接而成，天梯在国内众多溶洞里少有，惊险刺激。洞内峰回路转，曲径通幽，景观布局疏密参差，钟乳石形象各异，姿态万千，或如仙、如佛、如兽、如林、惟妙惟肖。洞内四季恒温 14℃。

神农架生态旅游区——国家 5A 级旅游景区，世界地质公园、国家森林公园、国家湿地公园，中国最美十大森林公园，区内古木参天，奇花异卉遍布，有"绿色宝库"之称。景区内主要景点有神农顶、风景垭、板壁岩、瞭望塔、小龙潭、大龙潭、金猴岭等，以原始、神秘闻名于世。

神农架大九湖湿地公园——国家 4A 级旅游景区、国家级湿地公园。九湖坪四周高山环绕，最高峰 2800 米，形成一道天然屏障。在东西有九个大山梁，梁上森林密布，气势雄伟。一山之隔的小九湖是由一条小溪串联起的九个小湖泊。大九湖，小九湖由此而得名。大九湖既是木材基地，又是天然牧场。各种经济林木遍布山野，除金丝猴、华南虎等珍稀动物外，还建有人工养鹿场。

❯ 旅行锦囊

加油站：

中国石化加油站（襄阳万山站）、中国石油加油站（武当山站）、中国石化加油站（神农架红坪站）。

服务区：

钟岗服务区、武当山服务区、土城服务区。

> **温馨提示：** 入神农架景区途中多为山路，弯道较多，行车请务必注意安全。

❯ 餐饮推荐

神农架坨坨肉、神农架腊猪蹄、十堰三合汤、竹溪蒸盆、瓦块鱼。

DAY4 神农架生态旅游区—巫山小三峡—重庆奉节县
（行驶里程 246 公里）

今日来到位于重庆巫山县的巫山小三峡，早在 1991 年这里就名列"中国旅游胜地四十佳"，峡谷时有云雾缭绕、清幽秀洁，时有飞瀑急湍、气势磅礴；飞禽走兽、山石花木，无处不成诗、无处不成画。随后前往奉节县。

❯ 路况

整体路况良好，途经苏北线、神宜公路、沪蓉高速。

❯ 海拔情况

巫山县：平均海拔 1000 米；奉节县：平均海拔 100 米。

❯ 沿途特色景区

天生桥景区——景区位于神农架南部的老君山北麓，经过亿万年水流侵蚀，形成了一个天生穿洞，山泉穿洞而下，故名"天生桥"。

巫山小三峡——国家 5A 级旅游景区、国家级风景名胜区，也被誉为"中华奇观"和"天下绝景"。巫山小三

△ 巫山小三峡风光

△ 白帝城风景区

峡是长江三峡最大支流大宁河流经巫山境内的龙门峡、巴雾峡、滴翠峡的总称，全长 50 公里。峡谷雄伟险峻、中通一线、隐天蔽日，林木翠竹、峻岭奇峰、时有云雾缭绕、清幽秀洁，时有飞瀑急湍、气势磅礴。其中龙门峡全长 8 公里，是小三峡的第一峡。它绝壁高耸，两山对峙，形若似门，由于山势雄伟，有"不是夔门胜似夔门"之誉。早在 1991 年巫山小三峡就名列"中国旅游胜地四十佳"。

白帝城·瞿塘峡景区——白帝城是国家 4A 级旅游景区、全国重点文物保护单位。这里一面靠山，三面环水，背倚高峡，是观赏"夔门天下雄"的最佳地点。李白"朝辞白帝彩云间，千里江陵一日还"的诗句，更是脍炙人口。瞿塘峡，又名夔峡。它西起奉节县的白帝城，东至巫山县的大溪镇，全长约 8 公里。在长江三峡中，这里最短，但最雄伟险峻。主要景点有奉节古城、八阵图、古栈道、风箱峡、犀牛望月。

重庆天坑地缝风景区——国家级风景名胜区、国家 4A 级旅游景区。现有栈道自罗家坪下到地缝，形成环线。一路上景点星罗棋布，溶洞竖井多而怪异，萦绕着无数的传说故事。两边夹道的岩石千姿百态，岩壁上，丛林

△ 重庆天坑地缝风景区

遮天蔽日，森然欲合，如同一幅绚丽多彩的丹青长卷。石林、溶洞、瀑布、天生桥、发育完整的地下暗河系统、洼地、竖井包罗万象，美不胜收。崇山峻岭中清澈碧透的涓涓溪流、原始草场和繁茂的森林，又组成了一个世外桃源的人间仙境。

◈ **旅行锦囊**

加油站：

中国石化加油站（神农架木鱼站）、中国石化加油站（兴山兴发站）、中国石化加油站（圣泉站）、中国石化加油站（奉节桂井站）。

服务区：

巴东服务区、巫山服务区。

> **温馨提示：** 1. 途中隧道较多，弯道较多，行车请务必注意安全。
>
> 2. 巫山小三峡内时有小雨，建议准备雨具。

◈ **餐饮推荐**

巫山烤鱼、宜昌凉虾、榨广椒炒腊肉、土家抬格子、三游神仙鸡、白刹肥鱼、顶顶糕。

DAY5 **奉节县—恩施大峡谷景区**
（行驶里程 125 公里）

今日启程前往湖北恩施的恩施大峡谷景区，这里被专家誉为与美国科罗拉多大峡谷难分伯仲，是世界上最美丽的大峡谷之一。峡谷中的百里绝壁、千丈瀑布、傲啸独峰、原始森林、远古村寨等景点美不胜收。

◈ **路况**

整体路况良好，途经 G242、巫恩路、屯渝线。

◈ **海拔情况**

恩施：平均海拔 1000 米。

◈ **沿途特色景区**

三峡之巅风景区——长江三峡物理形态的最高处，景观

△ 三峡之巅风景区

△ 恩施神农溪纤夫文化旅游区

形态的最美处。游客可以在海拔 1388 米的长江三峡最高处，鸟瞰瞿塘峡两岸如诗如画的风景。正如万里长江，最美三峡，延绵七百里，自奉节始。又或登上赤甲楼炮台遗址，放飞思绪想象古战场"烽火连三月，家书抵万金"的感慨，并可体会一把"一夫当关，万夫莫开"的豪迈气概。

恩施神农溪纤夫文化旅游区——神农溪目前游客游览时，全程都是乘船游玩，往返耗时约 4 小时。游客从位于巴东县城长江边的码头登上游船，船开大约五分钟后就进入了神农溪的龙昌峡段。人在船中，四周望去，满目青翠，两边的山岩多成 80° 至 90° 斜坡直插溪底。溪水碧绿，水面的宽度不超过 30 米。船行在溪流中，两岸的峭壁上植被茂盛，处处可见山花烂漫。

恩施土司城——世界文化遗产、国家 4A 级旅游景区。恩施土司城是全国唯一一座规模最大、工程最宏伟、风格最独特、景观最亮丽的土家族地区土司文化标志性工程。

恩施大峡谷景区——恩施大峡谷，以"雄奇险峻秀"名著于世，被誉为"世界地质奇观、喀斯特地形地貌天然博物馆"。是享誉全国的"奇观之峡、古道之峡、森林之峡、科考之峡、康体之峡"，也是"灵秀湖北"十大旅游名片之一。

▶ **旅行锦囊**

加油站：

中国石化加油站（九牛站）、中国石油加油站（奉节兴隆站）、中国石化加油站（板桥站）、中国石化加油站（恩施大峡谷站）。

> **温馨提示：** 1. 途中山路较多，隧道较多，弯道较多，行车请务必注意安全。
> 2. 恩施大峡谷内时有小雨，建议准备雨具。

▶ **餐饮推荐**

土家油茶汤、张关合渣、土家腊肉、柏杨豆干、社饭、鲊广椒、葛仙米、凤头姜、福宝山莼菜、年肉。

△ 恩施土司城大门

△ 恩施大峡谷景区

No.19 三峡工程巡礼之旅

手绘线路图

巫山小三峡
神女溪
三峡之巅风景区
神女峰
白帝城
瞿塘峡风景区
长
江
重庆市
重庆天坑地缝风景区
三峡工程博物馆
宜昌市
三峡人家风景区
三峡大坝—屈原故里旅游区
葛洲坝水利枢纽
西陵峡口景区
N

线路概况

三峡工程是当今世界最大的水利枢纽工程，是治理、开发和保护长江的关键性骨干工程，其巨大的防洪、发电、航运和水资源利用等综合效益，对于保障长江中下游安全、促进长江经济带高质量发展具有重大意义。本精品线路串联起西陵峡口风景区、三峡大坝旅游区、三峡水利工程、巫山小三峡、瞿塘峡风景区等工程重点区域和三峡著名景点，游客可以直观感受三峡水利工程的伟大壮举。三峡工程的建成，使多少代中国人开发和利用三峡资源的梦想变为现实，成为改革开放以来我国发展的重要标志。

非遗体验

江河号子（长江峡江号子）、宜昌丝竹、木雕（奉节木雕）、四川竹琴、土家族吊脚楼营造技艺、南溪号子、端午节（屈原故里端午习俗）、武陵板凳龙、涪陵榨菜传统制作技艺、赵氏雷火灸、花丝镶嵌。

土特产

百里洲砂梨、水竹园大米、资丘独活、宜都蜜柑、秭归粽子、秭归桃叶橙、远安香菇巫山脆李、巫山粉条、巫山魔芋、巫山庙党、奉节脐橙、奉节白肋烟、奉节汀来泡菜、奉节杜甫晒枣、夔柚。

行程规划

线路： 葛洲坝水利枢纽—三峡大坝—屈原故里旅游区—巫山小三峡—瞿塘峡风景区。

总里程： 350 公里。

总天数： 3 天。

DAY1 葛洲坝水利枢纽—三峡大坝—屈原故里旅游区

（行驶里程 60 公里）

今日先参观葛洲坝水利枢纽，随后前往三峡大坝旅游区开展参观游览，聆听展览馆中关于三峡大坝历史和三峡工程主体建筑的介绍；登 185 观景平台，近距离观赏雄伟的大坝；在工程现场体会实现“兴建三峡工程、治理长江水系”百年梦想的民族自豪感。

路况

整体路况良好，途经夜明珠路、三峡专用公路。

海拔情况

宜昌：平均海拔 62 米；三峡大坝地区：平均海拔 185 米。

沿途特色景区

葛洲坝水利枢纽——是三峡水利枢纽工程完工前我国最大的一座水电工程。葛洲坝工程主要由电站、船闸、泄

△ 三峡大坝

水闸、冲沙闸等组成。电站装机 21 台，年均发电量 141 亿度。建船闸 3 座，可通过万吨级大型船队。27 孔泄水闸和 15 孔冲沙闸全部开启后的最大泄洪量，为每秒 11 万立方米。

西陵峡口风景区——中国首批国家重点风景名胜区，国家 4A 级旅游景区，"中国十大风景名胜"之一，居"中国旅游胜地四十佳"榜首。东起葛洲坝，西至三峡大坝，素有"三峡门户"的美称。游客来此观崇山深壑，深感无峰不雄，无壑不幽，无瀑不秀，无一处不可以成诗，无一处不可以入画。

三峡人家风景区——三峡人家融合三峡文化之精髓，巴风楚韵，峡江今昔，一览无余。壮伟的长江哺育了三峡文化，它是巴楚传统艺术的精华，巴楚文化在这里交融、繁衍、发展。当博大与神秘结缘，辉煌与厚重联姻，三峡人家就注定是新三峡旅游的古老传奇。

三峡工程博物馆——博物馆的主体建筑造型为大江截流中发挥重要作用的截流四面三角体，建筑结构为空间钢结构，共两层，二层及屋顶设有大坝观景台。有三峡馆、工程馆和水电馆三个基本陈列馆。

三峡大坝旅游区——登上 4A 级旅游景区坛子岭观景点你能鸟瞰三峡工程全貌，体会毛主席诗句"截断巫山云雨，高峡出平湖"的豪迈情怀；站在 185 平台上向下俯瞰，感受中华民族的伟大与自豪；走进近坝观景点，你能零距离感受雄伟壮丽的大坝；登上坝顶你能直面雷霆万钧的泄洪景观；来到截流纪念园欣赏人与自然的完美结合，仿佛置身于"山水相连，天人合一"的人间美景。

▶ 旅行锦囊

加油站：

中国石油加油站（平湖站）、中国石油加油站（三峡路站）、中国石化加油站（宜昌西陵站）。

△ 葛洲坝泄洪

△ 旅游船行驶在长江三峡西陵峡口南津关

△ 三峡人家风景区

△ 三峡人家吊脚楼

温馨提示： 1.三峡大坝旅游区：免门票，需提前网上预约。

2.三峡工程：自驾、团队车需要办理车辆通行证，定位导航到检查站，凭驾驶证、行驶证免费办理。

◇ **餐饮推荐**

顶顶糕、萝卜饺子、凉虾、土家蒸肉、炕洋芋、三游神仙鸡、榨广椒炒腊肉、白刹肥鱼、油脆。

DAY2 三峡大坝—屈原故里旅游区—巫山小三峡
（行驶里程 238 公里）

今日前往重庆巫山县游览巫山小三峡，这里以"六奇"著称：山奇雄、水奇清、峰奇秀、滩奇险、景奇幽、石奇美，又称为"天下奇峡"。

◇ **路况**

整体路况良好，途经江峡大道、三峡专用公路、沪蓉高速。

◇ **海拔情况**

巫山县：平均海拔 1000 米。

◇ **沿途特色景区**

三峡大坝—屈原故里旅游区——三峡地区最具特色的文化旅游区，文化底蕴极为深厚。屈原祠是屈原故里的重要组成部分，来到屈原祠可以看到山门、两厢配房、碑廊、前殿、乐舞楼、正殿、享堂、屈原墓等景点。

巫山小三峡——国家 5A 级旅游景区、国家级风景名胜区，也被誉为"中华奇观"和"天下绝景"。巫山小三峡是长江三峡最大支流大宁河流经巫山境内的龙门峡、巴雾峡、滴翠峡的总称，全长 50 公里。峡谷雄伟险峻、中通一线、隐天蔽日，林木翠竹、峻岭奇峰、时有云雾

缭绕、清幽秀洁，时有飞瀑急湍、气势磅礴。其中龙门峡全长 8 公里，是小三峡的第一峡。它绝壁高耸，两山对峙，形若似门，由于山势雄伟，有"不是夔门胜似夔门"之誉。早在 1991 年巫山小三峡就名列"中国旅游胜地四十佳"。

神女峰——国家 4A 级旅游景区，神女峰又叫望霞峰、美人峰，是巫山十二峰之一。一根巨石突兀于青峰云霞之中，宛若一个亭亭玉立、美丽动人的少女，故名神女峰。烟雾缭绕峰顶，那人形石柱，像披上薄纱似的，更显脉脉含情，妩媚动人。每天第一个迎来灿烂的朝霞，又最后一个送走绚丽的晚霞，故名"望霞峰"。三峡大坝蓄水后，游人泛舟神女的石榴裙下，仍需仰头眺望，才能欣赏到神女的绰约风姿。

神女溪——国家 4A 级旅游景区，这里水清石奇、植被良好、如梦如幻、奇境仙居、原始古朴，神女溪是随着三峡工程建设而开发的旅游景区。景区风光绮丽、静谧宜人，恍若隔世。再往溪流上游寻行，可以到达两河口一线天深处、净坛峰风景区。

◇ **旅行锦囊**

加油站：

中国石化加油站（夷陵顺达站）、中国石油加油站（三峡路站）、中国石化（宜黄路加油站）、中国石化加油站（巫山圣泉站）。

服务区：

雾渡河服务区、兴山服务区、巴东服务区、巫山服务区。

◇ **餐饮推荐**

巫山烤鱼、干洋芋果果炖腊蹄、鲊辣子回锅肉、酸水洋芋片、风锅腊肉、萝卜炖酥肉。

△ 小三峡鱼头湾景区

△ 巫山神女峰神女庙

DAY3 巫山县—瞿塘峡风景区
(行驶里程 52 公里)

"朝辞白帝彩云间，千里江陵一日还。两岸猿声啼不住，轻舟已过万重山"就是描写瞿塘峡的千古绝句。随着三峡工程建成后，水位抬高，白帝城四面环水，成为人间仙境，景色将更加美丽迷人，游船可直达城中。

路况

整体路况良好，途经沪蓉高速、G348。

海拔情况

奉节县：平均海拔 100 米。

沿途特色景区

瞿塘峡风景区——国家 4A 级旅游景区，又名夔峡。在长江三峡中，虽然它最短，却最为雄伟险峻。两岸如削，岩壁高耸，大江在悬崖绝壁中汹涌奔流，自古就有"险莫若剑阁，雄莫若夔"之誉。瞿塘峡中河道狭窄，宽不过百余米，最窄处仅几十米，这使两岸峭壁相逼甚近，更增几分霸气。主要景点有奉节古城、八阵图、古栈道、风箱峡、犀牛望月。

白帝城——国家 4A 级旅游景区、全国重点文物保护单位。这里一面靠山，三面环水，背倚高峡，前临长江，气势十分雄伟壮观，是观赏"夔门天下雄"的最佳地点，也是三峡旅游线上久享盛名的景点。李白"朝辞白帝彩云间，千里江陵一日还"的诗句，更是名满天下，脍炙人口。

三峡之巅风景区——位于重庆市奉节县。地处长江三峡之首，因杜甫"赤甲白盐俱刺天，闾阎缭绕接山巅。枫林橘树丹青合，复道重楼锦绣悬"的诗句而得名，是长江三峡物理形态的最高处，景观形态的最美处。

重庆天坑地缝风景区——奉节天坑地缝是国家重点风景名胜区，距离长江三峡黄金旅游线 50 公里。天坑，地理学上叫"岩溶漏斗"。奉节小寨天坑是世界上已知最大岩溶漏斗，深 666 米，坑口直径 622 米，坑底直径 522 米。天井峡地缝为隐伏于地下的暗缝，绵延 37 千米，缝深 80～300 米，底宽 1～30 米，是典型的"一线天"景观。

旅行锦囊

加油站：

中国石油加油站（奉节草堂站）。

服务区：

巫山服务区。

> **温馨提示：**途中隧道较多，弯道较多，行车请务必注意安全。

餐饮推荐

奉节神仙豆腐、夔门醉虾、奉节杜甫晒枣、紫阳鸡汤锅、汀来泡菜。

△ 长江三峡瞿塘峡夔门景观

No.20 奇峰秀水古城之旅

手绘线路图

武陵源风景名胜区　张家界市

天门山景区　黄龙洞景区

张家界
国家森林公园

老司城遗址

芙蓉镇

里耶古城

十八洞·矮寨

乾州古城

凤凰古城

怀化市

南华山国家森林公园

洪江古商城

芷江和平城

黔阳古城

西村坊古建筑群

邵阳市

舜皇山

崀山风景名胜区

线路概况

莽莽武陵源，独立天地间。大自然的鬼斧神工，造就了武陵源蔚为壮观的石英砂岩峰林地貌风光。武陵源被誉为"中国画的原本"、电影《阿凡达》"悬浮山"的原型地，当你真正亲临这举世无双的人间佳境，你会不由惊叹它的神奇。如果你想知道这些，那就请跟着本精品线路，探寻这奇峰秀水。

非遗体验

张家界土家族打溜子、高腔、灯会、张家界地虎凳习俗、锣鼓艺术、芷江白蜡制作技艺、侗族合拢宴习俗、灯舞、苗族武术、民族乐器制作技艺、辰州剪纸、碣滩茶制作技艺、蒸馏酒传统酿造技艺、张家界阳戏、杜鼓舞。

土特产

张家界葛根粉、张家界椪柑、张家界岩耳、慈利杜仲、永顺猕猴桃、永顺红柿、永顺板栗、凤凰姜糖、凤凰朱砂、凤凰蓝印花布、凤凰苗族刺绣、凤凰银器银饰首饰、崀山脐橙、石楼猕猴桃、全肉玉兰片、新宁香菇。

行程规划

> **线路：** 张家界市—武陵源风景名胜区—天门山景区—

△ 武陵源风景名胜区

老司城遗址—芙蓉镇—里耶古城—十八洞·矮寨—乾州古城—凤凰古城—芷江和平城—黔阳古城—洪江古商城—崀山风景名胜区。

🔘 **总里程：** 835 公里。

🔘 **总天数：** 4 天。

DAY1 **张家界市—武陵源风景名胜区—天门山景区**

（行驶里程 88 公里）

从张家界市出发，来到著名的世界自然遗产武陵源风景名胜区，这里的自然风光将人们征服，并以"五绝"——奇峰、怪石、幽谷、秀水、溶洞闻名于世。

🔘 **路况**

整体路况良好，途经大庸路、武陵山大道、天门路。

🔘 **海拔情况**

张家界：平均海拔 32 米；武陵源：平均海拔 1000 米以上、主峰海拔 1474 米。

🔘 **沿途特色景区**

武陵源风景名胜区——为世界自然遗产、国家级风景名胜区、国家 5A 级旅游景区、爱国主义教育基地。武陵源的风景没有经过任何的人工雕凿，到处是石柱石峰、断崖绝壁、古树名木、云气烟雾、流泉飞瀑、珍禽异兽。置身其间，犹如到了一个神奇的世界和趣味天成的艺术山水长廊。

△ 黄龙洞风光

△ 天门山景区

△ 张家界森林公园风光

张家界国家森林公园——国家 5A 级旅游景区、国家级森林公园、国家地质公园。公园以峰称奇，以谷显幽，以林见秀，三千座石峰拔地而坡，形态各异，峰林间峡谷幽深，溪流潺潺。

黄龙洞景区——国家 4A 级旅游景区。黄龙洞规模之大、内容之全、景色之美，包含了溶洞学的所有内容。洞体共分四层，洞中有洞、洞中有山、山中有洞、洞中有河，它以水陆兼备的游览观光线路独步天下。在 2005 年被评选为"中国最美的旅游溶洞"。

天门山景区——国家 5A 级旅游景区，国家级森林公园。是山岳型自然景区，山上为岩溶台地绝壁景观，山下为岩溶峰林峡谷景观。天门山是张家界海拔最高的山，古称嵩梁山，又名梦山、方壶山。

❯ **旅行锦囊**

加油站：

中国石化加油站（大庸桥站）。

> **温馨提示：** 1.武陵源景区步行游览为主，请着舒适服装及鞋子。
> 2.山中昼夜温差大，请注意增减衣物。

❯ **餐饮推荐**

张家界土家十大碗、张家界三下锅、岩耳炖土鸡、草帽面、社饭、土家糍粑、葛根粉炒腊肉、土家扣肉。

DAY2 **张家界市—老司城遗址—芙蓉镇—里耶古城—十八洞·矮寨—乾州古城—凤凰古城**
（行驶里程 390 公里）

今日前往世界文化遗产老司城遗址，老司城本名福石城，曾是土司王朝八百年统治的古都，也是古代溪州政治、经济、文化的中心。

❯ **路况**

整体路况良好，途经张花高速、S306、S230、龙吉高速、杭瑞高速。

❯ **海拔情况**

老司城遗址公园：平均海拔 1000 米。

❯ **沿途特色景区**

老司城遗址——土司古都老司城是全国重点文物保护单位、世界文化遗产。现成为游客、专家、学者了解研究土家族历史和文化的珍贵的人文景观。主要有祖师殿、彭氏宗祠、土司德政碑、翼南牌坊、土司地宫、土司古墓群等。

△ 老司城祖师殿

△ 芙蓉镇全景

△ 乾州古城文峰塔世纪广场航拍

芙蓉镇——国家 4A 级旅游景区，同名电影《芙蓉镇》的拍摄地。它是一座具有两千年历史的古镇，原为西汉西阳县治所，因得西水舟楫之便，上通川黔，下达洞庭，自古为永顺通商口岸，素有"楚蜀通津"之称。享有西阳雄镇、湘西"四大名镇""小南京"之美誉。

里耶古城——里耶古城一般指里耶镇，是国家级风景名胜区"里耶—乌龙山风景名胜区"的核心，主要古迹与景点有里耶古城考古遗址公园、里耶秦简博物馆、大板西汉古城遗址和古墓群、魏家寨东汉古城遗址、清水坪东汉古墓群、里耶明清历史街区、贾市明清古街、巴沙古村落、八面山风景区等。

十八洞·矮寨——国家 5A 级旅游景区。景区地处湘西世界地质公园的核心区，由被誉为国际桥梁界"珠穆朗玛峰"的矮寨大桥、精准扶贫首倡地十八洞村等景区共同组成。

乾州古城——国家 4A 级旅游景区。"凤凰的兵、乾州的城"这是在湘西流传甚广的一句话。乾州城是苗疆首府，是大气的、宏伟的，是苗疆文化的融会与传承之地。

▶ **旅行锦囊**

加油站：

中国石化加油站（楠木溪站）、中国石化加油站（永顺县石堤站）、中国石化加油站（溪州站）、中国石油加油站（凤凰北路站）。

△ 矮寨大桥

△ 凤凰古城

△ 芷江县中国人民抗日战争胜利受降纪念馆受降纪念坊

服务区：

茅岩河服务区、永顺停车区、吉首北服务区、凤凰服务区。

温馨提示： 途中多为山路，弯道较多，行车请务必注意安全。

❯ **餐饮推荐**

米豆腐、五味醋萝卜、霸王汤、酸菜豆腐汤、永顺青菜酸、粉粑、天下第一螺。

DAY3 凤凰古城—芷江和平城—黔阳古城—洪江古商城
（行驶里程 175 公里）

今日来到有"中国最美丽的小城"之称的凤凰古城。从远古盘瓠到凤凰厅、到辰沅永靖兵备道、到民国，再到今天，走在古巷中，冥冥中想起的是众多凤凰名人的身影。

❯ **路况**

整体路况良好，途经包茂高速、长芷高速。

❯ **海拔情况**

凤凰古城：海拔 500～800 米；洪江市：平均海拔 300～400 米。

❯ **沿途特色景区**

凤凰古城——国家 4A 级旅游景区、全国重点文物保护单位、国家历史文化名城，曾被新西兰著名作家路易·艾黎称赞为中国最美丽的小城。这里与吉首的德夯苗寨、永顺的猛洞河、贵州的梵净山相毗邻，是怀化、吉首、贵州铜仁三地之间的必经之路。

南华山国家森林公园——公园在凤凰古城南侧，呈月牙形环抱古城，清澈的沱江水穿城而过，公园的自然之色与古城众多的人文景观遥相呼应，形成一幅古城在森林中，公园在城市里，集古朴、清秀、典雅、神奇于一体

的优美画卷。青山、绿水、古城天然融合，互为因借。

芷江和平城——1945 年 8 月，中国抗战胜利受降在芷江举行，芷江因此声名远播，成为抗战历史名城。2021年 2 月 3 日，芷江成为国内继江苏南京、山东潍坊后的第三座"国际和平城市"。如今，受降旧址已成为全国爱国主义教育示范基地、中国华侨国际文化交流基地，来自广州、上海、四川等省份的近百个单位和学校在芷江建立了爱国主义教育基地。

黔阳古城——国家 4A 级旅游景区。是我国保存最为完好的明清古城之一，也是中国难得留存下来的、最具原真风貌的隐逸之都。古城三面环水，是湘楚苗地边陲重镇，获得"中国最美的小城""湖南省特色旅游名镇"等美誉。

❯ **旅行锦囊**

加油站：

中国石化加油站（凤凰县四方井站）、中海石化加油站（大湾塘站）。

服务区：

花山寨服务区、洪江服务区。

△ 黔阳古城

△ 洪江古商城

△ 崀山的九九天梯

❥ 餐饮推荐

凤凰血粑鸭、湘西腊肉、酸菜煮水豆腐、苗族酸汤菜、酸鱼肉、凤凰凉粉、苗家火烧食。

DAY4 洪江古商城—崀山风景名胜区
（行驶里程 182 公里）

今日来到以"中国丹霞"为世界自然遗产地的崀山。崀山属于中等侵蚀程度的丹霞地貌，正处在"风华正茂"时期。这里的红色岩层被流水侵蚀得恰到好处，高低错落的丹霞峰丛与纵横的沟谷交替排列，形态多样的石峰、石柱绵延不绝。

❥ 路况

整体路况良好，途经 S222、沪昆高速、呼北高速。

❥ 海拔情况

崀山：平均海拔 400 米以上、主峰海拔 818 米。

❥ 沿途特色景区

洪江古商城——全国重点文物保护单位、国家 4A 级旅游景区，是全国唯一一座保存完好的明清古商城，现完整地保存着明清及民国时期的会馆、钱庄、商号、洋行、作坊、客栈、报社等古建筑 380 余栋。

崀山风景名胜区——崀山位于湘西南边陲的新宁县境内，是我国乃至世界上罕见的大型丹霞地貌景区。崀山地貌类型多样，以壮年期丹霞峰丛峰林地貌为典型特色，有雄伟壮观的方山台寨，拔地而起的石柱石墙，陡峭险峻的赤壁丹崖，狭长曲折的石巷石槽，形态逼真的象形景观，清澈见底的秀美夫夷江，是中国丹霞景区中丰度和品位最具代表性和最优美的景区，被地质专家们誉为"丹霞之魂、国之瑰宝"。

舜皇山——国家级森林公园、国家级自然保护区。园区内生态景观资源丰富多样，原始自然的山水风光，独具

一格。山山耸奇峰，峰峰夹奇谷，谷谷出奇溪，溪溪有奇瀑，春观万顷花海，夏乘绿浪阴凉，秋眺金果红叶，冬赏玉琢冰雕，四时皆为生态旅游胜地。

西村坊古建筑群——湖南省文物保护单位。游客来此可以看到一个古老神秘而富有江南文化气息的院落。住宅群坐东北朝西南，主体三纵三横排列，组成九座风格各异，既统一又相对独立的四合院落，且与水沟纵横交错，建筑布局十分规整，井然有序。

❥ 旅行锦囊

加油站：
中国石化加油站（洪江区常青站）、中国燃料加油站。

服务区：
洞口服务区、武冈服务区。

> **温馨提示**：1. 请着舒适服装及鞋子游览景区。
> 2. 山中昼夜温差大，请注意增减衣物。

❥ 餐饮推荐

甜酒汤丸、血酱鸭、堡口豆腐、新宁年糕、咸鱼头豆腐汤、香露全鸡。

△ 舜皇山

No.21 大湘西地质奇观之旅

手绘线路图

N

中国张家界世界地质公园

黄龙洞景区

张家界世界地质公园博物馆

张家界大峡谷

武陵源风景名胜区

张家界市

中国大鲵生物科技馆

澧水

宝峰湖风景区

天门山风景名胜区

猛洞河风景名胜区

湘西世界地质公园

芙蓉镇

思蒙碧水丹霞景区

凤凰古城

怀化市

虎形山景区

邵阳市

雪峰山景区

崀山世界自然遗产

△ 张家界天子山风景名胜区

△ 张家界武陵源风景名胜区

线路概况

张家界山水都是一场伟大的奇迹——不仅在于其山水之美臻于幻境，更在于它竟能穿越漫长的时代、跨越不同的文明，受到全世界人们的喜爱。本精品线路的起点定位于壮观的张家界，以湘西的世界地质公园为主线，串联起张家界世界地质公园、张家界世界地质公园博物馆、黄龙洞景区、湘西世界地质公园等地质奇观，引领游客展开对地质、古生物化石、矿物晶体等的研探，增进游客对张家界砂岩峰林地貌形成和地质构造、湘西扬子地台演化历史以及云贵高原边缘的形成过程等的了解，接受科普教育，提升环境保护意识。

非遗体验

湘绣、湖南花鼓戏、侗锦、黑茶制作技艺、湖南皮影戏、浏阳花炮制作技艺、湘昆、土家族织锦技艺、苗族挑花、土家族咚咚喹、土家族摆手舞、桑植民歌、板板龙灯、土家花灯、花瑶挑花、侗族大歌。

土特产

湘莲、临武鸭、灯芯糕、安化黑茶、株洲炎陵黄桃、郴州东江鱼、铜官陶器、君山银针、湘西椪柑、龙山百合、罐罐菌、土家布鞋。

行程规划

线路： 中国张家界世界地质公园—张家界世界地质公园博物馆—中国大鲵生物科技馆—宝峰湖风景区—黄龙洞景区—湘西世界地质公园—思蒙碧水丹霞景区—雪峰山景区—虎形山景区—崀山世界自然遗产。

总里程： 730 公里。

总天数： 5 天。

DAY1 张家界市—中国张家界世界地质公园—张家界世界地质公园博物馆
（行驶里程 55 公里）

今日来到著名的世界自然遗产同时也是世界地质公园的张家界。这里的砂岩峰林地貌是世界上独有的，具有相对高差大，高径地大，柱体密度大以及植被茂盛，珍稀动植物种类繁多等特点。

路况

整体路况良好，途经武陵山大道、香樟路。

海拔情况

张家界市：平均海拔 32 米；张家界景区：平均海拔 1000 米以上。

沿途特色景区

中国张家界世界地质公园——地质公园内拔地而起的石柱达 3000 多根，其中高度超过 200 米的有 1000 多根，优美壮观，是世界上极为罕见的地貌形态，有着重要的地质与地貌学价值。地质公园内动植物资源丰富，生长着木本植物 850 多种，野生动物达 400 多种，自然生态保存完好。这里有着底蕴深厚的湘西文化，位于武陵源区的魅力湘西大剧院以超凡的艺术形式将湘西文化表现得淋漓尽致，荣获"国家文化产业示范基地"称号。自 1992 年被联合国教科文组织列入世界自然遗产地和 2004 年入选世界地质公园以来，以生态旅游主导的旅游业发展迅速。

张家界世界地质公园博物馆——博物馆包含中央广场区、静态地质博物馆区、动态"张家界地貌"5D 体验区、亲水文化休闲区等五大功能区。这里的主要作用是科学地收藏张家界地貌有关的自然和生物标本，开展科学研究和挖掘学术价值，传播自然科学知识和地质地貌

△ 天门山玻璃栈道

△ 宝峰湖风景区

知识。现馆藏2万余份各类珍贵的动植物、微生物、古生物化石、矿物的标本。

武陵源风景名胜区——这里的峰石与别处不同，直立而密集，那些突兀入眼的岩壁、峰石、如帛、如笋，似屏似柔，一扇扇、一根根，连绵万顷，给人以层峦叠嶂的磅礴气势与恢宏大观。

天门山风景名胜区——国家4A级旅游景区。这里宛如张家界的天然画屏，是张家界最具代表性的自然景观之一。名胜区分四大景区：天门洞开、碧野瑶台、觅仙奇境和天界佛国景区。有"天门山索道、通天大道、天门洞、空中盆景花园"四大奇观。1999年，世界特技飞行大师架机穿越天门洞，在全球引发了轰动效应。

❯ **旅行锦囊**

加油站：

中国石化加油站（张家界沙坪站）。

> **温馨提示：** 1.地质公园以步行游览为主，请着舒适服装及鞋子。
>
> 2.山中昼夜温差大，请注意增减衣物。

❯ **餐饮推荐**

张家界土家十大碗、乌鸡天麻汤、草帽面、清炒人参叶、土家糍粑、葛根粉炒腊肉。

DAY2 张家界市—中国大鲵生物科技馆—宝峰湖风景区—黄龙洞景区
（行驶里程45公里）

今日首先前往中国大鲵生物科技馆，来此一起揭开已被列入《世界自然保护联盟濒危物种红色名录》的大鲵（俗称娃娃鱼）这一奇特生物的神秘面纱，一同了解它的珍贵价值。随后前往游览"世界湖泊经典"的宝峰

湖，83版《西游记》中花果山水帘洞外景就在此地取景。最后前往被誉为"世界溶洞奇观"的黄龙洞参观，这里水陆兼备的游览观光线路独步天下。

❯ **路况**

整体路况良好，途经武陵山大道、朝阳路。

❯ **海拔情况**

黄龙洞景区：海拔3568米。

❯ **沿途特色景区**

中国大鲵生物科技馆——这里采用先进的声、光、电互动多媒体展示手法，以张家界世界地质公园的地质演变为背景，揭开大鲵神秘面纱，了解大鲵全面价值，让每位游客能在赏心悦目地游览中愉悦地接纳科学知识。科技馆有生物万象、冰晶体、上古封印、大鲵家园、探秘大鲵、4D动感影院等展区。这里还与多所大学合作建立了大鲵养殖基地、大鲵科研基地等。

宝峰湖风景区——国家4A级旅游景区，也被称为"世界湖泊经典"。湖区由宝峰湖和鹰窝寨两大块组成，景色以高峡平湖的奇秀绝景、"飞流直下三千尺"的宝峰飞瀑和神秘的深山古寺而著称。其中宝峰湖、奇峰飞瀑、鹰窝寨、一线天被称为"武陵源四绝"。电视剧《西游记》中花果山水帘洞外景就拍摄于"奇峰飞瀑"。

黄龙洞景区——国家4A级旅游景区，是整个张家界地区最著名的溶洞景点，

△ 黄龙洞景区溶洞火箭升空

△ 张家界大峡谷

△ 湘西世界地质公园

享有"世界溶洞奇观""世界溶洞全能冠军""中国最美旅游溶洞"的美誉。黄龙洞规模之大、内容之全、景色之美，包含了溶洞学的所有内容。洞体共分四层，洞中有洞、洞中有山、山中有洞、洞中有河，它以水陆兼备的游览观光线路独步天下。

张家界大峡谷——国家 4A 级旅游景区。大峡谷中的飞瀑神泉比比皆是，一路游览，让人目不暇接。峡谷里植被繁茂，空气清新，凉爽舒适，溪水上弥漫着一层薄雾，宛如来到世外桃源，让人烦恼顿消。"一线天"位于张家界大峡谷游道的入口处，是一处峡谷绝壁。一线天峡谷，又叫西天门，宛若张家界大峡谷开启的一扇大门，在欢迎游客的到来。

◈ **旅行锦囊**

加油站：

中国石化加油站（张家界沙坪站）。

温馨提示：1. 途中多为山路，弯道较多，行车请务必注意安全。

2. 张家界大峡谷游览时间需 2 小时以上，峡谷较窄、徒步时间长，注意途中适当休息。

◈ **餐饮推荐**

张家界三下锅、岩耳炖土鸡、社饭、蒿子粑粑、土家扣肉、腊肉炒山笋。

DAY3 **张家界市—湘西世界地质公园**
（行驶里程 100 公里）

今日前往湘西世界地质公园，这里向我们展示了世界上规模最大的红色碳酸盐岩石林和蔚为壮观的高原切割型台地。整体地质风貌也完整记录了扬子地台演化历史以及云贵高原边缘的形成过程。

◈ **路况**

市区路况良好，途经张花高速、龙吉高速。

◈ **海拔情况**

凤凰县：海拔 500～800 米。

◈ **沿途特色景区**

湘西世界地质公园——这里的地质记录了扬子地台的形成以及这一前陆盆地所经历的多期次的构造演化。在地质公园中，寒武纪地层尤为突出，有两个具有国际意义的"金钉子"（国际地层对比界线层型剖面）。公园还以红石林、德夯大峡谷、坐龙峡和众多壮观的瀑布而闻名。在人文方面，有着 160 处旧石器和新石器时代的文化遗址。

猛洞河风景名胜区——国家级风景名胜区、国家 4A 级旅游景区、国家级湿地公园。"张家界看山，猛洞河玩水"已是湖南湘西旅游精髓。猛洞河水量丰富，河流坡降大，水急滩多浪奇，高大的峭壁直插水面，两岸并相互靠拢，形成幽深的峡谷景观。

芙蓉镇——芙蓉镇旅游资源十分丰富，有五里青石板街、吊脚楼群、大瀑布、西汉古墓群等著名景区景点。芙蓉镇不仅景观秀丽，民族风情浓郁，还有记载土家族政治

△ 猛洞河峡谷漂流

△ 芙蓉镇夜景

△ 清晨的凤凰古城

军事历史的国家重点保护文物"溪州铜柱"和电影《芙蓉镇》外景拍摄现场等人文景观。溪州铜柱现存于芙蓉镇民俗风光馆内。

> **旅行锦囊**

加油站：

中国石化加油站（楠木溪站）、中国石化加油站（芙蓉镇站）。

服务区：

茅岩河服务区。

> **温馨提示：** 途中隧道较多，弯道较多，行车请务必注意安全。

> **餐饮推荐**

桂花鱼、米豆腐、湘西米粉、凤凰姜糖、燕麦粉蒸螃蟹、天下第一螺、油炸竹虫、摩天云雾茶。

DAY4 湘西世界地质公园—思蒙碧水丹霞景区
（行驶里程 280 公里）

今日前往素有"小岚山""小桂林"之称的思蒙碧水丹霞景区，这里是屈原文化活化地、新潇湘八景之一。

> **路况**

市区路况良好，途经龙吉高速、杭瑞高速、包茂高速、长芷高速。

> **海拔情况**

溆浦县：平均海拔 500 米。

> **沿途特色景区**

凤凰古城——国家 4A 级旅游景区。古城地处武陵山脉

南部，云贵高原东侧。众多少数民族独有的节庆活动，使人心驰神往：苗族的还傩愿、赶秋、四月八，土家的文武茶灯、阳戏等，经几百上千年的交汇融合，既保留了民族的质地，又与异地同族习俗明显不同，引人入胜。

思蒙碧水丹霞景区——国家 4A 级旅游景区。素有"碧水丹霞，烟雨思蒙"之美称，有风雨桥、三间滩、桃源洞天、五佛山、屈子峡等独特的自然和人文景观。

> **旅行锦囊**

加油站：

中国石化加油站（芙蓉镇站）、中国石油加油站（凤凰北路站）、中凡石化加油站（溆浦县北高连站）。

服务区：

芙蓉镇服务区、吉首北服务区、凤凰服务区、中方服务区、辰溪服务区。

△ 思蒙碧水丹霞景区

温馨提示： 途中隧道较多，弯道较多，行车请务必注意安全。

餐饮推荐

溆浦鹅、溆浦黑木耳、蒿菜糍粑、柴火腊肉。

DAY5 思蒙碧水丹霞景区—雪峰山景区—崀山世界自然遗产

（行驶里程 250 公里）

今日首先前往湖南省首批中医药康养旅游精品线路及省级示范体检基地和非遗村镇非遗街区省级示范点——雪峰山景区。随后前往世界自然遗产崀山，观赏丹霞地貌。

路况

市区路况良好，途经 G241、沪昆高速、呼北高速。

海拔情况

雪峰山景区：海拔 800～1400 米；崀山景区：海拔 300～ 800 米。

沿途特色景区

雪峰山景区——雪峰山是湖南境内延伸最长的大山，是中国地理三级台阶里第 2 级向第 3 级过渡的标志性大山。古书称之梅山，资水把它分段，南段古称雪峰山，是整个大山的高峰所在。整个景区内有溆浦山背花瑶梯田、穿岩山森林公园、抗战古村落阳雀坡、雪峰山大花瑶景区。

虎形山景区——景区内有一个幽深险峻的大峡谷，那里没田没土，但有水有石，荒无人烟，却时有毒蛇猛兽出没，神秘莫测，险象环生。就在这个峡谷，悬挂着气势磅礴的瀑布。这里是一片安宁、遥远的净土，有着南方罕见的高原自然风光。

崀山风景名胜区——国家 5A 级旅游景区，2010 年"中国丹霞——崀山"被正式列入《世界遗产名录》。有天

△ 虎形山花瑶梯田

一巷、辣椒峰、夫夷江、八角寨、紫霞峒、天生桥六大景区，18 处风景小区，已发现和命名的重要景点有 500 余处，有三大溶洞和一个原始森林，总面积 108 平方公里，属典型的丹霞地貌，是难得的环保型山水自然风景区。

旅行锦囊

加油站：

中国石化加油站（溆浦桔花园站）、中国石油加油站（G241 站）、罗丰石化加油站、宏远石化加油站、中国石化加油站（洪江塘湾站）、中国燃料加油站。

服务区：

洞口服务区、武冈服务区。

温馨提示： 途中省道较多，弯道较多，行车请务必注意安全。

餐饮推荐

腊味、庖汤肉、嫩豆腐、热糍粑、腊肉煮猪血丸子、崀山血酱鸭、崀山一鹅三吃、崀山泥鳅氽堡口豆腐。

△ 雪峰山苏宝顶自然风光

△ 崀山风景名胜区

No.22 湖湘名城古韵之旅

手绘线路图

线路概况

本精品路线自洞庭湖北上至岳阳沿长江西行，开启了长江中游湖湘大地名城之行。通过串联起"楚汉名城"长沙、"天下水楼"岳阳、"旅游强县"凤凰县、"潇湘之地"永州等历史文化名城，领略洞庭湖、岳阳楼、岳麓山、凤凰古城等著名景观，让游客感受到湖湘文化的魅力。

非遗体验

渔歌（洞庭渔歌）、昆曲、巴陵戏、花鼓戏、湘剧、长沙弹词、湘绣、彩扎（凤凰纸扎）、蓝印花布印染技艺、苗族银饰锻制技艺、陶瓷制作技艺、竹编制作技艺。

土特产

湘丰绿茶、湘绣、岳阳黄茶、君山银针茶、岳州扇、长乐甜酒、凤凰姜糖、凤凰猕猴桃、湘西腊肉、湘西米豆腐、凤凰朱砂、罐罐菌、江永香芋、瑶山雪梨、零陵板鸭、江永香柚、祁阳草席、江永香姜、道县脐橙、江华苦茶、山苍子油、浏阳夏布、金井绿茶、黄金茶、浏阳油纸伞、古丈毛尖、莓茶、湘西木雕。

行程规划

➡ **线路：** 长沙市—岳阳市—常德市—吉首市—凤凰县—洪江市—永州市。

◎ **总里程：** 1055 公里。

◎ **总天数：** 4 天。

DAY1 长沙市—岳阳市
（行驶里程 165 公里）

今日来到我国首批国家历史文化名城——长沙市，这里历经三千年，城名、城址不变，有"屈贾之乡""楚汉名城""潇湘洙泗"之称。随后前往国家历史文化名城—岳阳市，这里是中华民族文化的发源地之一，是楚越文化的交会点，也是湖湘文化的摇篮。

❯ 路况

整体路况良好，途经长沙市内道路、许广高速、湘北大道。

❯ 海拔情况

长沙：平均海拔 44.9 米；岳阳：海拔 37 米。

❯ 沿途特色景区

长沙雷锋纪念馆——国家 4A 级旅游景区、爱国主义教育基地。这里主要有雷锋纪念碑、雷锋塑像、雷锋事迹陈列馆等建筑及青少年教育活动设施。展馆一层采用专题和编年体形式翔实地再现了雷锋平凡而伟大的一生，二层展出了 40 多年全民学雷锋活动和典型事迹。现有馆藏照片 2 万多张、文物 3000 多件。

岳麓山·橘子洲旅游区——国家级风景名胜区、国家 5A 级旅游景区、红色旅游经典景区、爱国主义教育基地。毛泽东《沁园春·长沙》词中提到的橘子洲就是这里，一个江中的长岛，也是世界上最大的内陆洲。古人称赞岳麓山"碧嶂屏开，秀如琢珠"。自古这里就以林壑幽美，山幽涧深闻名。其中六朝的罗汉松、唐宋的银杏、明清的松樟非常出名，还有爱晚亭、清风峡、蟒蛇洞、禹王碑、岳麓书院等景观闻名遐迩。

△ 湖南第一师范学校旧址

湖南第一师范学校旧址——学校旧址位于长沙市天心区书院路 356 号。是全国重点文物保护单位、全国爱国主义教育示范基地。

长沙天心阁景区——国家 4A 级旅游景区。景区因天心阁而命名，以天心阁与长沙古城墙为主要景点，与纪念抗日阵亡将士的崇烈亭、崇烈门、《太平军魂》浮雕、历史名人石刻画廊等组成景区核心景观。自古享有"潇湘古阁、秦汉名城"的美誉，天心阁不但是古城长沙的象征，而且见证了长沙的历史发展与变迁。

△ 橘子洲

△ 岳阳市

太平街·贾谊故居——贾谊故居现位于湖南省长沙市太平街解放西路与太平街口交会处。贾谊故居始建于西汉文帝年间，为长沙王太傅贾谊的府邸。公元前 177 年至前 174 年，西汉著名政论家、思想家和文学家贾谊住在这里，时任长沙王太傅。

屈子文化园——国家 4A 级旅游景区。文化园包含屈子祠核心景区、端午文化体验区、端午文化产业区、端午文化民俗区、屈原墓保护区、汨罗江湿地保护区。游客来此可以体验屈学研究、龙舟竞渡、艺术欣赏、民俗观摩等。其中屈子祠核心景区内有屈子书院、屈子祠、水仙湖、楚堤和独醒亭、骚坛、濯缨桥、桃花洞、寿星台、剪刀池、绣花墩、望爷墩等纪念屈原的古迹。

❯ **旅行锦囊**

加油站：

中国石油加油站（岳麓大道站）、中国石化（岳阳市新开加油站）。

服务区：

雷锋服务区、湘阴服务区、荣家湾服务区。

❯ **餐饮推荐**

火宫殿八大传统小吃、玉楼东六大传统湘菜、剁椒鱼头、浏阳蒸菜、黄鳝炖红薯粉、口味虾、靖港米粉、毛氏红烧肉。

DAY2 岳阳市—常德市
（行驶里程 185 公里）

今日前往历史文化名城——常德市，这里是湘西北重镇，古称武陵、朗州，史称"川黔咽喉，云贵门户"，是兵家必争之地；如今这里是长江经济带、环洞庭湖生态经济圈的重要城市。

❯ **路况**

整体路况良好，途经洞庭大道、杭瑞高速。

△ 贾谊故居

△ 屈子文化园

△ 张谷英古村

△ 君山岛景区大门

❯ 海拔情况

常德：平均海拔 38 米。

❯ 沿途特色景区

张谷英古村——国家 4A 级旅游景区。村内有聚族而居的一组古建筑群，建于明清时期，大小房屋 1300 多间，有"江南第一屋场""天下第一村"之称。天井连天井，厅堂要堂，浑然一体，屋宇绵延，檐廊衔接，晴不曝日，雨不湿鞋，展现出我国传统民间建筑的特点和古朴的民俗风情。

岳阳楼—君山岛景区——国家级风景名胜区、国家 5A 级旅游景区。岳阳楼位于岳阳市古城西门城墙之上，下瞰洞庭，前望君山，气势雄伟，自古有"洞庭天下水，岳阳天下楼"的美誉，与湖北武昌黄鹤楼、江西南昌滕王阁并称为"江南三大名楼"。千古雄文《岳阳楼记》成为岳阳楼的灵魂，使其成为勤政爱民、心忧天下的政治象征，从而流传千古、名扬天下。

△ 柳叶湖

柳叶湖——国家 4A 级旅游景区、国家水利风景区。是湖南省最大的山、水、城三位一体的生态型城市旅游休闲度假区，也是目前全国最大的城市湖泊之一。景区分为七个片区：水上游览区、仙人洞自然景区、白鹤山鸟类自然保护区、蚂蝗溶田园风光区、戴家岗核心区、花山自然景区、占天湖自然风景区。

夹山国家森林公园——国家 4A 级旅游景区、国家级森林公园。这里有着丰厚的历史文化底蕴与宜人的自然景色，游客来此可以看到佛教圣地、闯王陵园、茶道源头、森林风光等多样化的景观。公园主要景点有灵泉禅院、闯王陵、洗墨池、玉玺井、善会墓、圆悟塔、碧岩泉等。

❯ 旅行锦囊

加油站：

中国石化加油站（岳阳市东环路站）、中国石化加油站（常德市第九站）。

服务区：

君山服务区、华容服务区、安乡服务区、鼎城服务区。

❯ 餐饮推荐

常德酱板鸭、津市米粉、临澧黄花鱼、米粉火锅、常德米粉、家常米豆腐、酱板鸭与鸭霸王、石门土家腊肉。

DAY3 常德市—吉首市—凤凰县
（行驶里程 288 公里）

今日来到凤凰县，2021 年入选国家历史文化名城。这里是湖南省湘西土家族苗族自治州的一个小县城，我们来到这里不仅可以看到具有历史文化气息的建筑物和古村镇，而且能体验这里少数民族风情、美食和习俗。

◈ 路况

整体路况良好，途经常德市内道路、杭瑞高速。

◈ 海拔情况

凤凰县：海拔 500～800 米。

◈ 沿途特色景区

常德桃花源旅游区——国家级风景名胜区、国家 5A 级旅游景区。桃花源是东晋大诗人陶渊明笔下的世外桃源，虽是虚构，但实有其地，它就是桃源县。桃花源南临滔滔沅江，北倚武陵群峰，境内古树参天、寿藤缠绕、花草芬芳，有石阶曲径、亭台牌坊装点，宛若仙境。这里每年的 3 月 28 日举办桃花节，会有各种具有文化特色的活动，游客此时前往，必将留下浪漫的回忆。

花岩溪国家森林公园——国家 3A 级旅游景区。这里环境幽静，气候宜人，空气清新，水质纯净，历史上就是达官贵人、文人隐士休闲避暑的胜地，有"中国白鹭之乡""湖南的西湖""常德的千岛湖"等美誉。在每年的 3—10 月，数万只白鹭在景区内五溪湖畔的森林里栖息，形成了一道亮丽而又独特的景观。

矮寨·十八洞·德夯大峡谷景区——国家 5A 级旅游景区。景区地处湘西世界地质公园的核心区，由被誉为国际桥梁界"珠穆朗玛峰"的矮寨大桥、精准扶贫首倡地十八洞村、"天下鼓乡、天然氧吧"德夯大峡谷等景区共同组成。游客通过参观矮寨和十八洞村，能了解到苗寨村庄换新颜的脱贫故事，并在休闲娱乐和回归大自然的同时，切身感受美丽乡村的幸福变迁。

◈ 旅行锦囊

加油站：

中国石化加油站（常德市第十站）、中国石油加油站（凤凰北路站）。

服务区：

桃花源服务区、沅陵服务区、泸溪服务区、凤凰服务区。

△ 德夯大峡谷

温馨提示： 途中隧道较多，弯道较多，行车请注意车速安全。

◈ 餐饮推荐

血粑鸭、酸汤鱼、牛肝菌炒肉、酸白菜豆腐汤、笋子炒肉、腊肉炒蕨菜、麻辣鳝丝、爆烟肉、麻辣鸡丁。

DAY4 凤凰县—洪江市—永州市
（行驶里程 417 公里）

今日前往国家历史文化名城——永州市。说起永州，人们首先会想到柳宗元，唐代著名文学家，唐宋八大家之一。柳宗元于永州谪居 10 年，写下众多关于永州的华文诗赋，为永州传播声名做出了贡献。柳子庙就是永州人民为纪念他而筑建的。

◈ 路况

整体路况良好，途经包茂高速、沪昆高速、二广高速。

◈ 海拔情况

永州：海拔 300 米以下。

△ 桃花源古镇

△ 花岩溪国家森林公园

△ 凤凰古城

沿途特色景区

凤凰古城——凤凰古城是凤凰县旅游的核心，古城内有超过 60 处文物古建筑，120 多栋明清时代民居以及 30 多座庙祠馆阁，其中"凤凰九景"是古城中最精华的部分。在凤凰古城周边，游客们还可以体验穿越湘西地区的峡谷，以及游览富有浓郁苗族风情的苗寨。除此之外，奇梁洞、南方长城以及南华山文化景区也同样值得一去。

黔阳古城——黔阳古城阻群山汇众流，喀斯特、丹霞、青石岩等多种地貌奇观环绕，享有"黔阳山水之雄盛甲於湘西"的美誉。在古城内以"学而优则仕"沉浸式古风体验为特色。

洪江古商城——全国重点文物保护单位、国家 4A 级旅游景区，是全国唯一一座保存完好的明清古商城，现完整地保存着明清及民国时期的会馆、钱庄、商号、洋行、作坊、客栈等古建筑 380 余栋。

柳宗元文化旅游区——国家 4A 级旅游景区。文化旅游区南北与零陵古城相连，是古城零陵"山、城、水"的重要组成部分。愚溪河是景区的轴线，西起节孝亭，东至萍阳南路，北含柳子庙、柳子街。概括起来就是"一街一水一庙"：一街是千年古街柳子街，一水就是愚溪，一庙则是永州百姓为纪念唐代著名思想家、文学家、政治家柳宗元而修建的祭祀庙宇——柳子庙。

旅行锦囊

加油站：

中国石化加油站（凤凰县四方井站）、中国石油加油站（翠竹东路站）。

服务区：

怀化服务区、安江服务区、洞口服务区、隆回服务区、邵阳服务区。

> **温馨提示：**途中隧道较多，弯道较多，行车请注意车速安全。

餐饮推荐

永州血鸭、永州喝螺、祁阳曲米鱼、东安土鸡、永州酱板鸭、宁远酿豆腐。

△ 黔阳古城阁楼

No.23 工农红军胜利之旅

手绘线路图

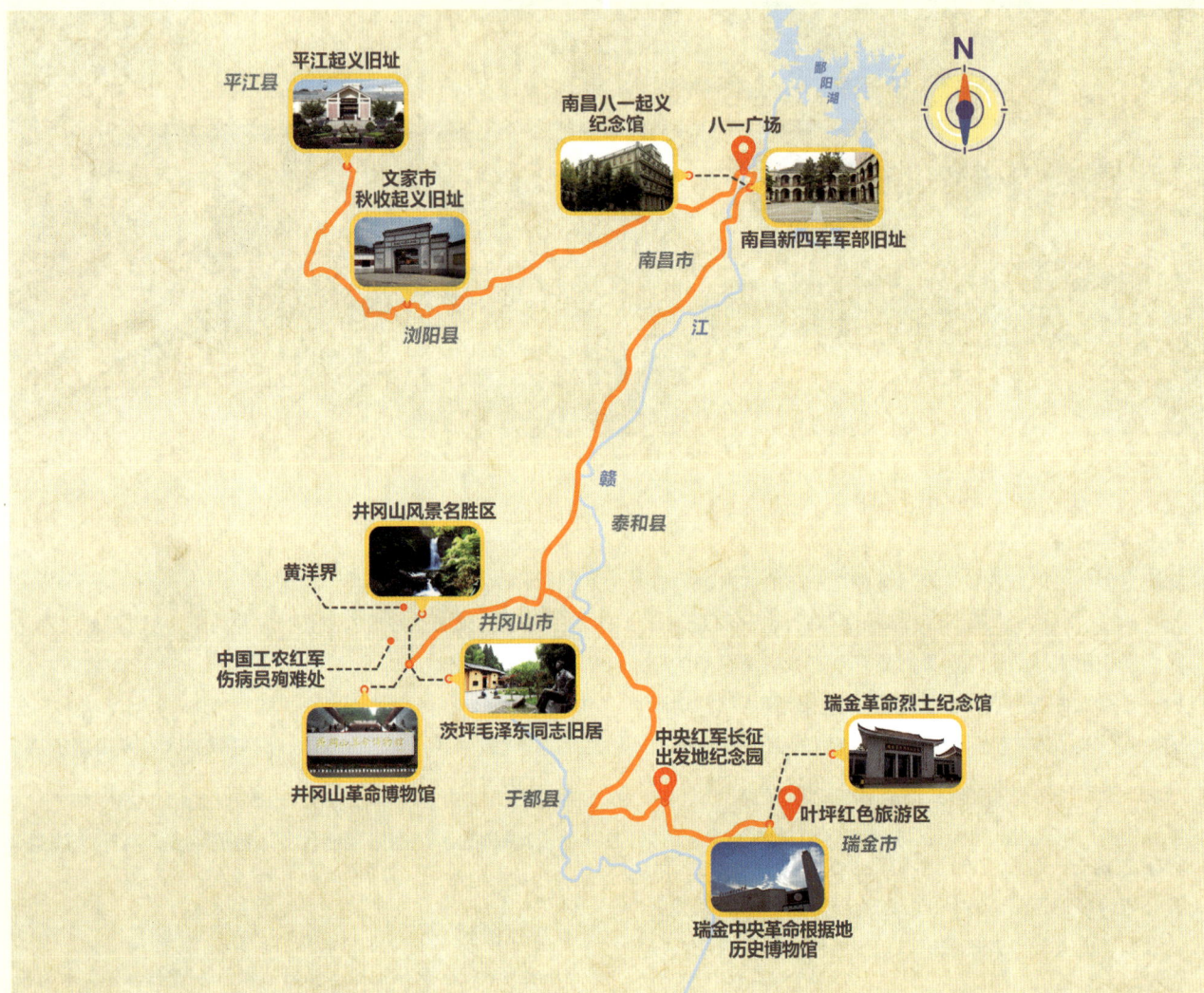

平江县
平江起义旧址

文家市
秋收起义旧址

浏阳县

南昌八一起义
纪念馆

八一广场

鄱阳湖

N

南昌市

南昌新四军军部旧址

赣

江

泰和县

井冈山风景名胜区

黄洋界

中国工农红军
伤病员殉难处

井冈山市

茨坪毛泽东同志旧居

井冈山革命博物馆

中央红军长征
出发地纪念园

瑞金革命烈士纪念馆

叶坪红色旅游区

瑞金市

于都县

瑞金中央革命根据地
历史博物馆

线路概况

中国工农红军是中国土地革命战争时期，中国共产党领导的人民军队，中国人民解放军的前身。本精品线路串联起平江起义旧址、文家市秋收起义旧址、南昌八一起义纪念馆、井冈山革命博物馆、中央红军长征出发地纪念园、瑞金中央革命根据地历史博物馆等江西省著名红色景区景点，让游客跟随当年红军的脚步，了解历史，见证历史，同时也见证了中国工农红军一步步迈向胜利的历史必然。

非遗体验

赣绣、瓷板画、赣剧、赣南客家擂茶制作技艺、井冈山全堂狮灯、吉州窑陶瓷烧制技艺、新干剪纸、瑞金民歌、手工艺术钢模雕刻、传统竹编技艺、鱼丸制作技艺、车灯制作技艺、苏区舞蹈、客家祠堂营造技艺。

土特产

军山湖大闸蟹、李渡酒、生米藠头、鄱阳湖银鱼、鄱阳湖鳜鱼、三江口萝卜、井冈红米、井冈竹笋、井冈蜜柚、井冈山云耳、井冈山竹荪、瑞金荸荠、瑞金米酒、江西土纸、黄鲇米果、瑞金擂茶。

行程规划

🚩 **线路：** 平江起义旧址—文家市秋收起义旧址—南昌八一

△ 南昌市八一广场

起义纪念馆—南昌新四军军部旧址—井冈山风景名胜区—井冈山革命博物馆—茨坪毛泽东同志旧居—中央红军长征出发地纪念园—瑞金中央革命根据地历史博物馆。

📍 **总里程：** 1090 公里。

📍 **总天数：** 4 天。

DAY1 **平江起义旧址—文家市秋收起义旧址—南昌市**
（行驶里程 380 公里）

今日来到平江起义旧址，平江起义是在中共湖南省委直接领导下的武装暴动，是继南昌起义、秋收起义、广州起义之后我军历史上又一次重大起义。随后前往文家市秋收起义旧址，秋收起义是以武装斗争的革命形式推动农民土地革命的壮举。

⮞ **路况**

整体路况良好，途经武深高速、浏洪高速、昌栗高速。

⮞ **海拔情况**

平江县：平均海拔 380 米；文家市：平均海拔 500 米。

⮞ **沿途特色景区**

平江起义旧址——全国重点文物保护单位，全国爱国主义教育示范基地、国家国防教育示范基地、国家 4A 级旅游景区。原为天岳书院，位于平江县城，1928 年 8

月，彭德怀、滕代远、黄公略等共产党人在天岳书院发动了"平江起义"。成立中国工农红军第五军。景区现由平江起义纪念馆、天岳书院、彭德怀铜像广场、平江起义史料陈列馆、游客服务中心组成。

文家市秋收起义旧址——全国重点文物保护单位，爱国主义教育基地。旧址原是一所清代古老书院，初名文华书院，1908 年改为里仁学校。1927 年 9 月，秋收起义部队在这里会师，毛泽东主持前委会议，及时作出从进攻大城市转向农村进军的决定，初步形成了农村包围城市的战略思想。

⮞ **旅行锦囊**

加油站：

中国石化加油站（上坪站）、中国石化加油站（浏阳文市站）、中国石化加油站（斗门站）。

服务区：

安定服务区、北盛服务区、万载服务区、上高西服务区、上高东服务区、高安东服务区、赣江服务区。

⮞ **餐饮推荐**

平江火焙鱼、平江腐乳、平江酱干、平江十大碗、平江毛毛鱼、文家市油饼、官渡唧螺、浏阳茴饼。

DAY2 南昌八一起义纪念馆—南昌新四军军部旧址—井冈山风景名胜区

（行驶里程 330 公里）

1927 年 8 月 1 日，在以周恩来为书记的中共前敌委员会的领导下，贺龙、叶挺、朱德、刘伯承等人率领党所掌握和影响下的军队 2 万多人，在南昌城头打响了武装反抗国民党反动派的第一枪。中国工农红军成立，为纪念这个特殊的日子，8 月 1 日就此成为中国人民解放军建军纪念日。

◎ 路况

整体路况良好，途经南昌市内道路、沪昆高速、樟吉高速、莆炎高速。

◎ 海拔情况

南昌：平均海拔 25 米；井冈山地区：平均海拔 381.5 米。

◎ 沿途特色景区

南昌八一起义纪念馆——国家 4A 级旅游景区、全国重点文物保护单位、红色旅游经典景区。这幢外观呈银灰色、坐南朝北、楼高四层的回字形建筑，原为江西大旅社。1927 年 8 月 1 日凌晨 2 点，随着一声枪响，震惊中外的八一南昌起义打响了，这里就是当时的总指挥部。如今门首悬挂着陈毅手书的"南昌八一起义纪念馆"鎏金横匾，大楼的二、三层已辟为 4 个陈列室和一个题词纪念室，展陈大量的历史文献资料、图表、照片、文物以及参加南昌起义的老同志题词，生动地再现了南昌起义的光辉历史篇章。

八一广场——南昌市文物保护单位、红色旅游经典景区、爱国主义教育基地。八一广场地处南昌八一大道核心地段，原称人民广场。耸立在广场中心的纪念塔被誉为英雄城的城徽，正面镌刻着叶剑英元帅题写的"八一南昌

△南昌八一起义总指挥部旧址（江西大旅社）

起义纪念塔"九个鎏金大字。正面有南昌起义简介花岗石碑，其他立面是"宣布起义""攻打敌营""欢呼胜利"三幅大型花岗石浮雕，塔身两侧各有一片翼墙，嵌有青松和万年青环抱的中国工农红军旗徽浮雕。

南昌新四军军部旧址——全国重点文物保护单位、红色旅游经典景区。南昌新四军军部旧址为法式建筑风格，兼容了中国建筑的特色。主楼坐北朝南，四周有回廊围绕，廊孔呈拱形，楼的四角均有一个六角亭，楼亭错列，别具一格。

井冈山风景名胜区——国家级风景名胜区、国家 5A 级旅游景区、国家级自然保护区、科普教育基地、红色旅游经典景区、爱国主义教育基地、国防教育基地。井冈山，以其深邃的红色文化底蕴，成为人们心中的"精神家园"。巍巍五百里井冈，100 多处革命旧址遗迹散落其间，已经成为一个没有围墙的革命历史博物馆，成

△南昌八一起义纪念馆

△八一广场纪念塔

△ 南昌新四军军部旧址

△ 井冈山根据地

为人们陶冶情操、净化心灵、提升境界、坚定信念的生动课堂，成为进行爱国主义教育和革命传统教育的重要基地。

▶ **旅行锦囊**

加油站：

中国石化加油站（南昌青云谱分公司跨世纪一站）、中国石化加油站（井冈山茨坪站）。

服务区：

丰城服务区、樟树服务区、峡江服务区、吉安服务区、泰和服务区。

> **温馨提示：** 南昌八一起义纪念馆：周一闭馆。

▶ **餐饮推荐**

藜蒿炒腊肉、黄氏肚包鸡、南昌米粉、瓦罐煨汤、韭菜盒子、白糖糕、拌藕片、糊羹。

DAY3 **井冈山风景名胜区—井冈山革命博物馆—茨坪毛泽东同志旧居—泰和县**
（行驶里程 100 公里）

1927 年 10 月，毛泽东、朱德、陈毅、彭德怀、滕代远等老一辈无产阶级革命家率领中国工农红军来到井冈山，创建以宁冈县为中心的中国第一个农村革命根据地，开辟了"以农村包围城市、武装夺取政权"的具有中国特色的革命道路，从此鲜为人知的井冈山被载入中国革命历史的光荣史册，被誉为"中国革命的摇篮""中华人民共和国的奠基石""宪法故里"。

▶ **路况**

整体路况良好，途经厦成线、莘炎高速、大广高速。

▶ **海拔情况**

泰和县：平均海拔 91 米。

△ 井冈山红旗雕塑

△ 井冈山胜利的号角

△ 井冈山革命博物馆

沿途特色景区

井冈山革命博物馆——全国重点文物保护单位、红色旅游经典景区、爱国主义教育基地。博物馆建筑古朴、庄严，具有鲜明的民族风格，朱德亲笔题写馆名"井冈山革命博物馆"。馆藏的珍贵文物有当年毛泽东撰写《中国的红色政权为什么能够存在》和《井冈山的斗争》时用过的油灯、砚台和朱德在井冈山挑粮用过的扁担等。该地是研究井冈山革命根据地斗争事迹的地方性、革命史类综合性博物馆，也是进行革命传统教育的好课堂。

茨坪毛泽东同志旧居——红色旅游经典景区。当年，毛泽东率领工农红军首次到达大井时就住在这里，此后便成为毛泽东在大井的住地。当地政府按原貌修复，将残墙嵌入新墙之中作为纪念。屋前的那块大石头因毛泽东时常坐在上面看书读报、批阅文件，被人称为"读书石"。在这里，他代表井冈山前委起草了《井冈山前委对中央的报告》即《井冈山的斗争》一文，从理论上全面系统地总结了创建井冈山革命根据地的经验，阐明了"工农武装割据"的崭新思想。

中国工农红军伤病员殉难处——江西省文物保护单位、红色旅游经典景区。也称为小井红军医院、中国红军第四军医院。现址是按照当时的照片在原址重建的，基本保留了原貌，有 36 个病房，当年因不能完全保证伤病员的救治，所以当时还有一些轻伤员在当地老乡家里养病。小井红军医院当年住有 200 多位伤病员，在 1929 年 1 月国民党军队对井冈山第三次"会剿"中，因黄洋界失守，其中 130 多位重伤病员来不及撤离，被国民党军队赶往附近一块稻田中残酷杀害，全部殉难。中华人民共和国成立后，在此处修建了"小井红军烈士墓"。

黄洋界——红色旅游经典景区、爱国主义教育基地。这里峰峦叠嶂，地势险峻，气象万千，时常弥漫着茫茫的云雾，好像大海一望无际，故又名：汪洋界。著名的黄洋界保卫战就发生在这里，至今保留着当年的哨口工事、红军营房以及毛泽东和红军战士从宁冈挑粮走过的小路及路边的荷树。黄洋界，十里横排，高山叠影，雄伟险峻，一望无际，1965 年 5 月，毛泽东在诗词《水调歌头·重上井冈山》中写道："过了黄洋界，险处不须看。"在这里还可以观赏日出、峰峦、云海等自然景观。

旅行锦囊

加油站：

中国石化加油站（井冈山茨坪站）、中国石化加油站（泰和城区加油站）。

服务区：

泰和服务区。

> **温馨提示：** 1. 井冈山景区内各红色景点以步行参观为主，请着舒适鞋子。
> 2. 山中昼夜温差较大，请注意增减衣物。

餐饮推荐

红米饭、南瓜汤、烟笋烧肉、泥鳅钻豆腐、石耳炖武山鸡、莲花血鸭、红军套餐。

DAY4 泰和县—中央红军长征出发地纪念园—瑞金中央革命根据地历史博物馆
（行驶里程 280 公里）

瑞金是"红色故都"、共和国摇篮。瑞金是中国第一个红色政权——中华苏维埃共和国临时中央政府的诞生地，第二次国内革命战争时期中央革命根据地的中心，是驰名中外的工农红军二万五千里长征的出发地之一。今日来到"红都"重温老一辈无产阶级革命家在此的伟大革命实践和红色政权建设探索的光荣历史。

路况

整体路况良好，途经泉南高速、南韶高速、厦蓉高速。

海拔情况

于都县：平均海拔 150 米；瑞金：海拔 400～800 米。

沿途特色景区

中央红军长征出发地纪念园——国家 4A 级旅游景区、红色旅游经典景区、爱国主义教育基地。这里前身是中央红军长征第一渡纪念碑园，可以看到入口小广场、主题雕塑、集结广场、纪念广场、中央红军长征出发地纪念馆等部分。在纪念园东侧是中央红军长征出发地纪念馆。展厅陈列采用文字、图表、照片、声、光、电等现代化手段，直观展示中央红军出发长征的历史，再现中国革命伟大转折及苏区人民支援红军的历史场景，是目前全国唯一一处了解中央红军长征出发历史的主题性纪念馆。

瑞金中央革命根据地历史博物馆——国家 4A 级旅游景区、红色旅游经典景区、爱国主义教育基地。是为纪念土地革命战争时期中国共产党及其领袖毛泽东、朱德、周恩来等老一辈无产阶级革命家直接领导创建中央革命根据地和红一方面军，缔造中华苏维埃共和国的历史而建立的专业性纪念馆。博物馆再现了中国共产党领导苏区军民进行反"围剿"斗争，创建巩固革命根据地，建立中华苏维埃共和国临时中央政府的艰难历程以及进行治国安邦伟大实践，展现了中华苏维埃共和国历史演变的全过程。

瑞金革命烈士纪念馆——红色旅游经典景区、爱国主义教育基地。第二次国内革命战争时期，瑞金人民在中国共产党的领导下，同敌人进行了艰苦卓绝的斗争，付出了巨大的牺牲，35000 多人为革命献出了宝贵的生命。瑞金革命烈士纪念馆的前区广场安放"送郎当红军"石刻群雕，中区坐落有邓小平同志亲笔题词的毛泽覃烈士纪念碑，八角英烈亭与其遥相呼应，后区广场最高处为陈列馆，馆内珍藏有 17394 位烈士英名录和 100 多名著名烈士与将军的生平事迹、遗物。

叶坪红色旅游区——红色旅游经典景区、爱国主义教育基地。叶坪是中华苏维埃共和国的诞生地。如今我们看到的是中华人民共和国成立后复原的旧址群，是最大限度地复原保存着的苏区时期的原址原貌，从 20 世纪 90 年代中后期到现在，建立了各系统革命传统教育和爱国主义教育基地。

❯ **旅行锦囊**

加油站：
中国石化加油站（泰和文田站）、中国石化加油站（瑞金城西站）。

服务区：
泰和东服务区、兴国南服务区、赣县区服务区、于都服务区、会昌服务区。

> **温馨提示：**瑞金中央革命根据地历史博物馆：周一闭馆。

❯ **餐饮推荐**

瑞金肉丸、瑞金鱼丸、红军焖鸭、酒糟红鱼、板鸭、瑞金牛肉汤、四星望月、赣南小炒鱼、芋荷炒鱼干。

△ 瑞金中央革命根据地历史博物馆

No.24 农猎冶铜成就之旅

手绘线路图

铜岭铜矿遗址
瑞昌市博物馆
铜岭矿冶遗址
瑞昌市
长 江
乐平中国古戏台博物馆
乐平涌山洞遗址
景德镇市
洪岩仙境
鄱阳湖
乐平市
南昌市
马井遗址
瑶湖湿地公园
怪石林
万年县
吴城商代遗址
牛城遗址
新干县
大洋洲商代青铜博物馆

线路概况

"今人不见古时月，今月曾经照古人"，赣鄱大地是一个三面环山、口开北面的巨大盆地，在人类文明发展演进过程中，处处可见赣鄱的身影。大洋洲商墓这一重要发现，不仅弥合了江南文明历史的断层，而且与四川盆地的三星堆青铜文化交相辉映，谱写了中国商周青铜文明的新篇章，是"七五期间全国十大考古发现之一""中国 20 世纪 100 项重大考古发现"，堪称"中国青铜第一""江南青铜王国"。

非遗体验

景德镇手工制瓷技艺、乐平古戏台建筑工艺、永新盾牌舞、三江抬故事、吉安灯彩、新干摇钱树、樟树药俗、南昌瓷板画、瑞昌剪纸、瑞昌竹编。

土特产

乐平蔡家水芋、桃酥、大米饴糖、思红蜂产品、洄田排粉、三湖红橘、岩盐、溧江猪、杨梅干红、军山湖大闸蟹、李渡酒、瑞昌山药、长江野生甲鱼。

行程规划

線路：景德镇市—乐平涌山洞遗址—大洋洲商代青铜博物馆—吴城商代遗址—铜岭铜矿遗址。

总里程：650 公里。

总天数：3 天。

△ 南昌瓷板画艺术博物馆

DAY1 景德镇市—涌山洞遗址—乐平市
（行驶里程 70 公里）

今日前往涌山洞遗址参观，这里是旧石器时代中晚期洞穴遗址，距今约 10 万年，也是江西省首次发现的旧石器时代遗址。

▶ 路况

整体路况良好，途经 S205、威山线。

▶ 海拔情况

景德镇：平均海拔 32 米；乐平：海拔 18.2～32.6 米。

▶ 沿途特色景区

乐平涌山洞遗址——江西省文物保护单位。遗址位于乐平市北 33 公里的涌山镇涌山山腰部岩洞内，此处发现的化石是华南中更新时期的动物化石。

洪岩仙境——国家 4A 级旅游景区、江西省重点风景名胜区、省级森林公园。景区自然风光奇特，人文历史深厚，共有溶洞和石林两部分，最值得一看的是距今已有 3 亿多年的地下溶洞。

乐平中国古戏台博物馆——江西省文物保护单位。乐平戏台包含：传芳余家戏台、涌山昭穆堂戏台、龙珠戏台、戴村上房祠堂戏台、车溪敦本堂戏台、横路万年台等。当地素有"中国古戏台博物馆"之称，现存的就 400 有余。乐平古戏台是熔建筑、工艺、雕塑、美术和文学在一炉的珍贵文化遗产，这在国内外都是非常罕见的，很值得一观。

怪石林——国家 4A 级旅游景区。是石林的海洋，面积之大、景观之美、体量之大，也是国内罕见的。整个景区奇石遍布，千奇百怪，神态万千，惟妙惟肖，恰如鬼斧神工之作，观者无不惊叹。

▶ 旅行锦囊

加油站：

中国石化加油站（景德镇东郊站）、中国石油加油站（张家站）、中国石油加油站（山塘村站）。

▶ 餐饮推荐

塔前糊汤、高岭土煨肉、瓷泥煨鸡、涌山猪头肉、波浪肉、油条包麻糍、清蒸虎山鳊鱼。

DAY2 乐平市—大洋洲商代青铜博物馆
（行驶里程 285 公里）

今日来到位于新干县的大洋洲商代青铜博物馆，这里展示了大洋洲商代墓的发掘成果，并已成为我国江南考古的重大突破，堪称"江南青铜王国"。

▶ 路况

整体路况良好，途经济广高速、沪昆高速、东昌高速。

▶ 海拔情况

新干县：平均海拔 125 米。

▶ 沿途特色景区

牛城遗址——全国重点文物保护单位。牛城遗址的发掘对江南考古研究有重要的作用，有望破解曾经改写了中华民族远古文明史的"青铜王国"遗留的谜底。古城三面以水护城，北面依山筑墙，呈梯形状，在城内城外发现大量的人类居住、生产、生活的遗存，其遗址范围之广，地层堆积之厚，令人瞩目。

△ 江西乐平的湖光山色

△ 商代活环屈蹲羽人玉佩饰（江西新干县大洋洲商墓出土）

△ 商代双面神人青铜头像（江西新干县大洋洲商墓出土）

△ 瑶湖国际水上运动中心

大洋洲商代青铜博物馆——国家 2A 级旅游景区、科普教育基地。这里的青铜器数量，名列全国第一。有青铜瓒、提梁方卣、青铜豆、中华钺王等国内珍稀品种。大洋洲商代墓的发掘，是我国江南考古的重大突破，它充分证明南方地方在商代同样存在着高度发达的青铜文化，为揭开三千年前长江流域文化之谜提供了重要依据。

马井遗址——南昌县文物保护单位。遗址地面多见残断石器和陶器残片。石器类以石斧、石锛、石铲、石镞、石杵等较常见，其特点表现为斧、锛体型似长条形，器体多中、小型。陶器类多系生活用器类的鼎、鬲、豆、罐等器残件，次为陶质生产工具的陶纺轮、陶网坠。陶器纹饰以云雷纹、方格纹、弦纹、圆圈纹以及各种组合纹饰为主，绳纹少见。

瑶湖湿地公园——南昌地区最大的天然内陆湖，自南向北分为上瑶湖、中瑶湖、下瑶湖。湖盆平坦，湖面开阔，碧水盈盈，春夏之际，荷花吐艳，游鱼嬉戏。

◉ **旅行锦囊**

加油站：

中国石化加油站（206 国道站）、中国石化加油站（新干大洋洲站）。

服务区：

万年服务区、余江服务区、抚州服务区、丰城南服务区。

◉ **餐饮推荐**

黄氏肚包鸡、鄱阳湖狮子头、旱上江水鱼、野鸭抱田螺、遂川板鸭、碗儿糕、泉水鱼、酱萝卜老鸭汤。

DAY3 **新干县—吴城商代遗址—瑞昌市铜岭铜矿遗址**
（行驶里程 295 公里）

今日首先前往位于樟树市的吴城商代遗址，这里是江南首次发现的较大规模的商代文化遗址。遗址的发现具有重大历史意义和科学价值，否定了"商文化不过长江"

△ 瑶湖湿地

△ 瑶湖湿地公园

△ 大洋洲商代青铜博物馆的商代伏鸟双尾青铜虎

△ 中国国家博物馆夔龙形扁足青铜鼎（商后期 1974 年江西清江吴城出土）

的论断。随后来到位于瑞昌市的铜岭铜矿遗址，这里是目前我国乃至世界上发现的一处最早采铜冶铜遗址，是继湖北大冶铜绿山矿冶遗址后的又一重大发现。

❯ 路况

整体路况良好，途经东昌高速、沪昆高速、福银高速、杭瑞高速。

❯ 海拔情况

瑞昌市大德山，其最高的山峰"北山尖"海拔高达 828.5 米。

❯ 沿途特色景区

吴城商代遗址——我国南方发现的一处规模较大的商代中晚期都邑遗址。吴城遗址出土文物既有自身浓厚的地方特色，又受到中原商殷青铜文化的深刻影响，考古界将其命名为"吴城文化"。

瑞昌市博物馆——馆内绿草茵茵，花木葱葱，环境十分优雅，是瑞昌市区一处参观游览的理想场所。馆藏文物有 3000 余件，其中部分属国家一、二级文物，分石、陶、瓷、铜、木器等类。瓷器是该馆大宗藏品，种类包括越窑、长沙窑、洪州窑、景德镇窑、磁州窑、吉州窑、建窑、白舍窑等。馆内开设的陈列展有《瑞昌历史文物陈列》《铜岭铜矿遗址陈列》等。

铜岭铜矿遗址——全国重点文物保护单位。经权威测定，遗址年代始采于商代中期，距今约 3300 年。遗址地层清晰、叠压关系明显，可以对先秦采矿技术有较为系统的认识。

铜岭矿冶遗址——继湖北大冶铜绿山矿冶遗址后的又一重大发现，被评为 1991 年中国十大考古发现之一。它以极为丰富的科学资料论证了我国开采矿铜的历史距今有三千余年，它是我国迄今发现的矿冶遗址中年代最

早、保存完整、内涵丰富的一处大型矿冶遗址，它不仅解决了中国高度发达的青铜器铸造原料来源的问题，而且对于研究中国冶金史及文明史都具有重要意义。

❯ 旅行锦囊

加油站：

中国石化加油站（新干大洋洲站）、中国石化加油站（山中村站）、中国石化加油站（瑞昌董家湾站）。

服务区：

丰城服务区、湾里服务区、永修服务区、庐山服务区、涌泉服务区。

❯ 餐饮推荐

大塘东坡肉、匡庐石鸡腿、牛肉炒粉、米粉蒸肉、熟烩虾仁、萝卜牛肉煎包。

△ 米粉蒸肉

No.25 庐影落霞山水之旅

手绘线路图

线路概况

这是一次感受历史和文化的旅行，不仅历史文化知识得到提升，追随古人的脚步也将感慨良多。素有"匡庐奇秀甲天下"之美誉的庐山，作为"世界文化景观"列入《世界遗产名录》，这在中国现有的世界遗产地中是第一个，全世界目前仅有 11 家。庐山也以其雄奇秀美的风光吸引着无数骚人墨客，宋代诗人苏轼的《题西林壁》中赞叹庐山的连绵巍峨为"不识庐山真面目，只缘身在此山中"。此外，也可在滕王阁感受"落霞与孤鹜齐飞，秋水共长天一色"的壮美。

非遗体验

金星砚制作技艺、东山糯米酒酿造技艺、庐山三石宴烹饪技艺、庐山石磨锻制技艺、一字龙制作技艺、庐山古法榨油制作技艺、西河戏、南昌瓷板画、李渡烧酒酿造技艺、安义唢呐、南昌采茶戏、安义匾额书法雕刻技艺、新建得胜鼓、南昌清音。

土特产

庐山云雾茶、彭泽鲫、湖口螃蟹、都昌豆参、共青城板鸭、九江陈年封缸酒、西港化红、瑞昌黑芝麻、双井绿、修水赭砚。

△ 庐山三叠泉

△ 庐山秀峰景区

行程规划

● **线路**：九江市—庐山—庐山西海景区—滕王阁旅游区—南昌融创乐园。

● **总里程**：260 公里。

● **总天数**：3 天。

DAY1　九江市—庐山
（行驶里程 43 公里）

从九江出发，来到著名的庐山，它无数次出现在文人墨客的诗词歌赋中，其中以苏轼一句"不识庐山真面目，只缘身在此山中"最为著名。如今庐山已是一处很成熟的旅游景区，山中的青山绿水、飞瀑、日出，还有近代别墅，引得不少游人来此一窥"庐山真面目"。

● **路况**

整体路况良好，途经九江市内道路、庐山大道、S402。

● **海拔情况**

九江：平均海拔 32 米；庐山：平均海拔 1000 米以上、主峰海拔 1474 米。

● **沿途特色景区**

庐山国家公园——庐山是中国山水文化的杰出代表，中国书院教育的典范和中西方文化融合的焦点，并一度成为南方文化活动的中心。庐山具有价值突出的地质构造，动植物资源丰富，它们造就了"雄、奇、险、秀"为主要特征的自然美景，并与内涵丰富的历史遗迹完美结合，形成了独特的文化景观，从历史、艺术、科学、审美等角度来看，均有突出的普遍价值。

秀峰景区——古人说"庐山之美在山南，山南之美在秀峰"，秀峰由鹤鸣、双剑、姊妹、香炉、文殊、龟背诸峰组成。

白鹿洞书院——白鹿洞书院位于九江市庐山五老峰南麓。"始于唐、盛于宋、沿于明清"，已有 1000 多年历史。白鹿洞书院坐北朝南，为三进院落；方位格局上布局考究，为大四合院建筑；建筑材质结构主要为石木或砖木结构，以明、清建筑为主，屋顶为人字形硬山顶。

庐山博物馆——毛泽东在庐山期间居住过的地方，也称芦林别墅。1984 年改为庐山博物馆。馆内藏品反映了庐山历史文化的辉煌，有当地出土和从外地搜集的古代青铜器和历代陶瓷，有唐宋著名书法家颜真卿、柳公权、米芾、黄庭坚等在庐山的手书碑拓，有明清著名书画家唐寅、郑板桥、朱耷的字画卷轴，最珍贵的则是《五百罗汉图》、血书《华严经》和水晶佛珠，皆是国家一级文物珍品。

△ 庐山芦林湖

△ 白鹿洞书院

△ 庐山西海中的观湖岛

旅行锦囊

加油站：

中国石化加油站（九江城区威家站）。

> **温馨提示：** 1. 进庐山景区途中多为山路，弯道较多，行车请务必注意安全。
>
> 2. 山中昼夜温差大，请注意增减衣物。

餐饮推荐

石钟鱼宴、九江萝卜饼、湖口米粑、九江炒米粉、小担蒸子糕、锅巴粥、油炸豆腐。

DAY2 庐山国家公园—庐山西海景区
（行驶里程 105 公里）

今日前往庐山西海景区，这种山岳景观和大规模的湖岛风光紧密结合的景观资源类型，在国内较罕见。碧波万顷、千岛落珠的绝美风光也被广大游客盛誉为"中国湖光山色"。

路况

整体路况良好，途经南山公路、福银高速、永武高速。

海拔情况

庐山西海景区：最高峰海拔 969.4 米。

沿途特色景区

庐山西海景区——庐山西海原名柘林水库，湖岛风光秀丽，景色迷人，有"水中熊猫"之称的桃花水母，有被誉为养生之泉、长寿之源的原生态富矿温泉。

云居山—柘林湖风景名胜区——国家级风景名胜区。云居山是我国著名的佛教场所，山上的真如禅寺是佛教禅宗曹洞宗发祥地，为全国佛教"三大样板丛林"之一，国家重点开放寺庙。

龙源峡——这里不仅有东方"亚马逊"的美景美誉，也有一批林中斜步飞板、铁链弹桥、秋千侧桥、悬梯等或刺激或悠闲的游乐设施让游人体会森林体育的刺激与快乐。游客还可以在清澈见底的溪流中踩踏和软细沙，捡拾七彩卵石、捕捉水中虾蟹、观看戏水游鱼，聆听百鸟欢唱。

桃花溪——景区位于风景秀美、千岛落珠的柘林湖畔、海拔 1100 米的桃花尖山峰峡谷间。溪水常年不断地从桃花洞蜿蜒而下，时而在密林中通过，时而在巨石中穿行，千姿百态，落英缤纷。传说桃花仙子骑石龟顺溪而下，因而得名桃花溪。

旅行锦囊

加油站：

中国石化加油站（通远站）、中国石化加油站（九江永修柘林湖站）。

服务区：

庐山服务区。

> **温馨提示：** 出庐山景区途中多为山路，弯道多，行车请务必注意安全。

餐饮推荐

三杯石鸡、石鱼炒蛋、桂花茶饼、庐山石耳、庐山鲜笋。

△ 云居山—柘林湖风景名胜区

△ 龙源峡

△ 滕王阁旅游区

△ 南昌融创乐园

DAY3 庐山西海景区—滕王阁旅游区—南昌融创乐园
（行驶里程 112 公里）

今日首先前往滕王阁，它与湖南岳阳楼、湖北武汉黄鹤楼并称为"江南三大名楼"，是中国古代四大名楼之一、世称"西江第一楼"。随后来到南昌融创乐园，这里是江西省最大的乐园，为游客提供非凡的主题游乐体验。

路况
整体路况良好，途经永武高速、福银高速、南昌市内道路。

海拔情况
南昌：平均海拔 25 米。

沿途特色景区
滕王阁旅游区——现在的滕王阁是按梁思成的《重建滕王阁计划草图》重建，1989 年建成，是南昌的地标。我们可以看到新楼是仿宋朝木结构，九层，宋朝楼阁"明三暗七"样式。中间的明层有回廊可俯瞰赣江。

南昌融创乐园——江西省最大的世界级乐园，园区含六大主题区域，建有世界最高、最快、最长的三大过山车，60 余项游乐设施，3 大主题剧场，1 大水秀看台，以及主题餐饮及商店，精彩纷呈的秀演及花车巡游，汇聚全球美食的主题餐厅，琳琅满目的特色主题商品，世界欢乐汇聚，为游客提供非凡的主题游乐体验。

八大山人梅湖景区——景区由水墨丹青区、文化博览区、水乡风情区、岁寒三友区、梅村思贤区等七大区域组成。

南昌八一起义纪念馆——国家 4A 级旅游景区、全国重点文物保护单位、红色旅游经典景区。外观呈银灰色，坐南朝北，回字形建筑。1927 年 8 月 1 日凌晨 2 点，随着一声枪响，震惊中外的八一南昌起义打响了，这里就是当时的总指挥部。

旅行锦囊
加油站：
中国石化加油站（九江永修柘林湖站）、中国石化加油站（南昌红谷滩昌北站）。

服务区：
永修服务区。

餐饮推荐
南昌米粉、瓦罐煨汤、韭菜盒子、白糖糕、拌藕片、糊羹。

△ 八大山人梅湖景区

△ 南昌八一起义纪念馆

No.26 赣鄱胜景纵览之旅

手绘线路图

线路概况

赣鄱大地的丹霞山貌、碧水清溪闻名遐迩。本线路串联起了三清山、龟峰、龙虎山、庐山等赣境名山以及经典自然人文景观，探寻龙虎山丹山碧水和道家文化，饱览"江上龟峰天下稀"的绝美景致，领略世界自然遗产——三清山的峰石奇观，欣赏绝美庐山的"匡庐奇秀甲天下"。此线路也是一条醉美江西名山大川景观的自驾精品线路。

非遗体验

歙砚制作技艺、湖口草龙制作技艺、石城灯会、银坑甑笊舞、九江采茶戏、安义匾额书法雕刻技艺、于都唢呐、永新盾牌舞。

土特产

军山湖大闸蟹、鄱阳湖银鱼、赣绣、庐山云雾茶、彭泽鲫、彭仓豆参、瑞昌山药、庐山石鱼、景德镇瓷器、乐平花猪、

芦溪油茶、南门田螺。

行程规划

⊘ **线路**：婺源江湾景区—三清山国家公园—龟峰风景名胜区—龙虎山风景名胜区—滕王阁旅游区—庐山国家公园。

◎ **总里程**：585 公里。

◎ **总天数**：3 天。

DAY1 婺源江湾景区—三清山国家公园
（行驶里程 102 公里）

今日来到婺源，这里被誉为"中国最美乡村"，自然人文景观、民俗梯田村落荟萃，也是自古以来的书乡，更有"江南曲阜"的美称。随后前往世界自然遗产——三清山，这里是有着悠久历史的道教文化发祥地，有宫、殿、府、坊、泉、池等古建筑遗存，被誉为"中国古代道教建筑的露天博物馆"。

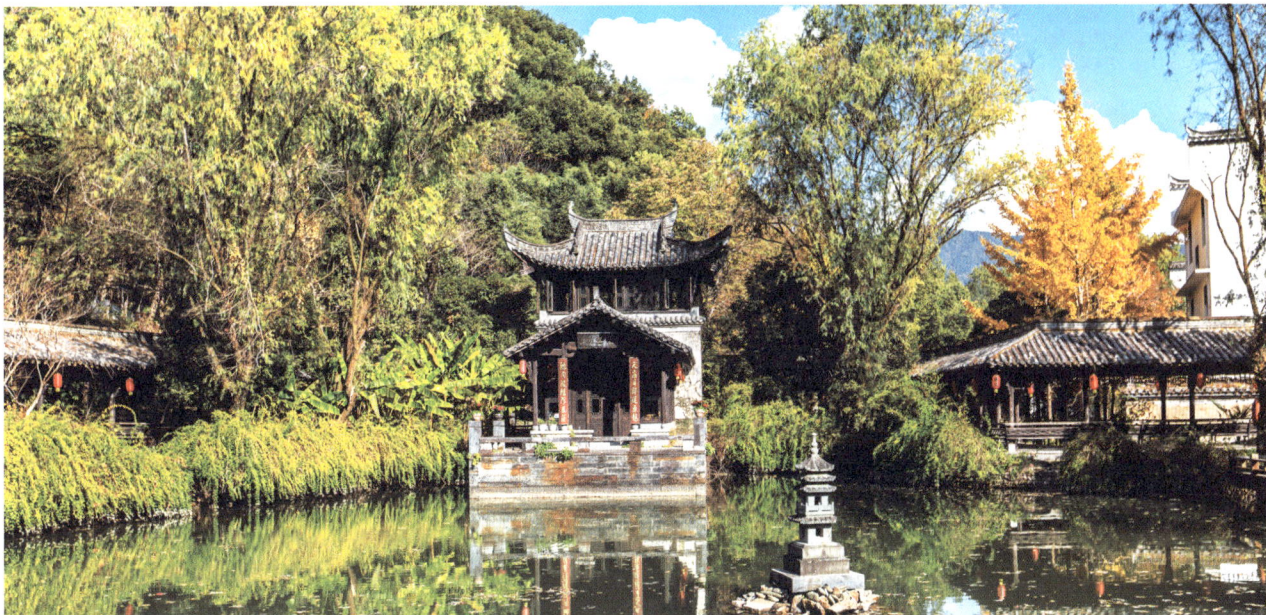

△ 婺源江湾景区

❯ 路况

整体路况良好，途经杭瑞高速、德上高速、三清山旅游公路。

❯ 海拔情况

婺源：平均海拔 115 米；三清山：海拔 1000～1800 米。

❯ 沿途特色景区

婺源江湾景区——国家 5A 级旅游景区。村中既有保存尚好的御史府、中宪第等明清官邸，又有滕家老屋、三省堂、敦崇堂、培心堂等徽派商宅，其中"仙人桥"是古人实践风水理论的杰出典范，"北斗七星井"体现了"天、地、人合一"的中国风水学最高原则，南侧梨园河呈太极图"S"形，古村古风古韵，极具历史价值和观赏价值。

婺源篁岭景区——国家 4A 级旅游景区。这里梯田叠翠铺绿，村庄聚气巢云，有"梯云人家"之称。篁岭是典型的山居村落，民居围绕水口呈扇形梯状错落排布，景区有索道空中览胜、村落天街访古、梯田花海寻芳及乡风民俗拾趣等游览区域。

三清山国家公园——三清山在一个相对较小的区域内展示了独特花岗岩石柱与山峰。丰富的花岗岩造型石与多种植被、远近变化的景观及震撼人心的气候奇观相结合，创造了世界上独一无二的景观美学效果，呈现了引人入胜的自然美。《中国国家地理》杂志推选为"中国最美的五大峰林"之一；中美地质学家一致认为是"西太平洋边缘最美丽的花岗岩"。

怀玉山——属花岗岩山地风光兼革命纪念地风景区。其中，群山环抱中的怀玉山盆地，范围达到 6.5 平方公里，平均海拔约 1000 米，被誉为"最美丽的江南高原"，是旅游度假避暑的胜地，是华东地区海拔最高面积最大的高山盆地。

△ 婺源篁岭景区

△ 三清山风光——神女峰、巨蟒出山

△ 怀玉山的盘山公路

◉ 旅行锦囊

加油站：

中国石化加油站（婺源江湾站）、中国石油加油站（三清山站）。

服务区：

婺源停车区、德兴停车区。

温馨提示：三清山旅游公路弯道较多，行车请务必注意安全。

◉ 餐饮推荐

铅山烫粉、婺源汽糕、灯盏果、弋阳年糕、广丰豌豆烧鲫鱼、石门山水塘鱼、饭麸果。

DAY2 三清山国家公园—龟峰风景名胜区—龙虎山风景名胜区
（行驶里程 195 公里）

今日前往游览龟峰和龙虎山，它们是世界自然遗产"中国丹霞"的组成部分以及世界地质公园。龟峰以石林著称，"无山不龟，无石不龟"，整座山体就像一只硕大无朋的巨龟；龙虎山的地貌景观丰富，丹霞与道家无瑕融合、自然与人文相得益彰，是大自然赐予我们人类的珍贵财产。

◉ 路况

整体路况良好，途经三清山旅游公路、德上高速、沪昆高速、沪瑞线。

◉ 海拔情况

龙虎山：入口海拔 139 米、主峰海拔 1300 米。

◉ 沿途特色景区

龟峰风景名胜区——世界自然遗产，国家级风景名胜区、国家 5A 级旅游景区、国家级森林公园、国家地质公园，属于典型的丹霞地貌。龟峰有两大景区：一是龟峰景区，景点有双龟迎宾、三叠龟峰、童子拜观音、将军楼、天女散花、百年道、十八罗汉、南天一柱等；二是南岩景区，景点有南岩寺、龙门湖、文星塔、天然山体卧佛。

叠山书院——这里原是南宋学者谢枋得早年读书学习的地方。礼堂中的木质楼台、巨大石柱都是原物。礼堂后文昌阁，是当年书院祭圣的地方。青石墙壁上留下的"八仙过海""嫦娥奔月"浮雕，也是明代原物。叠山书院自元、明、清以来，一直是赣东信江流域文化、教育中心之一，培育了大批民族英才。

龙虎山风景名胜区——龙虎山风景名胜区有"丹霞仙境"之称，其道教圣地、碧水丹山与古崖墓群被誉为"三绝"。龙虎山风景名胜区是 2010 年中国唯一申遗项目。2010 年 8 月 1 日，在巴西首都巴西利亚召开的第 34 届世界遗产大会把"中国丹霞"列入《世界遗产名录》。龙虎山成为我国第八处世界自然遗产。2009 年龙虎山还入围"中国大学生最喜欢的旅游景区"金奖。

竹桥古村——它位于江西省金溪县，是一个江右民系聚居的古村。村子一直保存着明清时期风格，格局完整，赣派建筑成片。古村的建筑群主要分为是三组：文林第、十家弄和八家弄。每组都有三门，总门、巷门、大门，各有并排四栋或三栋式样相同的房屋由耳门相通。

△ 龟峰

△ 龙虎山朝霞江山祥云

旅行锦囊

加油站：

中国石油加油站（枫林站）、中国石化加油站（弋阳信江站）、中国石化加油站（鹰潭月湖西门站）。

服务区：

三清山西服务区、上饶服务区。

> 温馨提示：1. 龙虎山景区多为步行游览，请着舒适服装及鞋子。
>
> 2. 山中昼夜温差大，请注意增减衣物。

餐饮推荐

龟峰扣肉、天师板栗烧土鸡、捺菜、泸溪活鱼、余江茄子干、贵溪灯芯糕、天师八卦宴。

DAY3 龙虎山风景名胜区—滕王阁旅游区—庐山国家公园
（行驶里程 288 公里）

今日首先来到滕王阁，这里是"江南三大名楼"之一，南昌市的地标。登临名楼，俯瞰赣江烟波浩渺。随后前往"揭开庐山真面目"，世界遗产委员会评价庐山是"建筑完全融汇在美不胜收的自然景观之中，赋予无数艺术家以灵感，而这些艺术家开创了中国文化中对于自然的审美方式"。

路况

整体路况良好，途经济广高速、沪昆高速、南昌绕城高速、福银高速。

海拔情况

南昌：平均海拔 25 米；九江：平均海拔 32 米；庐山：平均海拔 1000 米以上，主峰海拔 1474 米。

沿途特色景区

八大山人梅湖景区——国家 4A 级旅游景区。景区由水墨丹青区、文化博览区、水乡风情区、岁寒三友区、农耕休闲区、梅村思贤区等七大区域组成。内有三馆三居二园二街二场二院、一水一道一廊一阁一楼一堂一台一岛一塔等景点 70 余处。

滕王阁旅游区——滕王阁，为南昌市地标性建筑、豫章古文明之象征。始建于唐永徽四年（653 年），为唐太宗李世民之弟滕王李元婴任江南洪州都督时所修，现存建筑为重建景观。因初唐诗人王勃所作《滕王阁序》而闻名于世，与湖南岳阳楼、湖北黄鹤楼并称为"江南三大名楼"，"中国十大历史文化名楼"之一，世称"西江第一楼"。

庐山西海景区——一处集亚洲最大土坝水库、国家 5A 级旅游景区、国家水利风景区、国家森林公园为一体的山岳湖泊型特大景区。

庐山国家公园——庐山位于中国中部江西省九江市南，北濒长江，东接鄱阳湖，南靠南昌滕王阁，西邻京九铁路大通脉，是座地垒式断块山，最高峰为大汉阳峰，海拔 1474 米。群峰间散布有许多壑谷、岩洞、瀑布、溪涧，地形地貌复杂多样。

旅行锦囊

加油站：

中国石化加油站（龙虎山站）、中国石化加油站（南昌红谷滩昌北站）、中国石化加油站（通远站）。

服务区：

东乡服务区、泉岭服务区、永修服务区、庐山服务区。

> 温馨提示：1. 进庐山国家公园途中多为山路，弯道较多，行车请务必注意安全。
>
> 2. 山中昼夜温差大，请注意增减衣物。

餐饮推荐

瓦罐汤、小担蒸子糕、九江炒粉、湖口米粑、小担蒸子糕、锅巴粥、油炸豆腐。

△滕王阁旅游区

△庐山西海大桥

No.27 访圣探福寻道之旅

手绘线路图

线路概况

本精品线路以江西、安徽境内世界自然遗产为主线，通过探寻龙虎山的丹山碧水，领略三清山的峰林奇观，感受婺源的如画风景，欣赏景德镇的陶瓷艺术，登临黄山的人间仙境，欣赏江西、安徽三大世界自然遗产以及赣北皖南核心景区的山林野趣和田园风光。

非遗体验

龙虎山正一天师道道教音乐、龙虎山张天师传说、贵溪畲族马灯舞、贵溪捺菜、贵溪灯芯糕、手工制瓷技艺、珐华彩制作技艺、传统水碓制作技艺、瑶里传统釉果制作技艺、傩舞、三雕、歙砚制作技艺、茶艺、徽墨制作技艺。

土特产

天师板栗、余江夏天无、贵溪灯芯糕、北山油茶、龙虎山香菇、景德镇瓷器、浮梁大米、浮梁茶、瑶里嫩蕊、乐平花猪、海泡石、万年贡米、余干辣椒、婺源绿茶、临湖大蒜、弋阳多穗石栎、弋阳年糕、上饶白眉、大鄣山茶。

△ 龙虎山正一观

△ 鸟瞰龙虎群峰和泸溪河

行程规划

线路： 龙虎山风景名胜区—景德镇古窑民俗博览区—御窑厂国家考古遗址公园—婺源—三清山国家公园—黄山。

总里程： 500公里。

总天数： 4天。

DAY1 龙虎山风景名胜区—景德镇
（行驶里程160公里）

从鹰潭出发，来到著名的龙虎山。2010年，龙虎山被列入《世界自然遗产名录》。源远流长的道教文化、独具特色的碧水丹山和规模宏大的崖墓群构成了龙虎山风景区自然景观和人文景观的"三绝"。随后前往景德镇。

路况

整体路况良好，途经威汕线、济广高速。

海拔情况

龙虎山：入口海拔139米、主峰海拔1300米；景德镇：平均海拔32米。

沿途特色景区

龙虎山风景名胜区——世界自然遗产、世界地质公园、中国国家自然文化双遗产、国家5A级旅游景区、全国重点文物保护单位。这里有"丹霞圣境"之称，有上清宫、天师府、仙岩水岩、象鼻山排衙石等景区。

青茅境风景区——国家4A级旅游景区。游客到此可以观赏信江水源、生物宝库，沉浸天然氧吧、避暑胜地，

△ 龙虎山朝霞江山祥云

欣赏万亩竹山、多彩林海，游览山中畲寨、云中古寺。

泸溪河——龙虎山下泸溪河，从上清古镇至仙水岩一段，蜿蜒二十余里，两岸丹霞奇峰，河水清澈碧透，风光旖旎，堪比漓江。

鹰潭博物馆——中国道教文化的标志性建筑，更是中国目前唯一的道教文物收藏馆。馆藏文物 2900 余件，主要展示鹰潭地区春秋战国时期越族崖墓群出土文物、鹰潭道教精品文物、殷商时期角山窑址出土文物等。

▶ 旅行锦囊

加油站：

中国石化加油站（江西鹰潭龙虎山站）、中国石化加油站（江西景德镇金桥站）。

服务区：

龙虎山停车区、余江服务区、余干停车区、万年服务区、鄱阳停车区。

> **温馨提示：** 1. 龙虎山景区多为步行游览，请着舒适服装及鞋子。
>
> 2. 山中昼夜温差大，请注意增减衣物。

▶ 餐饮推荐

天师八卦宴、天师烧板栗、上清豆腐、泸溪活鱼、龙虎山捺菜、瓷泥煨鸡、塔前糊汤、高岭土煨肉。

△ 景德镇山村秋色

DAY2 景德镇古窑民俗博览区—御窑厂国家考古遗址公园—婺源
（行驶里程 78 公里）

今日首先前往景德镇古窑民俗博览区，景区清代镇窑是景德镇清代蛋形窑的唯一遗存。2009 年重新修复镇窑窑炉，荣获"世界上最大的柴烧瓷窑"的吉尼斯世界纪录。接着来到御窑厂国家考古遗址公园参观，这里是我国烧造时间最长，规模最大，工艺最为精湛的古代官办瓷厂。最后前往婺源，这里被誉为"中国最美乡村"。

▶ 路况

整体路况良好，途经珠山大道、杭瑞高速。

▶ 海拔情况

婺源：平均海拔 115 米。

△ 景德镇古窑民俗博览区

△ 御窑厂

△ 婺源江湾景区

◉ 沿途特色景区

景德镇古窑民俗博览区——集文化博览、陶瓷体验、娱乐休闲为一体的文化旅游景区，也是全国唯一一家以陶瓷文化为主题的"国家级5A级旅游景区"，还有历代宋、明、清古窑展示区。

御窑厂国家考古遗址公园——该遗址地下遗存极为丰富，已出土元代官窑瓷器和大量明代洪武、永乐、宣德、正统、成化、弘治、正德年间的各类器皿，对研究我国陶瓷发展史有着极为重要的意义。为皇家烧造御窑瓷约700余年，流传下来珍遗官窑瓷器现大多数收藏在北京、台北故宫博物院和世界各大博物馆。

婺源江湾景区——国家5A级旅游景区。江湾是一座具有丰厚的徽州文化底蕴的古村落，为展示婺源的文化特色，江湾景区新建百工坊、鼓吹堂、公社食堂等景点，让游客体会旧时手工艺匠人的传统技艺，观赏徽剧、婺源民歌等传统剧目，具有历史价值和观赏价值。

婺源源头古村——国家4A级旅游景区。源头古村是婺源旅游又一新的亮点，有秀水环绕的小桥流水人家、文化底蕴深厚的探源书屋、古朴典雅的窥月茶楼和天然氧吧一样的龙泉溪谷，还有伟岸的千年红豆杉群矗立在村落的水口，俨然是一幅浓缩的婺源风光。

◉ 旅行锦囊

加油站：
中国石化加油站（江西景德镇东郊站）、中国石化加油站（婺源迎宾站）。

△ 婺源江湾

△ 三清宫

△ 三清山风光

服务区：

景德镇服务区、婺源服务区。

> **餐饮推荐**

粉蒸肉、糊豆腐、清蒸荷包红鱼、糖醋鹅颈、汽糕、清明果、苦槠豆腐、紫苏炒螺丝、灰子果。

DAY3 婺源—三清山国家公园
（行驶里程 67 公里）

北宋诗人苏东坡在游遍了山川美景之后留下这样一句诗"揽胜遍五岳，绝景在三清"，三清山在 2008 年成为我国第七个、江西第一个世界自然遗产。

> **路况**

整体路况良好，途经德上高速、杭长高速、三清山旅游公路。

> **海拔情况**

三清山：海拔 1000～1800 米。

> **沿途特色景区**

三清山国家公园——三清山又名少华山，是世界自然遗

△ 怀玉山

产和国家级风景名胜区、国家 5A 级旅游景区、国家地质公园。它虽比不过黄山的奇，庐山的秀，但三清山独特的花岗岩峰林地貌，一年中 200 多个云雾天气，让三清山自古就享有"清绝尘嚣天下无双福地，高凌云汉江南第一仙峰"的美誉。

怀玉山——国家 4A 级旅游景区，与三清山对峙相望，因"天帝赐玉"而得名。有与江南四大书院齐名的怀玉书院遗址，有朱熹、王安石、王宗沐、赵佑等历代文人雅士留下的大量诗文和摩崖石刻，文化底蕴丰富、积淀深厚。怀玉山峰峦交织，地势险要，历来是兵家必争之地。

七里街景区——国家 4A 级旅游景区。有千年历史文化沉淀的七里街，游客来此可以看到唐代罗纹砚、清代魁星楼、明朝七里关、清代文昌阁、宋朝南楼、清代张家古居、明代文成塔、清代兴德社、古戏台等景点。

田园牧歌乡村旅游区——国家 4A 级旅游景区。景区有入口服务区、民俗风情展示区、农艺奇观区、木屋度假区四大部分。

> **旅行锦囊**

加油站：

中国石化加油站（江西景德镇金桥站）、中国石油加油站（上饶德兴三清山站）。

服务区：

德兴停车区。

> **温馨提示：** 三清山旅游公路弯道较多，行车请务必注意安全。

> **餐饮推荐**

三清山野生鱼冻、石斛炖乌鸡、三清山黄金茶鸭头、特色南瓜煲、三清山干蒸土鸡、石磨豆腐。

△ 黄山飞来石

△ 黄山迎客松

DAY4 三清山国家公园—黄山
（行驶里程 195 公里）

今日来到世界文化与自然双重遗产的黄山，它与黄河、长江、长城齐名，是中华民族重要的文化标识，也是蜚声中外的游览胜地。

路况
整体路况良好，途经三清山旅游公路、德上高速、杭瑞高速、京台高速。

海拔情况
黄山：平均海拔 1150 米。

沿途特色景区
黄山——黄山自古以来就是中国数一数二的名山，奇松、怪石、云海、温泉被称为黄山的"四绝"。除此之外，雾凇、雪景、日出也是游人不会错过的景观，古人有"五岳归来不看山，黄山归来不看岳"的说法。景区分前山和后山。前山是指慈光阁到光明顶，即温泉、玉屏楼、天海景区一带，主要景点有迎客松、半山寺、天都峰、玉屏楼、莲花峰、一线天、鳌鱼峰等。后山是指云谷寺到光明顶，即北海、西海景区一带，主要景点有始信峰、狮子峰、排云亭、西海大峡谷、飞来石、松谷庵等。而在众多景致中，又以"三奇五绝"等异景最为世人留恋。

屯溪老街——老街有老字号店铺数十家，其中"同德仁"是清同治二年开设的中药店。饮誉世界的"祁红""屯绿"多集散于屯溪；"徽墨""歙砚"更是琳琅满目、"徽州四雕"（砖、木、石、竹）产品及徽派国画、版画、碑帖、金石、盆景、根雕更是随处可见。

黎阳 in 巷——国家 4A 级旅游景区。千年古镇，时尚新生。黎阳 in 巷以古今碰撞的建筑语言为特色，街区目前保留九栋较为完好的徽派老宅，更有晴空、夜色、云海、流光为游者搭建 360 度的意境时空。

谢裕大茶文化博物馆——博物馆收藏了徽州各种民间传统制茶工具、毛峰茶文化历史书籍等，展现了中国徽文化和徽州茶文化悠久的历史。

旅行锦囊
加油站：
中国石油加油站（上饶德兴三清山站）、中国石化加油站（黄山区汤口站）。

服务区：
德兴停车区、婺源停车区、休宁服务区、呈坎服务区。

温馨提示： 三清山旅游公路弯道较多，行车请务必注意安全。

餐饮推荐
黄山臭鳜鱼、方腊鱼、铁板毛豆腐、黄山烧饼、徽州裹粽、屯溪醉蟹。

△ 屯溪老街

No.28 赣皖名城山湖之旅

手绘线路图

线路概况

本精品路线自鄱阳湖北上至湖口沿长江东去，开启了长江中下游流域赣皖名城之行。通过串联起"英雄之城"南昌、"灵秀之城"九江、"戏曲之乡"安庆、"千载诗城"池州等沿江重镇，领略鄱阳湖、滕王阁、庐山、九华山等著名景

△ 九华山化城寺风光

观，让游客感悟到人文历史的厚重和深邃，体会到历史人文景观带来的强烈震撼。当走进了历史人文时，就走进了属于内心的风景……

非遗体验

西山万寿宫庙会、元宵节（上坂关公灯）、修水贡砚制作技艺、宁红茶制作技艺、瓷板画、都昌鼓书、宁河戏、南昌清音、目连戏、桐城歌、孔雀东南飞传说、黄梅戏、池州傩戏、痘姆陶器烧制技艺、九华山庙会、青阳腔。

土特产

军山湖大闸蟹、三江镇萝卜腌菜、李渡酒、清江枳壳、生米藠头、庐山云雾茶、都昌豆参、九江陈年封缸酒、宁红

△ 滕王阁旅游区

△ 梅岭国家森林公园古樟树

茶、都昌大米、岳西翠兰、怀宁贡糕、龙池香尖、天柱山瓜蒌籽、九华黄精、西山焦枣、石台香芽、黄石溪毛峰。

行程规划

🚩 **线路：** 南昌市—九江市—安庆市—池州市。

📍 **总里程：** 390 公里。

◎ **总天数：** 3 天。

DAY1 南昌市—九江市
（行驶里程 123 公里）

今日来到入选我国第二批国家历史文化名城的江西省省会——南昌市。南昌这个称谓始于西汉时期，取"昌大南疆、南方昌盛"之意。自西汉建城距今已有 2200 多年的历史。随后前往国家历史文化名城——九江市，这里历史悠久、文化厚重，传统格局、历史风貌和地域文化特色鲜明，文化底蕴和历史遗存丰富，是著名的旅游城市。

❯ **路况**
整体路况良好，途经枫生高速、南昌绕城高速、福银高速。

❯ **海拔情况**
南昌：平均海拔 25 米；九江：平均海拔 32 米。

❯ **沿途特色景区**
滕王阁旅游区——国家级风景名胜区、国家 5A 级旅游景区、江南三大名楼之一。现在的滕王阁是按梁思成的《重建滕王阁计划草图》重建，1989 年建成，是南昌的地标。游客可以看到新楼是仿宋朝木结构，九层，宋朝楼阁"明三暗七"样式。中间的明层有回廊可俯瞰赣江。

梅岭国家森林公园——国家 4A 级旅游景区。梅岭上百座山峰，各具特色。梅岭头翠竹生幽，狮子峰险峻难攀，紫阳山秀丽多姿，罗汉岭利于观景。梅岭有许多古树名木，尤以盆景樟、石中兰、树生竹为奇，被誉为梅岭三绝。梅岭也是佛、道两教的圣地之一，寺庙观坛曾多达 136 处。现有自然和人文景点百多处。

庐山西海景区——庐山西海有 8000 多个岛屿，星罗棋布。岛相依，桥相连，舟相伴，幕阜、九岭山脉，层峦叠嶂，碧波万顷，绿岛拥翠，犹如颗颗翡翠落玉盘。走进庐山西海，既可登高俯瞰千岛落珠胜境，也能漫步滨湖小道感受湖风吹拂，如痴如醉，心旷神怡。也可轻靠在游艇上，仰望浩瀚星空，享受夜钓之乐，绝对是动静相宜的美好体验。

庐山国家公园——1996 年，庐山国家公园作为文化遗产列入《世界遗产名录》。庐山以雄、奇、险、秀闻名于世，被誉为"人文圣山"，素有"匡庐奇秀甲天下"之誉。群峰间散布冈岭 26 座，壑谷 20 条，岩洞 16 个，

△ 庐山西海爱心岛

△ 升金湖观鸟白鹤迁徙日落风光

△ 日出浔阳江畔

怪石 22 处。

旅行锦囊

加油站：

中国石油加油站（南昌卫东站）、中国石化加油站（九江濂溪前进西路站）。

服务区：

雷公坳服务区、永修服务区、庐山服务区。

温馨提示： 1. 南昌夏季炎热，请自备防暑用品（遮阳伞、防晒霜等）。

2. 庐山景区山路弯道众多，务必小心驾驶。

餐饮推荐

鄱湖胖鱼头、庐山石鸡、酒糟鱼、白浇雄鱼头、永修东坡肉、小乔炖白鸭、德安矮子板鸭、板栗炖鸡汤、九江鱼块、武宁棍子鱼。

DAY2 九江—安庆
（行驶里程 197 公里）

今日前往国家历史文化名城——安庆市，这里城市发展历史悠久，文化遗存丰富，历史遗迹保存较好。特别是近代城市发展历史，在我国城市发展史上具有重要地位。

路况

整体路况良好，途经都九高速、彭湖高速、济广高速、安东高速。

海拔情况

安庆：平均海拔 13 米。

沿途特色景区

升金湖国家级自然保护区——国家 4A 级旅游景区。升金湖是长江中下游极少受到污染的浅水湖泊，水质优良，

水体稳定。区内水生生物资源极其丰富，生物种类繁多。丰富的生物资源为鸟类提供了充足的饵料，使保护区成为我国东部大型水禽重要的越冬地和迁徙停歇地，也是白头鹤和东方白鹳等珍禽在我国的主要越冬地之一。

浔阳江文化旅游景区——国家 4A 级旅游景区。景区的景观呈长卷式分布，长江观光与科普，历史与现代交织，生态与人文荟萃。主要景点有：白水湖明珠公园、琵琶亭、滨江生态公园、锁江楼、浪井、浔阳楼、九江租界（旧址）博物馆、烟水亭等。

龙宫洞风景名胜区——国家 3A 级旅游景区。龙宫洞前有雄伟壮观的天然龙门，洞内分前厅、甬道、东宫、西宫、鼓乐厅、正宫等，各分布海寿星、游龙、海鸟、海龟、定海神针、龙潭瀑布、宫灯壁画等钟乳艺术品。游客可乘舟游览，洞内空气清新，灯光明亮，四季恒温18℃，冬暖夏凉。与其毗邻的还有仙真岩、螺丝山、洞顶飞瀑等景点。

旅行锦囊

加油站：

中国石化加油站（安庆振风大道站）。

服务区：

石钟山服务区、彭泽服务区、香隅服务区、升金湖服务区。

餐饮推荐

山粉圆子烧肉、老母鸡汤泡炒米、黄泥粉蒸肉、桐城大关水碗、安庆十样菜、安庆清蒸鲫鱼、米粉肉蒸蓬蒿、汪丫烧豆腐、江寺素炒里脊丁。

DAY3 安庆—池州
（行驶里程 70 公里）

今日来到与安庆市隔江相望的旅游文化名城——池州

△ 九华山

△ 齐山—平天湖风景名胜区

市，池州境内分布着大小旅游区 300 多个，其中国家重点风景名胜区、国家 5A 级旅游景区、中国四大佛教名山之一的九华山，驰名中外。

路况
整体路况良好，途经沪渝高速、齐山大道、九华山大道。

海拔情况
池州：平均海拔 15 米。

沿途特色景区
菱湖风景区——国家 4A 级旅游景区。这里碧波荡漾，渠道纵横；湖心小岛，亭竹相映；水上竞舟，笑语满湖。夏秋时节，菱荷茂盛，莲花斗艳，四处飘散着醉人的清香。若逢采菱季节，皓月当空，泛舟湖面，篙桨点水，舒喉清歌，意境幽美，景色分外迷人，夙有"菱湖夜月"之称，也是安庆胜景。如今那掩映在绿荷深处的重檐方亭，为欣赏"菱湖夜月"之佳境，故又名夜月亭。

九华山——国家级风景名胜区、国家 5A 级旅游景区。

△ 安庆体育馆

这里是以佛教文化和自然与人文胜景为特色的山岳型国家级风景名胜区，是中国佛教四大名山之一。九华山天开神奇，清丽脱俗，是大自然造化的精品，有"莲花佛国"之称。境内群峰竞秀，怪石林立，九大主峰如九朵莲花，千姿百态，各具神韵，连绵山峰形成的天然卧佛独具特色。景区内处处清溪幽潭、飞瀑流泉，构成了一幅幅清新自然的山水画卷。还有云海、日出、雾凇、佛光等自然奇观，气象万千，美不胜收。

杏花村旅游景区——国家 4A 级旅游景区、国家水利风景区。池州，素以"千载诗人地"之美名饮誉江南。杏花村，因诗而名垂千秋，也因诗而名扬天下。被世人誉为"天下第一诗村"。现今的杏花村以酒垆为载体，重现唐时饮食文化、酒文化以及杏花村的诗文化。

齐山—平天湖风景名胜区——国家级风景名胜区、国家 4A 级旅游景区。景区南连九华圣地，西接秋浦仙境，与池州古城、杏花村风景区鼎足相望，是山水文化的缩影，构筑了池州典型的"山水在城中"的特色景观。

旅行锦囊
加油站：
中国石油加油站（池州站前站）。

服务区：
牛头山服务区。

> **温馨提示：** 九华山有猴群出没，不要与它们嬉戏，以免被抓伤。

餐饮推荐
青阳臭鳜鱼、大盘牛肉、七都臭豆腐、石台一品锅、九华山素斋、东至麦鱼、干豆角烧肉、山粉条烧肉、山粉圆子、猪蹄烧干笋。

No.29 徽黄赣瓷赏析之旅

手绘线路图

安徽省地质博物馆

合肥市

包公园

安徽博物院

巢湖

九华山

长 江

黄山市

黄山

庐山

浔阳江
文化旅游景区

屯溪老街

景德镇
古窑民俗博览区

安徽中国徽州文化博物馆

九江市博物馆

九江市

景德镇

婺源江湾景区

鄱阳湖

御窑厂国家考古遗址

景德镇中国陶瓷博物馆

南昌市

江西省博物馆

滕王阁

线路概况

博物馆是收藏自然和历史的宝库，也是提升品位、净化灵魂的场所，更是理解自然和人类社会历史发展的钥匙，还是承载美、传播美、展示国家民族文化的重要载体。本精品线路串联起江西省博物馆、九江市博物馆、景德镇中国陶瓷博物馆、安徽中国徽州文化博物馆、安徽省地质博物馆、安徽博物院等皖赣两省的六座国家一级博物馆。引领游客穿过时间和空间的阻隔，敲开历史大门，俯瞰历史风云变迁，一起欣赏瓷器、墨砚等具有皖赣烙印的"博物馆之宝"。

非遗体验

西山万寿宫庙会、元宵节（上坂关公灯）、修水贡砚制作技艺、宁红茶制作技艺、瓷板画、都昌鼓书、宁河戏、南昌清音、包公故事、徽州民歌、徽剧、庐剧、徽州三雕、徽墨制作技艺、绿茶制作技艺。

土特产

军山湖大闸蟹、三江镇萝卜腌菜、李渡酒、清江枳壳、生米藠头、庐山云雾茶、都昌豆参、九江陈年封缸酒、宁红茶、都昌大米、岳西翠兰、怀宁贡糕、龙池香尖、天柱山瓜蒌籽、九华黄精、西山焦枣、石台香芽、黄石溪毛峰。

△ 江西省博物馆

行程规划

线路： 江西省博物馆—九江市博物馆—景德镇中国陶瓷博物馆—安徽中国徽州文化博物馆—安徽省地质博物馆—安徽博物院。

总里程： 780 公里。

总天数： 4 天。

DAY1 江西省博物馆—九江市博物馆
（行驶里程 128 公里）

今日首先来到南昌，参观国家一级博物馆——江西省博物馆，这里省内最大、文物最多，汇集珍贵历史文物和古代艺术精品，馆藏珍宝数不胜数。随后前往九江，参观国家一级博物馆——九江市博物馆，这里是省内建筑面积最大、功能最齐全的大型综合性博物馆，馆舍选址环境充分体现了赣北居民自古而今亲水性的文化特征。

路况

整体路况良好，途经枫生高速、南昌绕城高速、福银高速。

海拔情况

南昌：平均海拔 25 米；庐山：海拔 1149 米；九江：平均海拔 32 米。

沿途特色景区

江西省博物馆——国家一级博物馆。江西省最大的、收藏文物最多的综合性博物馆，汇集了省内发现的珍贵历史文物和古代艺术精品。镇馆之宝：乳钉纹虎耳方形青铜鼎、商兽面纹鹿耳四足青铜甗、商代伏鸟双尾青铜虎、东周云雷纹兽首提梁黑陶盉、元青花松竹梅纹梅瓶、双面神人青铜头像、明嘉靖青花龙凤鹤纹罐、商代活环屈蹲羽人玉佩饰、明张天师龙纽白玉印、隋代青瓷象首净瓶等。

滕王阁——国家级风景名胜区、国家 5A 级旅游景区、江南三大名楼之一。现在的滕王阁是按梁思成的《重建滕王阁计划草图》重建，1989 年建成，是南昌的地标。游客可以看到新楼是仿宋朝木结构，九层，宋朝楼阁"明三暗七"样式。中间的明层有回廊可俯瞰赣江。

庐山国家公园——庐山北临长江，南临鄱阳湖，呈现出河、山、湖的一体景象，2000 多年来，它的美丽吸引了精神领袖、学者、艺术家和作家。200 多座历史建筑位

△ 滕王阁

△ 南昌滕王阁

△ 庐山望江亭

于庐山国家公园。最为著名的三叠泉瀑布，落差达 155 米，有"不到三叠泉，不算庐山客"之美誉。

九江市博物馆——国家一级博物馆。江西省建筑面积最大、功能最齐全的大型综合性博物馆，藏品有 10000 余件。馆方利用科技手段影像还原历史镜头，游客可观看视频演示来了解九江的过往。镇馆之宝：商代蝶系云雷纹陶罐、东晋东林寺乞米罐、南宋江州铅钱牌、元青花缠枝牡丹纹塔盖瓶等。

❯ **旅行锦囊**

加油站：

中国石化加油站（南昌红谷滩庐山大道站）、中国石油加油站（九江杭州路站）。

服务区：

永修服务区、庐山服务区。

温馨提示：1. 江西省博物馆：免费开放；参观时间 9:00—17:00（16:00 停止入馆）；周一闭馆。

2. 九江市博物馆：免费开放；参观时间 9:00—17:00（16:00 停止入馆）；周一闭馆。

3. 南昌夏季炎热，请自备防暑用品（遮阳伞，防晒霜等）。

4. 庐山景区山路弯道众多，务必小心驾驶。

❯ **餐饮推荐**

鄱湖胖鱼头、庐山石鸡、酒糟鱼、永修东坡肉、小乔炖白鸭、板栗炖鸡汤、鱼头炖豆参、清蒸白鱼、红烧东升豚、石耳土鸡汤、蒸板鸭、山药炖排骨、武宁炖钵板笋。

DAY2 **九江市—景德镇中国陶瓷博物馆**
（行驶里程 152 公里）

今日来到景德镇中国陶瓷博物馆，这里是新中国成立后建馆最早、藏瓷丰富的唯一一所陶瓷艺术专业性的国家一级博物馆。馆藏景德镇各个历史时期生产的名品佳作数以万计。

❯ **路况**

整体路况良好，途经都九高速、杭瑞高速。

❯ **海拔情况**

景德镇：平均海拔 32 米。

△ 九江庐山云海

△ 景德镇中国陶瓷博物馆

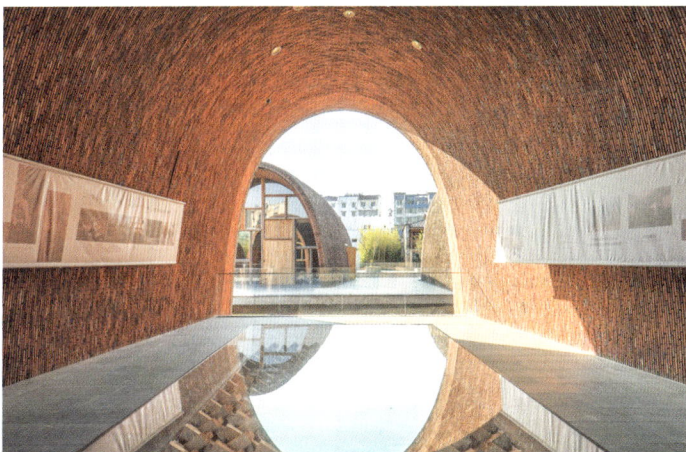
△ 景德镇御窑博物馆建筑倒影

△ 景德镇御窑博物馆的前身——明清御窑厂

❯ 沿途特色景区

浔阳江文化旅游景区——国家 4A 级旅游景区。景区的景观呈长卷式分布，可进行长江观光与科普，历史与现代交织，生态与人文荟萃。主要景点有：白水湖明珠公园、琵琶亭、滨江生态公园、锁江楼、浪井、浔阳楼、九江租界（旧址）博物馆、烟水亭等。

景德镇中国陶瓷博物馆——国家一级博物馆。是国内第一家大型陶瓷专题艺术博物馆，馆藏涵括了景德镇千年制瓷的代表品种，装饰上分有影青、卵白、青花、五彩、粉彩、色釉瓷等，造型上分有碗、盘、杯、碟、壶、瓶、罐、雕塑等，工艺上分有拉坯、印坯、镶坯、注浆、机压等。尤其是近现代和当代景德镇陶瓷精品是景德镇中国陶瓷博物馆独有。

景德镇古窑民俗博览区——国家 5A 级旅游景区。是目前全国唯一一家以陶瓷文化为主题的 5A 级景区，也是国家文化产业示范基地、国家级非物质文化遗产生产性保护示范基地，集中再现了瓷都景德镇千年制瓷历史，被人们誉为最具中华神韵的陶瓷文化景区。

御窑厂国家考古遗址公园——国家 4A 级旅游景区、全国重点文物保护单位，也是我国烧造时间最长，规模最大，工艺最为精湛的官办瓷厂。由于御窑厂的特权所在，历来荟萃着景德镇的陶艺精英和能工巧匠。它虽然专为皇帝烧制瓷器，实则为中华民族创造了大量瓷文化的奇珍异宝。

❯ 旅行锦囊

加油站：

中国石化（九江南加油站）。

服务区：

石钟山服务区、鄱阳服务区、罗家滩停车区。

> **温馨提示：** 1. 景德镇中国陶瓷博物馆：免费开放；参观时间 9:00—17:00（16:30 停止入馆）；周一闭馆
> 2. 景德镇夏季炎热，请自备防暑用品（遮阳伞，防晒霜等）。

❯ 餐饮推荐

景德镇：瓷泥煨鸡、高岭土煨肉、牛骨粉、塔前糊汤、炒米粉、油墩、七中小肉。

△ 景德镇瓷器

△ 景德镇制陶工艺中的拉坯

△ 婺源江湾景区

△ 婺源的古村落

DAY3 景德镇市—安徽中国徽州文化博物馆—黄山区
（行驶里程 250 公里）

今日前往安徽中国徽州文化博物馆参观，这里是中国唯一能全面体现徽州文化主题的国家一级博物馆，馆舍建筑融合徽派园林风格，馆藏文物体现徽州历史传承。

路况

整体路况良好，途经杭瑞高速、京台高速。

海拔情况

屯溪：平均海拔 220 米；黄山：平均海拔 1150 米。

沿途特色景区

婺源江湾景区——国家 5A 级旅游景区。江湾是一座具有丰厚的徽州文化底蕴的古村落。为展示婺源的文化特色，江湾景区新建百工坊、鼓吹堂、公社食堂等景点，让游客体会旧时手工艺匠人的传统技艺，观赏徽剧、婺源民歌等传统剧目，具有历史价值和观赏价值。

安徽中国徽州文化博物馆——国家一级博物馆。安徽省第二大综合性博物馆，也是中国唯一全面体现徽州文化主题的博物馆。馆舍建筑以天人合一为主导思想，以徽州文化为基本内容、徽州地理山水为背景、徽州建筑风格为基调，是一组多功能综合建筑及徽派风景园林。特色藏品：徽墨、歙砚、新安书画、徽州文献、徽州三雕。

屯溪老街——老街是伴随着徽商的发展而兴起的，临街店面一般都不大，但内进较深，形成"前店后坊""前店后库""前店后户"的特殊结构，因更显老街的"老滋老味"。古老的徽州文化在老街上展现它那迷人的风采，堪称优秀民族文化传统的艺术长廊。

黄山——世界文化与自然双重遗产、国家级风景名胜区、国家 5A 级旅游景区、国家地质公园。黄山以"奇松、怪石、云海、温泉"四绝而闻名于世。它是中国十大风景名胜中唯一的山岳景区，作为中国山之代表，黄山集中国名山之大成，自古就有"五岳归来不看山，黄山归来不看岳"的盛赞。

旅行锦囊

加油站：

中国石化加油站（景德镇昌江瓷都站）、中国石化加油站（合同黄甘棠上下口站）。

△ 黄山风光

△ 黄山云海日出

服务区：

景德镇服务区、婺源服务区、休宁服务区、呈坎服务区。

> **温馨提示：** 安徽中国徽州文化博物馆：免费开放；
> 参观时间 9:00—11:30，13:30—17:00（16:30 停止入馆）；周一闭馆

❯ 餐饮推荐

黄山臭鳜鱼、徽州毛豆腐、黄山烧饼、一品锅、方腊鱼、黄山双石、问政山笋、徽州刀板香。

DAY4 黄山区—安徽省地质博物馆—安徽博物院
（行驶里程 250 公里）

今日前往安徽省省会合肥参观两座著名的博物馆，其中安徽省地质博物馆是安徽省唯一一座省级自然科学博物馆。而安徽博物院是安徽省唯一一家集自然、历史、社教为一体的综合类博物馆。既是全国重点文物保护单位，也是安徽地标性文化设施。

❯ 路况

整体路况良好，途经京台高速。

❯ 海拔情况

池州：平均海拔 15 米；合肥：平均海拔 30 米。

❯ 沿途特色景区

九华山——国家级风景名胜区、国家 5A 级旅游景区。是以佛教文化和自然与人文胜景为特色的山岳型国家级风景名胜区，是中国佛教四大名山之一。九华山天开神奇，清丽脱俗，是大自然造化的精品，有"莲花佛国"之称。境内群峰竞秀，怪石林立，九大主峰如九朵莲花，千姿百态，各具神韵，有连绵山峰形成的天然卧佛。景区内处处清溪幽潭、飞瀑流泉，构成了一幅幅清新自然的山水画卷。还有云海、日出、雾凇、佛光等自然奇观，气象万千，美不胜收。

安徽省地质博物馆——安徽省唯一一座省级自然科学博物馆。馆方通过生物进化和地球演化两条主线的展示使观众了解天体形成，地球的形成和发展，生物在地球上的发生、发展和进化的历史，以及人类的出现、发展的过程。馆藏珍品：淮南动物群、三叠纪巢湖龙等。

安徽博物院——国家 4A 级旅游景区、国家一级博物馆、全国古籍重点保护单位、全国重点文物保护单位。是安徽省唯一一家集自然、历史、社教为一体的综合类博物馆，为一院两馆运行模式，新馆从侧面综合展示安徽的历史文化亮点，老馆则以陈列安徽近现代特色专题。新馆建筑造型沧桑厚重，体现了"四水归堂、五方相连"的徽派建筑风格，是安徽一标志性文化设施。

包公园——这里前身是包河公园，园区有包公祠、包公墓、清风阁、浮庄等景点。全园将最权威、最翔实的历史资料陈列来展现这位宋代重臣包拯的爱民如子、清正廉明、不畏权贵、执法不阿、铁面无私的人格魅力。

❯ 旅行锦囊

加油站：

中国石化加油站（合同黄甘棠上下口站）、中国石油加油站（皖庆站）。

服务区：

华山服务区、桥南服务区、周潭服务区、沙溪服务区、丰乐服务区。

> **温馨提示：** 1. 安徽省地质博物馆：免费开放；参观时间 9:00—17:00（16:30 停止入馆）；周一闭馆
> 2. 安徽博物院：免费开放；参观时间 9:00—17:00（16:30 停止入馆）；周一闭馆

❯ 餐饮推荐

李鸿章大杂烩、曹操鸡、包公鱼、吴山贡鹅、肥西老母鸡汤、庐州烤鸭、怀胎鱼。

△ 池州九华山日出景色

No.30 长江下游名山之旅

手绘线路图

天柱山风景区

白马潭生态旅游景区

九华山风景区

桃花潭风景区

西递·宏村

黄山风景区

庐山国家公园

石钟山风景区

白鹿洞书院

高岭·瑶里风景区

鄱阳湖国家湿地公园

景德镇古窑民俗博览区

江

长

鄱
阳
湖

N

线路概况

本精品线路从安徽启程止于江西，以名山类的世界地质公园为主线，串联起天柱山、九华山、黄山、庐山，不仅让游客赞叹大自然的鬼斧神工，更让游客直面地质景观，丰富地质认知。如果说地质遗迹景观是一部"地球天书"，那么地质公园就是"天书"上的一篇篇精彩文章。世界地质遗迹是人类的共同财产，是不可再生的自然资源，了解、保护地质环境的过去和现在，正是为了地球的未来。

非遗体验

大别山盆景技艺、庐州蛋雕、临泉葫芦烙画、花鼓灯、徽州竹雕、景德镇手工制瓷技艺、夏布织造技艺、徽剧、九

江山歌。

土特产

黄山猕猴桃、徽墨、徽州贡菊、徽菜、怀远石榴、鄱阳湖银鱼、赣绣、大塘东坡肉、景德镇瓷器、进贤芝麻、浮梁茶、乐平花猪。

行程规划

⚐ **线路：** 天柱山风景区—九华山风景区—黄山风景区—西递·宏村—景德镇古窑民俗博览区—庐山国家公园。

◎ **总里程：** 730公里。

◎ **总天数：** 3天。

DAY1 天柱山—九华山
（行驶里程 203 公里）

今日前往游览安徽省三大名山中的两座，首先来到世界地质公园——天柱山：这里被誉为"江淮第一山"，山间雄峰奇石、幽洞秀水，相传还是三国时期美女大乔、小乔的故乡。随后前往中国四大佛教名山之一的九华山，九大主峰如九朵莲花，千姿百态，故有"莲花佛国"之称。

❯ 路况
整体路况良好，途经济广高速、沪渝高速、上聂线。

❯ 海拔情况
天柱山：主峰海拔 1489.8 米；池州：平均海拔 15 米；九华山：主峰海拔 1342 米。

❯ 沿途特色景区
天柱山风景区——国家首批重点风景名胜区、国家 5A 级旅游景区、国家森林公园、国家地质公园、世界地质公园。这里被誉为"江淮第一山"，与黄山，九华山并称安徽省三大名山。山间雄峰奇石、幽洞秀水，绰约多姿，纯朴自然。有号称"花岗岩第一秘府"的神秘谷；有天下奇观石牛古洞、摩崖石刻；有中国第三大高山湖泊"炼丹湖"。这里还是"中国第一长诗"《孔雀东南飞》的故事发生地。

白马潭生态旅游景区——国家 4A 级旅游景区。这里生态环境良好、河谷风光独特、民风民俗淳朴、户外活动体验丰富。它的竹筏漂流在江淮地区最为著名，既有浪

△ 九华山冬日黄昏

遏飞舟的野性震撼，又有随波逐流的闲适浪漫，也被誉为"天柱山下第一漂"。

九华山风景区——国家级风景名胜区、国家 5A 级旅游景区。是以佛教文化和自然与人文胜景为特色的山岳型国家级风景名胜区，是中国佛教四大名山之一。九华山天开神奇，清丽脱俗，是大自然造化的精品，有"莲花佛国"之称。境内群峰竞秀，怪石林立，九大主峰如九朵莲花，千姿百态，各具神韵，有连绵山峰形成的天然卧佛。景区内处处清溪幽潭、飞瀑流泉，构成了一幅幅清新自然的山水画卷。还有云海、日出、雾凇、佛光等自然奇观，气象万千，美不胜收。

桃花潭风景区——国家 4A 级旅游景区、国家水利风景区。景区内既有清新秀丽、苍峦叠翠的皖南风光，可观

△ 天柱山风景区

△ 桃花潭风景区徽州民居自然风光

山川之灵气，又有保存完整、风格独特的古代建筑，可发思古之幽情。李白题下《赠汪伦》这首千古绝句："李白乘舟将欲行，忽闻岸上踏歌声。桃花潭水深千尺，不及汪伦送我情。"如今，诗仙、豪士逝者如斯，但桃花潭却因之流芳千古。

◉ 旅行锦囊

加油站：

中国石油加油站（上聂线站）。

服务区：

潜山服务区、大龙山服务区、牛头山服务区、马衙服务区。

◉ 餐饮推荐

池州小粑、淮南牛肉汤、臭鳜鱼、义门熏牛肉、殷汇大饼、东至米饺、葛粉圆子、九华素饼。

DAY2 九华山—黄山—西递·宏村—景德镇
（行驶里程 339 公里）

今日前往联合国确立的首批世界地质公园——黄山，这里主要的地貌景观是花岗岩，又有形态不一的造型石、第四纪冰川遗迹、水体景观、珍稀动植物等典型的地质遗迹和丰富的生态资源。

◉ 路况

整体路况良好，途经京台高速、黄浮高速、济广高速。

◉ 海拔情况

黄山：平均海拔1150米；西递·宏村：平均海拔350米；景德镇：平均海拔32米。

◉ 沿途特色景区

黄山——世界文化与自然双重遗产、国家级风景名胜区、国家 5A 级旅游景区、国家地质公园。黄山以"奇松、怪石、云海、温泉"四绝而闻名于世。它是中国十大风景名胜中唯一的山岳景区，作为中国山之代表，黄山集中国名山之大成，自古就有"五岳归来不看山，黄

△ 黄山雪景

△ 西递古村落的早晨

△ 景德镇古窑民俗博览区

山归来不看岳"的盛赞。

西递·宏村——国家 5A 级旅游景区、全国重点文物保护单位、世界文化遗产，是联合国世界旅游组织认定的"世界最佳旅游乡村"。这里代表着皖南古村落的徽派文化传承。西递已有 950 多年的历史，至今完好地保存着典型的明清古村落风格，现有祠堂、牌楼、古民居等，有"活的古民居博物馆"之称；宏村现存明、清古建筑百多幢。凭借世外桃源般的田园风光、保存完好的村落形态、工艺精湛的徽派民居和丰富多彩的历史文化内涵而闻名天下。

景德镇古窑民俗博览区——国家级文化产业示范基地。

景区内保存有世界上最古老的制瓷生产作业线、清代镇窑、明代葫芦窑、元代馒头窑、宋代龙窑等，展示了明清时期景德镇手工制瓷的工艺过程以及传统名瓷精品。

高岭 · 瑶里风景区——国家 4A 级旅游景区。这里有着"瓷之源、茶之乡、林之海"的美称。瑶里，古名"窑里"，因是景德镇陶瓷发祥地而得名，早在唐代中叶，就有生产陶瓷的手工作坊。景区四季气候宜人，森林茂密，有南方红豆杉、银杏树、香榧树、金钱豹、娃娃鱼等国家珍稀动植物。

❯ 旅行锦囊

加油站：

△ 宏村建筑群与南湖

△ 庐山云雾

中国石油加油站（九华山柯村站）、中国石化加油站（黄山风景区站）、中国石化加油站（宏村站）、中国石化加油站（黟县楠玛站）。

服务区：

九华山服务区、太平湖停车区、牯牛降服务区、罗家滩停车区。

> **温馨提示：** 黄山是高山景区，路途险峻；需穿着舒松，配备合适的登山鞋。

❯ 餐饮推荐

徽州毛豆腐、黄山烧饼、一品锅、方腊鱼、油条包麻糍、瓷泥煨鸡。

DAY3 景德镇—庐山国家公园
（行驶里程 188 公里）

今日来到首批世界地质公园——庐山国家公园，这里的主要特色是第四纪冰川遗迹。迄今为止，在庐山共发现一百余处重要冰川地质遗迹，完整地记录了冰雪堆积、冰川形成、冰川运动、侵蚀岩体、搬运岩石、沉积泥砾的全过程，保存了中国东部古气候变化和地质特征的历史记录。

❯ 路况

整体路况良好，途经杭瑞高速、福银高速、南山公路。

❯ 海拔情况

九江：平均海拔 32 米。

❯ 沿途特色景区

石钟山风景区——国家 4A 级旅游景区。石钟山雄峙于长江之滨，鄱阳湖口，三面临水，一面着陆，形如半岛。山虽不高，但悬崖峻拔，突兀峥嵘，插湖锁江，气

势不凡。自苏轼的千古名篇《石钟山记》而名满天下。在山顶的"江天一览亭"，凭栏远眺，万里长江，一泻千里；浩瀚鄱阳湖，波涛万顷；远眺匡庐云遮雾障，夜游双钟月涌江流。

庐山国家公园——我国首批国家级风景名胜区、国家 5A 级旅游景区和世界文化遗产、首批世界地质公园。自古匡庐奇秀甲天下，尽在它的瀑布美、云海美、烟雨美、飞雪美、风朔雾凇美和飞鸟珍禽美中。险峻与秀丽刚柔相济，素以"雄、奇、险、秀"闻名于世。

白鹿洞书院——全国重点文物保护单位。建筑体均坐北朝南，石木或砖木结构，屋顶均为人字形硬山顶，颇具清雅淡泊之气。

鄱阳湖国家湿地公园——国家级自然保护区。它是中国第一大淡水湖，也是中国第二大湖，仅次于青海湖。丰水季节浪涌波腾，浩瀚万顷，水天相连；枯水季节水落

△ 白鹿洞书院古牌坊

△ 鄱阳湖国家湿地公园

△ 鄱阳湖湖口县石钟山

滩出，野草丰茂，芦苇丛丛；湖畔峰岭绵延，沙山起伏，沃野千里，候鸟翩飞，牛羊徜徉。美丽富饶的鄱阳湖养育了世代生长居息湖畔的万物生灵。

❥ **旅行锦囊**

加油站：

中国石化加油站（昌江瓷都站）、中国石化加油站（九江柴桑通远站）。

服务区：

鄱阳服务区、鄱阳湖服务区。

温馨提示：庐山国家公园山路弯道众多，务必小心驾驶。

❥ **餐饮推荐**

石钟鱼宴、九江萝卜饼、湖口米粑、九江炒米粉、小担蒸子糕、锅巴粥、油炸豆腐。

△ 鄱阳湖湿地白鹤飞

No.31 革命先烈追忆之旅

手绘线路图

中共淮海战役总前委旧址纪念馆

宿州市

雪枫公园—板桥集战斗纪念馆

淮海战役双堆集烈士陵园

凤台县三里沟抗日纪念园

淮南市

金寨红军广场景区

瑶岗渡江战役总前委旧址

六安市

合肥市

金寨县革命烈士陵园

独山革命旧址群

大别山革命历史纪念馆

江

芜湖市

王稼祥纪念园

皖南事变烈士陵园

长

云岭新四军军部旧址纪念馆

线路概况

金寨是著名的革命老区、全国第二将军县。抗战时期，金寨是安徽省抗日救亡运动的领导中心。解放战争时期，刘邓大军千里跃进大别山，在这里留下了光辉的战斗足迹。回望波澜壮阔、烽火连天的峥嵘岁月，金寨革命的红旗在大别山始终不倒，高高飘扬。本精品线路串联起金寨县革命烈士陵园、金寨红军广场景区、独山革命旧址群、大别山革命历史纪念馆等安徽省著名红色景区景点，让游客在追忆革命先烈的旅程中，感悟当地人民坚贞忠诚、牺牲奉献、永跟党走的伟大的大别山精神。

非遗体验

金寨古碑丝弦锣鼓、花砖制作技艺、绿茶制作技艺、推剧、徽墨制作技艺、万安罗盘制作技艺、芜湖铁画锻制技艺、宣纸制作技艺、凤阳花鼓、花鼓灯、黄梅戏、淮北大鼓、宿州乐石砚制作技艺、紫金砚制作技艺。

土特产

徽墨、黄山毛峰、宣纸、宣笔、广德黄金芽、泾县兰香茶、涌溪火青、黄花云尖、亳天花粉、旌德灵芝、祁门红茶、六安瓜片、太平猴魁、金寨猕猴桃、舒城贡席、霍山黄芽、金寨天麻、迎驾贡酒。

行程规划

线路： 皖南事变烈士陵园—云岭新四军军部旧址纪念馆—金寨县革命烈士陵园—大别山革命历史纪念馆—淮海战役双堆集烈士陵园—中共淮海战役总前委旧址纪念馆。

总里程： 800 公里。

总天数： 3 天。

DAY1 皖南事变烈士陵园—云岭新四军军部旧址纪念馆—金寨县
（行驶里程 376 公里）

周恩来的题词"千古奇冤，江南一叶"表达了对当时国民党反动派的控诉和回击，揭示了反动派破坏抗战、实行反共的罪恶阴谋，让"皖南事变"真相大白天下。今日通过参观来追忆叶挺军长等先烈的英勇事迹。

路况

整体路况良好，途经巢黄高速、芜合高速、沪陕高速。

海拔情况

泾县：平均海拔 250 米；云岭镇：平均海拔 500 米；金寨县：平均海拔 800 米。

沿途特色景区

皖南事变烈士陵园——国家 4A 级旅游景区、文化旅游景点、红色旅游经典景区、爱国主义教育基地。整个陵园有纪念碑、主题广场、主碑纪念广场和无名英雄烈士墓四个纪念性部分，以及皖南事变史料陈列室。围绕邓小平亲笔题写的"皖南事变死难烈士永垂不朽"纪念碑为中心，结合山形地势，将各纪念建筑组成为一个完整有序、庄严肃穆的有机整体。

△ 泾县云岭新四军军部旧址纪念馆叶挺将军生平图片展

云岭新四军军部旧址纪念馆——国家 4A 级旅游景区、全国重点文物保护单位、红色旅游经典景区、爱国主义教育基地。1938 年 7 月，新四军军部进驻云岭地区后，军部司令部及其下设机构就设在以罗里村为中心的许多村庄里。至 1941 年月 4 日撤离，新四军军部在云岭 3 年之久。纪念馆现保护的旧址点有军部司令部、军部会堂、修械所、政治部、教导队、战地服务团，中共中央东南局、烈士墓、叶挺桥等十处，并新增了《云岭碑园》、叶挺铜像广场、辅助陈列专题展览等设施。

王稼祥纪念园——国家 4A 级旅游景区、红色旅游经典景区、爱国主义教育基地。其中，王稼祥生平陈列馆分六个展厅介绍了王稼祥同志在中国革命各个历史时期中的重大贡献和丰功伟绩。馆内收集并陈列了王稼祥同志珍贵遗物 110 余件，重要信件文章 130 件，照片 200 余幅。

瑶岗渡江战役总前委旧址——国家 4A 级旅游景区、全国

△ 皖南事变烈士陵园全景图

△ 金寨县烈士纪念馆红军广场

重点文物保护单位、红色旅游经典景区、爱国主义教育基地。渡江一战定中华，战役总前委旧址是清末徽派建筑，有总前委旧址、中共中央华东局旧址、总前委参谋处旧址、总前委机要处旧址、总前委秘书处旧址和总前委后勤处、警卫营、总前委医院、防空洞、墩塘等遗址。

旅行锦囊

加油站：

中国石化加油站（园林站）。

服务区：

南陵家发服务区、仓头服务区、石涧服务区、巢湖服务区、众兴服务区、新桥服务区、西桥服务区、罗集服务区、梅山服务区。

餐饮推荐

绩溪一品锅、徽州饼、八公山豆腐排、拔丝芋头、绩溪挞馃、绩溪臭鳜鱼、花菇田鸡、伏岭玫瑰酥。

DAY2 金寨县革命烈士陵园—大别山革命历史纪念馆—凤台县

（行驶里程 208 公里）

金寨县是中国革命的重要策源地、人民军队的重要发源地。今日来到金寨县革命烈士陵园瞻仰，这里是博物馆、纪念堂、红军墓相融合的大型陵园，也是全国重点烈士建筑物保护单位。接着前往大别山革命历史纪念馆，这里展示了大别山地区优秀儿女在各个历史时期不屈不挠、前仆后继的革命精神。

路况

整体路况良好，途经沪陕高速、G237、德上高速。

海拔情况

凤台县：海拔 20～40 米。

沿途特色景区

金寨县革命烈士陵园——红色旅游经典景区、爱国主义教育基地。在红军纪念堂背后的山坡上，有百余座将军和红军陵墓，安葬着林维先、滕海清、詹化雨、陈祥、余明等已故将军和老红军的遗体和骨灰。当年那些为革命驰骋疆场、冲锋陷阵的红军英雄和红军将领们，如今又回到了他们的故乡，曾经投身革命和浴血奋战的地方。

金寨红军广场景区——国家 4A 级旅游景区、红色旅游经典景区。金寨红军广场是在金寨县革命博物馆和烈士陵园的基础上扩建而成的。将过去封闭式的博物馆和陵园，建成开放式的广场，形成了现在的红军广场，成为教育、休闲和旅游三位一体的公共场所。

独山革命旧址群——国家 4A 级旅游景区、文化旅游景点、红色旅游经典景区、爱国主义教育基地。旧址群核心景区内主要有 9 处革命旧址、1 处六霍起义纪念馆、1 处革命纪念塔以及龙井沟景区。其中 9 处革命旧址均是全国重点文物保护单位：苏维埃俱乐部、暴动指挥部、赤卫军指挥部、中共六安县委和少共六安县委、政治保卫局、苏维埃政府、革命法庭、经济合作社、列宁小学旧址，分布在西街、中街两条老街上，自然形成了一个相对独立的历史文化保护区。

大别山革命历史纪念馆——国家 3A 级旅游景区、红色旅游经典景区。步入纪念园，犹如走进生态园，雪松傲立，翠柏长青，鲜花盛开，四季如春。烈士塔、许继慎

△ 金寨红军广场区

将军塑像、主体雕塑、纪念石刻等纪念设施掩映其中，浩气凛然，雄伟壮观。

▶ 旅行锦囊

加油站：

中国石化加油站（城西站）、中国石化加油站（农水路站）。

服务区：

梅山服务区、罗集服务区、徐集服务区、芍陂服务区。

▶ 餐饮推荐

桃溪瓦罐汤、六安酱鸭、万佛湖砂锅鱼头、六安瓜片炒虾仁、六安麻辣面、六安锅贴。

DAY3 凤台县—淮海战役双堆集烈士陵园—中共淮海战役总前委旧址纪念馆

（行驶里程 216 公里）

双堆集歼灭战的胜利，是毛泽东同志伟大战略思想的光辉体现。通过今日的参观，可以看到人民军队参战部队全体指战员不怕苦、不怕死、冒严寒、闯火海，连续作战、奋不顾身、一往无前、压倒一切敌人的英雄气概。

▶ 路况

整体路况良好，途经德上高速、S306、盐洛高速。

▶ 海拔情况

濉溪县：海拔 23.5～32.4 米。

▶ 沿途特色景区

凤台县三里沟抗日纪念园——红色旅游经典景区、爱国主义教育基地。纪念园四周青石围栏，绿荫环绕。纪念主碑耸立园中，正面镌刻着"侵华日军三里沟大屠杀遇难同胞纪念碑"。园内栽植各种常青树和花卉，其中6棵银杏寓意纪念园建于抗日战争胜利 60 周年，松柏、香樟象征着中国人民抗战精神万古长青。园区虽然面积不大，但十分紧凑，清新整洁，庄重肃穆。

雪枫公园—板桥集战斗纪念馆——国家 3A 级旅游景区、红色旅游经典景区、爱国主义教育基地。雪枫公园以著名抗日将领、新四军第四军师长彭雪枫将军名字命名。园中纪念碑碑身正面刻有"板桥集战斗纪念碑"八个大字。纪念馆在纪念碑北侧，其中二号展区内陈列着曾经参加过板桥集战斗的百名将军题词，放映区以影视资料的形式生动再现了当年板桥集战斗的激烈场面。

淮海战役双堆集烈士陵园——国家 2A 级旅游景区、安徽省文物保护单位、红色旅游经典景区、爱国主义教育基地。陵园大门朝东，宽阔笔直的主干道通往纪念碑。南部的尖谷堆为新石器时期的文化遗址，也是淮海战役双堆集地区歼灭战期间敌我双方激烈争夺的制高点。园内遍植雪松、龙柏、黄杨等风景树木，并有花圃和果园。淮海战役双堆集烈士纪念碑位于陵园中部，用白色花岗岩砌成。纪念碑座正面镌刻纪念碑文，碑身正面刻有邓

△ 雪枫公园，彭雪枫将军汉白玉雕像

小平同志的亲笔题词"淮海战役烈士永垂不朽"，上下两端环万年青图案。碑冠镶嵌淮海战役胜利纪念章浮雕。

中共淮海战役总前委旧址纪念馆——红色旅游经典景区、爱国主义教育基地。淮海战役总前委旧址座坐在宿州市萧县丁里镇蔡洼村杨家台子，是清末古建筑群落。由于解放初期土地改革时，将房屋分给了部分农民，因此风貌有不同程度的改变，但基本保持了杨家台子原来的建筑格局。当年总前委开会用的房屋保存较好，室内设有淮海战役陈列展览，当年使用过的桌、椅、条几、马灯，粟裕、邓小平同志用过的床、文件柜、水桶等部分实物保存完好。

▶ 旅行锦囊

加油站：

中国石化加油站（安徽站）、中国石化加油站（胜利大道站）。

服务区：

凤台服务区、蒙城服务区、吕望服务区、濉溪服务区。

▶ 餐饮推荐

符离集烧鸡、皇藏峪蘑菇鸡、搅粥、泗县辣汤、地锅鸡、泗县豆腐脑。

△ 地锅鸡

No.32 扬子江岸典藏之旅

手绘线路图

线路概况

江苏，长江中下游吴越文明的发祥地之一，是诗意栖居的鱼米之乡，数代帝王在此建功立业，无数风流人物于此挥毫泼墨。我们无法触及真实的过往，但是千百年来，这片大地上富足的场景，都可以在博物馆得到一一验证。本精品线路串联起南京中国科举博物馆、南京市博物总馆、南京博物院、常州博物馆、无锡博物院、苏州博物馆、常熟博物馆、南通博物苑等国家一级博物馆，引领游客漫步金陵帝王州的南京、看赏太湖鱼米乡的无锡、坐观拥有园林美学的苏州、船游江城绿翡翠的南通，从不同角度鉴赏长江两岸各大名馆的绝世馆藏。

非遗体验

南京：古琴艺术（金陵琴派）、剪纸（南京剪纸）南京云锦木机妆花手工织造技艺、南京金箔锻制技艺。常州：董永传说、吟诵调（常州吟诵）、佛教音乐（天宁寺梵呗唱诵）、锡剧、小热昏、苏绣（常州乱针绣）、竹刻（常州留青竹刻）。无锡：梁祝传说、吴歌、道教音乐（无锡道教音乐）、锡剧、泥塑（惠山泥人）。苏州：宝卷（吴地宝卷）、苏州玄妙观道教音乐、昆曲、苏剧、滑稽戏、苏州评弹（苏州评话、苏州弹词）、苏绣。常熟：古琴艺术（虞山琴派）。南通：盆景技艺（如皋盆景）、南通蓝印花布印

染技艺、风筝制作技艺（南通板鹞风筝）、传统棉纺织技艺（南通色织土布技艺）。

土特产

常州：洮湖绒蟹、天目湖白茶、溧阳鸡、建昌红香芋、金坛雀舌、茅尖红花、溧阳白芹、金坛封缸酒、溧阳毛笋、阳湖水蜜桃。无锡：三凤桥酱排骨、清水油面筋、太湖三白、惠泉黄酒、方糕、小笼馒头、惠山泥人、阳山水蜜桃。苏州：苏绣、苏州桥酒、碧螺春茶叶、长江刀鱼、太湖三白（白鱼、银鱼和白虾）、阳澄湖大闸蟹。常熟：香菇油面、叫花鸡、酒酿糕、莲子血糯米、潘翔糕、桂花栗子、河豚、桂花酒、玉山绿茶、神香葡萄、宝岩杨梅、福山鲥鱼、常熟红木雕刻、郭庄油鸡、王庄西瓜。南通：西亭脆饼、新中乳腐、如东条斑紫菜、狼山鸡、南通蓝印花布、吕四海蜇、如皋黄酒、海门山羊肉、如东文蛤、如皋火腿。

行程规划

⏎ **线路：** 南京博物院—南京市博物总馆—南京中国科举博物馆—常州博物馆—无锡博物院—苏州博物馆—常熟博物馆—南通博物苑。

📍 **总里程：** 380公里。

📍 **总天数：** 4天。

△ 南京博物院

DAY1 南京中国科举博物馆—南京市博物总馆—南京博物院

（行驶里程 10 公里）

南京，中华文明的重要发祥地之一，自古以来就是一座崇文重教的城市，有"天下文枢"之称，明清两代一半以上的状元均出自南京江南贡院。今天就从古时"江南贡院"，如今的南京中国科举博物馆开始，开启南京的国家一级博物馆之行。

❷ 路况

整体路况良好，途经南京市内道路。

❷ 海拔情况

南京：平均海拔 20～30 米。

❷ 沿途特色景区

南京博物院——国家一级博物馆、国家 4A 级旅游景区、全国重点文物保护单位。南京博物院以紫金山为天际线的背景，以大殿为主体的历史馆，与艺术馆、特展馆、民国馆、数字馆、非遗馆，共同形成"一院六馆"格局。建筑体现了"金镶玉成，宝藏其中"的理念，在前后关系、檐口高度、材质颜色以及细部装饰等方面形成视觉平衡。作为中国三大博物馆之一，南京博物院现有各类藏品 40 余万件，上至旧石器时代，下迄当代，既有全国性的，又有地域性的，既有宫廷传世品，又有考古发掘品，是一座巨大的中华民族文化艺术宝库。

南京市博物总馆——中国国家一级博物馆中唯一一家实行总、分馆制的博物馆，汇聚了南京市博物馆、太平天国历史博物馆、中国共产党代表团梅园新村纪念馆、南京市民俗博物馆、渡江胜利纪念馆、江宁织造博物馆、六朝博物馆、南京市文化遗产保护研究所 8 家文博馆所。作为综合性历史艺术类博物馆的总馆，融汇了南京古代史、近现代史、革命史、城市史、考古、文保、民俗与非遗等诸多门类的馆藏展品。

△ 南京博物院的东汉错银铜牛灯

南京中国科举博物馆——国家一级博物馆。中国的科举制度中心、中国科举文化中心和中国科举文物收藏中心，又称"江南贡院"。博物馆包含博物馆主馆、江南贡院南苑、明远楼遗址区，以及博物馆地下三层，也是中国唯一一家地下式博物馆。

夫子庙秦淮风光带——国家 5A 级旅游景区。景区围绕着夫子庙和秦淮河，东起东水关、淮青桥、秦淮水亭，越过文德桥，直到中华门城堡延伸至西水关的内秦淮河

△ 夫子庙秦淮河风光

地带，还有秦淮河两岸的街巷、民居、古迹和风景点，是南京最繁华的地方。

旅行锦囊

加油站：

中国石油加油站（平江府路站）。

> **温馨提示：** 1. 南京中国科举博物馆：门票 50 元 / 位；参观时间 9:00—21:30。
> 2. 南京市博物总馆：免费开放；参观时间 9:00—17:30（17:00 停止入馆）；周一闭馆。
> 3. 南京博物院：免费开放；参观时间 9:00—17:00（16:00 停止入馆）；周一闭馆。

餐饮推荐

南京：盐水鸭、鸭血粉丝汤、美人肝、炖生敲、清炖鸡孚、金陵丸子、凤尾虾、炖菜核。

DAY2 南京市—常州博物馆
（行驶里程 130 公里）

今日来访常州市唯一的国家一级博物馆——常州博物馆，也是江苏省唯一一家少儿自然博物馆的所在地。以先进的展馆功能、时尚的人文气息，荣膺"全国最具创新力博物馆"称号。

路况

整体路况良好，途经沪蓉高速。

海拔情况

常州：平均海拔 20 米。

沿途特色景区

常州博物馆——国家一级博物馆、国家 4A 级旅游景区、爱国主义教育基地。馆内设有江苏省唯一一家少儿自然博物馆。馆藏文物 2 万余件，其中良渚文化时期的玉器、春秋战国时期的原始青瓷器、宋元时期的漆器与瓷器以及明清时期的书画等，是本馆最具特色的馆藏文物精品。

天宁禅寺——国家 4A 级旅游景区、全国重点文物保护单位。现存的主要殿宇是清同治光绪年间先后修建的，

△ 常州博物馆

△ 黄墙高塔和天宁禅寺

共8殿25堂24楼，地基之广，殿宇之高，佛像之庄严，僧众之多，在当时与镇江金山寺、扬州高旻寺、宁波天童寺并称为"东南禅宗四大丛林"。

中华恐龙园——国家5A级旅游景区。是环球恐龙城的核心景点，是一座将高科技声光电、影视特效与多媒体网络等完美结合，融合展示、科普、娱乐、休闲及参与性表演于一体的以恐龙为主题的一站式旅游度假区，有"东方侏罗纪"之称。

春秋淹城旅游区——国家5A级旅游景区。是我国目前西周到春秋时期保存下来的最古老、最完整的地面古城

△ 常州中华恐龙园内景

池。淹城气势壮观，遗址有土墙三重，分为外城、内城、子城，各城均有护城河环绕，只在西面有一出口通道。城内有淹君殿、跑马岗、甘露城、头墩、肚墩、脚墩、玉井、摇铃钟声、龙泉等古景点。城内外散布着的百余个土墩中，以头墩、肚墩、脚墩为最大。

❯ 旅行锦囊

加油站：

中国石油加油站（平江府路站）、中国石化加油站（高田站）。

服务区：

黄栗墅服务区、仙人山服务区、窦庄服务区。

> **温馨提示：** 常州博物馆：免费开放；参观时间9:00—17:00（16:00停止入馆）；周一闭馆

❯ 餐饮推荐

常州：天目湖砂锅鱼头、溧阳清炒白芹、溧阳扎肝、天宁焦溪香糟扣肉、武进寨桥老鹅、武进芙蓉螺蛳、武进横山桥红汤百叶。

DAY3 常州市—无锡博物院—苏州博物馆
（行驶里程 115 公里）

今日开启环太湖的国家一级博物馆之旅。第一站是无锡博物院，这里是无锡市目前最大的公共文化服务设施，并以书画藏品在博物馆界著称。接着前往第二站，苏州

△ 无锡博物馆

△ 苏州博物馆

博物馆，贝聿铭大师亲自担任设计，现代馆舍与古建筑及山水园林完美融合，是苏州的旅游地标。

❯ 路况

整体路况良好，途经沪蓉高速、京沪高速。

❯ 海拔情况

无锡：平均海拔8米；苏州：平均海拔4米。

❯ 沿途特色景区

无锡博物院——国家一级博物馆。位于无锡城市客厅"太湖广场"中央，下辖无锡中国民族工商业博物馆、无锡碑刻陈列馆、程及美术馆、张闻天旧居、周怀民藏画馆。无锡博物院拥有馆藏文物近4万件，以古代书画、历代紫砂、惠山泥人、近现代革命文物和民族工商业文物为主要特色，以书画藏品在博物馆界著名。镇馆之宝是倪瓒的《苔痕树影图》。

鼋头渚景区——鼋头渚风景区有山长水阔、帆影点点的自然山水画卷，有小桥流水、绿树人家的山乡田园风光，有典雅精致、古朴纯净的江南园林景致，加上历代名人雅士游踪、石刻、书画、传说等诸多内涵深厚的文化积淀，构成了此地以天然山水为主、人工点缀为辅的综合性、多功能风景旅游胜地。

苏州博物馆——国家一级博物馆、全国重点文物保护单位。原馆址为太平天国忠王府，是国内保存完整的太平天国历史建筑物。2006年，苏州博物馆新馆建成并正式对外开放。新馆由世界著名建筑大师贝聿铭亲自担任设计，是一座集现代化馆舍建筑、古建筑与创新山水园林三位一体的综合性博物馆。

虎丘山风景名胜区——国家5A级旅游景区。虎丘又称海涌山，有"吴中第一名胜"的美誉，这里绝岩耸壑，气象万千，有三绝九宜十八景之胜，其中最著名的是云岩寺塔、剑池和千人石。高耸入云的云岩寺塔已有一千多年历史，是世界著名斜塔，古朴雄奇，是苏州古城的标志性建筑；2014年，云岩寺塔作为大运河的组成部分列入《世界遗产名录》。

❯ 旅行锦囊

加油站：

中国石化加油站（高田加油站）、中国石化加油站（运河站）、中国石油加油站（平门站）。

服务区：

芳茂山服务区。

> **温馨提示**：1.无锡博物院：免费开放；参观时间9:00—17:00（16:00停止入馆）；周一闭馆。
> 2.苏州博物馆：免费开放；参观时间9:00—17:00（16:00停止入馆）；周一闭馆。

△ 虎丘风景名胜区航拍

△ 沙家浜·虞山尚湖旅游区

△ 南通博物苑

❯ 餐饮推荐

苏州：羊方藏鱼、蟹粉狮子、霸王别姬、大煮干丝、水晶肴肉、清蒸鲥鱼、文思豆腐、将军过桥；无锡：无锡小笼包、清炒虾仁、太湖一锅鲜、无锡排骨、玉兰饼、梁溪脆、太湖三白、响油鳝糊、三鲜馄饨。

DAY4 苏州市—常熟博物馆—南通博物苑
（行驶里程 125 公里）

今日开启前往苏北的国家一级博物馆之行。一路往北，首先来到常熟博物馆，这里的藏品数量、等级均在全国同级博物馆中名列前茅。接着跨越长江前往南通，参观由民族实业家张謇所创立的第一座公共博物馆——南通博物苑。苑史文物是博物苑的收藏特色。

❯ 路况

整体路况良好，途经沪武高速、沈海高速。

❯ 海拔情况

常熟：海拔 3~7 米；南通：平均海拔 4 米。

❯ 沿途特色景区

常熟博物馆——国家一级博物馆。位于风光旖旎的古城区虞山东麓，为国家一级博物馆，现有新石器时代马家浜文化至当代的各类文物藏品 2 万多件/套，其中以书画、陶瓷、玉器三大类为主。藏品数量、等级均在全国同级博物馆中名列前茅。

沙家浜·虞山尚湖旅游区——国家 5A 级旅游景区、国家级湿地公园、红色旅游经典景区、爱国主义教育基地。虞山是国家森林公园，因商周吴地先祖虞仲卒葬于此而得名，是我国吴文化的重要发源地；尚湖与虞山相依，因商末姜太公在此隐居垂钓而得名，湖内湿地遍布，是我国最佳生态休闲旅游湖泊。

南通博物苑——国家一级博物馆、国家 4A 级旅游景区、全国科普教育基地。这里由中国早期现代化的先驱、晚清状元张謇于 1905 年创办，是中国人独立创办的第一座公共博物馆。南通博物苑是一座中国古代苑囿与西方博物馆理念融合的"园馆一体"的综合性博物馆。苑史文物是博物苑的特色收藏之一，有张謇建苑时的部分藏品、文献史料，苑史文物也是中国博物馆史的珍贵史料。

濠河风景名胜区——国家 5A 级旅游景区。国家历史文化名城南通的中心，是国内保存最为完整的古护城河之一，有"江城翡翠项链"之称。濠河风景区以千年古护城河——濠河为界，严格保护现存的寺街、西南营、濠南历史街区，保留了典型州府型制的古城格局和风貌。有光孝塔、天宁寺、北极阁、文峰塔、南通博物苑、五公园等名胜。

❯ 旅行锦囊

加油站：
中国石油加油站（平门站）、中国石化加油站（常熟第三加油站）、中国石化加油站（南通华强站）。

服务区：
苏通大桥服务区。

> **温馨提示：** 1. 常熟博物馆：免费开放；参观时间 9:00—17:00（16:00 停止入馆）；周一闭馆。
> 2. 南通博物苑：免费开放；参观时间 9:00—17:00（16:00 停止入馆）；周一闭馆。

❯ 餐饮推荐

常熟：出骨刀鱼球、幢锅油鸡、清汤脱肺、芙蓉蟹斗、出骨生脱鸭、松树草油、响油鳝糊、起油豆腐汤；南通：天下第一鲜（跳文蛤）、黄焖狼山鸡、清炖狼山鸡、红烧海门山羊肉、海门提汤羊、淡菜皱纹肉、通式三鲜。

No.33 科创工程引领之旅

手绘线路图

线路概况

科技创新是长江经济带永恒的话题。"神威·太湖之光"超级计算机落户无锡，搭建起航空航天、船舶工程、生物医药等重大科研项目的中国平台。本精品线路串联起杭州湾跨海大桥、秦山核电科技馆、国家超级计算无锡中心、南京大胜关长江大桥等科普教育景区（点），展示了中国人民的智慧与毅力，用事实证明中国人有志气、有能力做前人没有做过的事情，也让游客在游览中体验科技创新的魅力，为祖国的强大而自豪。

非遗体验

蓝印花布印染技艺、乌镇水阁建筑技艺、乌镇香市、乌镇竹编、惠山泥人、紫砂器（壶）、江南丝竹、鱼篮虾鼓舞、苏绣、镇江香醋。

土特产

宁波汤团、奉化水蜜桃、慈溪葡萄、溪口千层饼、金华火腿、五芳斋粽子、嘉善黄酒、无锡毫茶、阳山水蜜桃、太湖莼菜、南京云锦、雨花茶。

行程规划

◈ **线路：** 宁波市—杭州湾跨海大桥—秦山核电科技馆—神威·太湖之光超级计算机（国家超级计算无锡中心）—南京大胜关长江大桥。

◎ **总里程：** 530 公里。

◎ **总天数：** 3 天。

DAY1 宁波市—杭州湾跨海大桥—秦山核电科技馆—嘉兴市
（行驶里程 180 公里）

今日前往参观杭州湾跨海大桥，这是世界最长的跨海大桥，登上光景平台"海天一洲"，远眺跨海大桥"长虹卧波"的雄姿。随后来到秦山核电科技馆参观，秦山核电站是我国首座核电站，1991 年建成投入运行至今，已经成为国内核电机组数量最多、堆型最丰富、装机最大的核电基地。

◆ **路况**

整体路况良好，途经沈海高速，嘉南线。

△ 杭州湾跨海大桥

◈ 海拔情况

杭州湾跨海大桥：海拔 0~50 米；秦山地区：平均海拔 62 米。

◈ 沿途特色景区

杭州湾国家湿地公园——这里有湿地教育中心与展示区、涉禽和游禽活动区、处理湿地区域、水禽栖息地区域、鹭鸟繁殖地及有林湿地区域，以及"长廊曼回、溪影花语、天鹅戏晖、乌篷樵风、碧沙宿鹭、蒹葭秋雪、麋鹿悠游、镜花水月、林光罨画、巢林鹝归"十景。

杭州湾跨海大桥——是浙江省境内连接嘉兴市和宁波市的跨海大桥，位于杭州湾海域之上，是沈海口高速的组成部分之一。杭州湾跨海大桥线路全长 36 公里，桥梁总长 35.7 公里，桥面为双向六车道，设计时速为每小时 100 公里。

海天一洲——这里的整体造型如"大鹏擎珠"，寓意杭州湾地区的发展能如大鹏展翅，越飞越高。建筑分为观光平台和观光塔两部分，观光平台提供餐饮、住宿、休闲、娱乐、观光、购物等综合性特色服务；观光塔可让游客站上制高点俯视大桥的气势恢宏和杭州湾的波澜壮阔。

秦山核电科技馆——目前国内最大、公众体验最丰富、公众适用性最强、最具特色的核电科技馆。展馆以体验科学、启迪创新为核心设计理念，设置有中国核电之路、核安全与环保、核谐家园等 13 个展厅。科技馆外观像一颗宝石，馆方称为"能量宝石"，寓意核能是清

△ 杭州湾国家湿地公园徽式建筑

△ 海天一洲

△ 嘉兴南湖景区中共"一大"纪念船（南湖红船）

△ 乌镇古镇旅游区

洁安全的高效能源。

▶ **旅行锦囊**

加油站：

中国海油协和石油加油站（宁波海曙站）、中国石化加油站（嘉兴长水路站）。

服务区：

慈城服务区、杭州湾大桥南岸服务区、杭州湾大桥北岸服务区。

温馨提示：秦山核电科技馆：门票免费（周一闭馆）。

▶ **餐饮推荐**

过桥仔鱼、青蟹一绝味、庵东鲻鱼羹、糖炒手工馒头、石锅香米烩海参、江南特色糟肉、雪菜冬笋油豆腐炖筒骨、笋干菜酥炸杭湾梅鱼。

DAY2 **嘉兴—国家超级计算无锡中心**
（行驶里程 150 公里）

今日前往国家超级计算无锡中心，了解"神威·太湖之光"超级计算机，这是国内第一台全部采用国产处理器构建的世界第一的超级计算机。

▶ **路况**

整体路况良好，途经常台高速、京沪高速。

▶ **海拔情况**

嘉兴：平均海拔 3.7 米；无锡：平均海拔 8 米。

▶ **沿途特色景区**

嘉兴市南湖旅游区——这里一直以"轻烟拂渚，微风欲来"的迷人景色著称于世，与南京玄武湖和杭州西湖并称江南三大名湖。南湖还是我国著名的红色旅游景区，中国共产党第一次全国代表大会就召开于湖上的一艘小船上，是中国共产党成立的地方。

乌镇古镇旅游区——这里历史源远流长，六千多年前，

乌镇的祖先就繁衍、生息在这里。如今的乌镇仍保留着许多水乡所特有的河港、桥梁、临河建筑、街道、店面等。

南浔古镇——这里早在明清时期就是江南蚕丝名镇，是一个人文资源充足、中西建筑合璧的江南古镇，有"文化之邦"和"诗书之乡"之称，也是中国历史文化名镇和湖州市的第一个国家 5A 级旅游景区。

神威·太湖之光超级计算机（国家超级计算无锡中心）——"神威·太湖之光"峰值计算速度达到 12.54 亿亿次每秒，是全球首个突破 10 亿亿次的超级计算机；持续计算速度达到 9.3 亿亿次每秒，使用自主研发的国产众核处理器。自 2016 年 6 月 20 日起，"神威·太湖之光"连续 4 次取得世界超级计算机冠军。

▶ **旅行锦囊**

加油站：

中国石油加油站（嘉兴二环西路站）、中国石化加油站（无锡锡洲站）。

服务区：

新塍服务区、白洋湖服务区、梅村服务区。

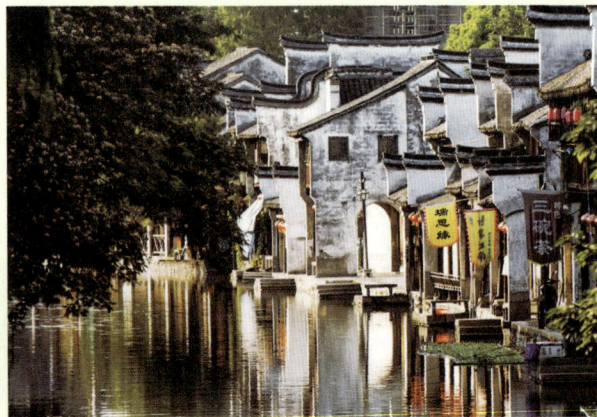

△ 南浔古镇

温馨提示：1. 国家超级计算无锡中心：需提前在中心公众号上预约参观。

2. 乌镇古镇旅游区：东西栅景区联票 190 元/人（单票：东栅 150 元/人，西栅 110 元/人）。

3. 南浔古镇：门票 100 元/人。

❯ 餐饮推荐

鲜肉粽子、荷叶粉蒸肉、乳腐肉、酱排骨、油面筋、无锡小笼包、烩鳝。

DAY3 无锡—南京大胜关长江大桥
（行驶里程 200 公里）

今日前往南京，参观南京大胜关长江大桥，大桥建成时代表了中国桥梁建造的最高水平，被誉为"世界铁路桥之最"，标志着中国桥梁建造技术跻身于世界领先行列。

❯ 路况

整体路况良好，途经沪宜高速、沪武高速、宁宜高速。

❯ 海拔情况

南京：海拔 20~30 米。

❯ 沿途特色景区

鼋头渚景区——鼋头渚风景区既有山长水阔、帆影点点的自然山水画卷，有小桥流水、绿树人家的山乡田园风光，有典雅精致、古朴纯净的江南园林景致，加上历代名人雅士游踪、石刻、书画、传说等诸多内涵深厚的文化积淀，构成了此地以天然山水为主、人工点缀为辅的综合性、多功能风景旅游胜地。

南京大胜关长江大桥——这是一座跨长江的高速铁路桥梁，是京沪高速铁路的控制性工程之一，全长 9273 米，桥面设置六线铁路，高铁设计最高速度为 300 公里/小时。该桥是世界首座六线铁路大桥，是世界上跨度最大的高速铁路桥，也是世界上设计荷载最大的高速铁路桥。

△ 鼋头渚樱花

钟山风景区——景区以中山陵为中心，与明孝陵景区、灵谷景区、头陀岭景区和其他景点一共五部分。在这里经常能看到山顶有紫云紫绕，又名"紫金山"。龙盘虎踞，山水城林浑然一体，是南京山水人文之钟萃。

夫子庙秦淮风光带——景区围绕着夫子庙和秦淮河，东起东水关淮青桥秦淮水亭，越过文德桥，直到中华门城堡延伸至西水关的内秦淮河地带，还有秦淮河两岸的街巷、民居、古迹和风景点，是南京最繁华的地方。

❯ 旅行锦囊

加油站：

中国石化加油站（无锡新峰站）、中国石化加油站（南京海峡城站）。

服务区：

滆湖服务区、茅山服务区。

温馨提示：南京夏季极其炎热，请自备防暑用品（遮阳伞、防晒霜等）。

❯ 餐饮推荐

南京盐水鸭、桂花糖芋苗、龙袍蟹黄汤包、鸭血粉丝汤、鸭油酥烧饼、什锦豆腐涝。

△ 南京大胜关长江大桥

No.34 江南园林赏析之旅

手绘线路图

线路概况

本条线路在带您一览烟雨江南独特美景的同时，深入江浙两省，鉴赏江南古典园林的扛鼎之作——苏州园林和杭州园林。其中苏州园林是中国古代园林建筑的主要流派之一，以"苏州四大园林"沧浪亭、狮子林、拙政园、留园为代表，曾影响了整个江南城市的建筑格调。两地的古典园林运用了各具特色的造园手法，将亭、台、楼、阁、泉、水、花、木等完美融合，在城市里营造出人与自然和谐的居住环境。

非遗体验

苏绣、江南丝竹、昆曲、桃花坞木版年画、苏州评弹、苏州御窑金砖制作技艺、香山帮传统建筑营造技艺、白蛇传传说、西湖绸伞。

土特产

周市爊鸭、万三蹄、苏州慈姑、阳澄湖大闸蟹、西湖莼菜、西湖龙井、杭州丝绸、临安山核桃、塘栖枇杷。

行程规划

线路： 苏州四大名园（沧浪亭、狮子林、拙政园、留园）—环秀山庄—网师园—杭州园林（郭庄、胡雪岩故居）。

总里程： 203 公里。

总天数： 3 天。

DAY1 沧浪亭—狮子林—拙政园—留园
（行驶里程 16 公里）

今日来到苏州市，观赏著名的"苏州四大园林"——沧浪亭、狮子林、拙政园、留园。它们是江南古典园林的杰出代表，彰显着宋、元、明、清四个朝代园林艺术风格的巅峰，不仅是中国优秀的文化遗产，更被联合国教科文组织列为世界文化遗产。

路况

整体路况良好，途经苏州市内道路。

海拔情况

苏州：平均海拔 4 米。

沿途特色景区

沧浪亭——园内以山石为主景，山上古木参天，山下凿有水池，山水之间以一条曲折的复廊相连。主要景区以山林为核心，四周环列建筑，亭及依山起伏的长廊又利用园外的水画，通过复廊上的漏窗渗透作用，沟通园内、外的山、水，使水面、池岸、假山、亭榭融成一体。园中山上石径盘旋，古树葱茏，箬竹被覆，藤萝蔓挂，野卉丛生，朴素自然，景色苍润如真山野林。

狮子林——这里有国内最大的古代假山群。湖石假山出神入化，被誉为"假山王国"。狮子林假山是中国古典园林中堆山最曲折，最复杂的典范之一。园林初建时，搜集了大量北宋"花石纲"的遗物，经过叠石名家的精妙构思，假山群气势磅礴，以"透、漏、瘦、皱"的太湖石堆叠的假山，玲珑俊秀，洞壑盘旋，像一座曲折迷离的大迷宫。假山上有石峰和石笋，石缝间长着古树和松柏，石笋上悬葛垂萝，富有野趣。

拙政园——全园分东、中、西、住宅四部分，是典型的苏州民居。东部明快开朗，以平冈远山、松林草坪、竹坞曲水为主，主要景点有兰雪堂、缀云峰、芙蓉榭、天泉亭、秫香馆等。中部是拙政园精华所在，以水为主，池广树茂，景色自然，临水布置了形体不一、高低错落的建筑，主次分明，主要景点有远香堂、香洲、荷风四面亭、见山楼、小飞虹、枇杷园等。西部主体建筑为靠近住宅一侧的卅六鸳鸯馆，水池呈曲尺形，特点是台馆分峙、回廊起伏，水波倒影，别有情趣，装饰华丽精美。

留园——我国大型古典私家园林，是清代风格的代表，有留园三绝：冠云峰、楠木殿、鱼化石。留园以建筑艺

△ 沧浪亭可园

△ 狮子林的飞瀑亭

术精湛著称，厅堂宽敞华丽，庭院富有变化，太湖石以冠云峰为最，有"不出城郭而获山林之趣"。此外，园中鸳鸯厅也极具特色，一屋两翻轩的布局，由南北两厅组成，南北两厅装修不同。北为方梁有雕花，是男主人会客的地方；南为圆梁，无雕花，是女主人会客和男主人听音乐的地方。

◈ 旅行锦囊

加油站：

中国石油加油站（平门站）。

温馨提示：为保护文物古迹，游园期间，请勿触碰。

◈ 餐饮推荐

奥灶面、鲜肉月饼、苏州糕团、枫镇大面、油氽紧酵、卤汁豆腐干、糖粥、蟹壳黄。

DAY2　环秀山庄—网师园—杭州市
（行驶里程 160 公里）

今日首先前往参观环秀山庄，这里以山为主，以池为辅，充分体现了苏州园林叠山理水的精髓。接着来到网师园，这里对尺度比例的精妙把握，对空间抑扬、收放的自如处理，呈现出极高的造园技艺，大有可观。随后启程前往杭州市。

△ 雪后苏州拙政园

△ 留园夏季风光

△ 金鸡湖桃花岛航拍

路况

整体路况良好，途经苏州市内道路、常台高速、沪昆高速、杭甬高速。

海拔情况

苏州：平均海拔 4 米。杭州：海拔 19 米。

沿途特色景区

金鸡湖景区——国家 5A 级旅游景区，是中国最大的城市湖泊公园，被称为 21 世纪苏州 "人间新天堂" 的象征。景区有大型滨水空间的城市湖滨广场、公园与住宅精美构建的玲珑湾、富有生态教育内涵的望湖角公园、综合公共艺术与文化设施的文化水廊、以亲水公园、大批带状绿地林荫道构成的湖滨大道，也是 "苏州十大最美夜景地"。

平江路历史街区——苏州的一条沿河老街，国家 4A 级旅游景区。平江路一带是苏州保存最典型、最完整的历史文化街区。它至今保持着路河并行的双棋盘格局，有着小桥、流水、人家以及悠深古巷的江南水城特色，有深厚的文化底蕴、丰富的历史遗存和人文景观，还有为数众多的老建筑，许多古桥、古井、古树、古牌坊散落其间。

环秀山庄——这是一座以假山为主的古典园林，假山

△ 平江路

△ 环秀山庄

△ 网师园全景

和房屋面积占全园大半，余下就是水面，园西北部是精巧的石壁，北部是临水的"补秋山房"，东北部为"半潭秋水一房山亭"。全园以山为主，以池为辅，充分体现了苏州园林叠山理水的精髓。环秀山庄原为唐末吴越王钱元璙的金谷园故址，现在也是苏州刺绣研究所。

网师园——典型的宅园合一的私家园林。住宅部分共三进，自大门至轿厅、万卷堂、撷秀楼，沿中轴线依次展开，主厅"万卷堂"屋宇高敞，装饰雅致。在堂前的砖门楼雕刻精致，做工考究，是江南一绝。整个主景区通过对尺度比例的精妙把握，对空间抑扬、收放的自如处理，展现出园中有园、景中有景的风格，耐人玩味。

❯ **旅行锦囊**

加油站：

中国石油加油站（苏州南园站）。

服务区：

白洋湖服务区、新塍服务区、嘉兴服务区、长安服务区。

温馨提示： 为保护文物古迹，游园期间，请勿触碰。

❯ **餐饮推荐**

大闸蟹、苏州粽子、响油鳝糊、东坡肉、定胜糕、龙井虾仁、杭州小鸡酥、西湖莼菜汤。

DAY3 胡雪岩故居—郭庄 （行驶里程8公里）

今日首先前往参观被称为"清末第一豪宅"的胡雪岩故居，这里耗资10万两白银所建，整座古宅文物荟萃，犹如一座民间工艺珍宝馆。接着来到"西湖古典园林之冠"的郭庄，这里是杭州现存唯一完整的私家花园，园林正对苏堤，可观西湖美景。

△ 胡雪岩故居

△ 郭庄月季花展

> ▶ **路况**

整体路况良好，途经杭州市内道路。

> ▶ **海拔情况**

杭州：海拔19米。

> ▶ **沿途特色景区**

胡雪岩故居——这里相传是胡雪岩共耗资10万两白银所建，号称"中国巨商第一宅"，也被誉为清末第一豪宅。整座古宅分十三楼宇、芝园等，亭台楼阁，水榭通幽。从建筑到家具都精心布置，运用大量名贵木材精雕细刻。故居内还有董其昌、郑板桥、唐伯虎、文徵明等名家的书法石刻作品，以及两顶为胡雪岩量身制作的红木轿子，坐在其中，宛如置身小亭。整座古宅文物荟萃，犹如一座民间工艺珍宝馆。

郭庄——这里借西湖之景，与西湖山水融为一体，被誉为"西湖古典园林之冠"，是杭州现存唯一完整的私家花园。庄园现有三部分：内池、外池及内池东侧和南端的居住区。园濒湖构台榭，有船坞，以水池为中心，曲水与西湖相通，旁垒湖石假山，玲珑剔透。庄内"景苏阁"正对苏堤，可观外湖景色。郭庄雅洁，被园林学界誉为"西湖池馆中最富古趣者"。

杭州西湖文化景观——国家级风景名胜区、国家5A级旅游景区、世界文化景观遗产。环湖一周约15千米，苏堤与白堤把全湖隔为外湖、里湖、岳湖、西里湖和小南湖5个部分。有苏堤春晓、平湖秋月、柳浪闻莺、花港观鱼、双峰插云、三潭印月、南屏晚钟、雷峰夕照、曲院风荷、断桥残雪"十景"。西湖秀丽的湖光山色和众多的名胜古迹闻名中外，自古就有"天下西湖三十六，就中最好是杭州"的盛赞。

△ 西溪国家湿地公园

西溪国家湿地公园——国家5A级旅游景区、国家级湿地公园。有城市湿地、农耕湿地和文化湿地等场景，是全国首个国家湿地公园。整个园区有6条河流纵横交汇，水道如巷、河汊如网、鱼塘栉比如鳞、诸岛棋布，形成了西溪独特的湿地景致。并有"秋芦飞雪、高庄宸迹、渔村烟雨、河渚听曲、龙舟胜会、曲水寻梅、火柿映波、莲滩鹭影、洪园余韵、蒹葭泛月"等十景。

> ▶ **旅行锦囊**

加油站：

中国石化加油站（秋涛路站）。

> **温馨提示：** 为保护文物古迹，游园期间，请勿触碰。

> ▶ **餐饮推荐**

虾爆鳝面、片儿川面、杭州酱鸭、杭州小笼包、干炸响铃、西湖藕粉、桂花鲜栗羹。

△ 杭州西湖文化景观

No.35 吴越春秋寻根之旅

手绘线路图

线路概况

海纳百川、兼容并蓄，一方水土涵养一方人。溯（长）江、环（太）湖、濒海的"山水形胜"，造就了吴越文化缔造者的文化习性与人文精神。河姆渡遗址的发现，证明了早在六七千年前，长江下游已经有了比较进步的原始文化，是中华民族文化的发祥地之一。田螺山遗址现场馆是我国南方水乡地区实行原址保护和展示的第一处，开创了先建保护棚再发掘的考古新方式，它不仅为野外考古提供了优越的工作条件，也为观众观摩考古过程、普及考古知识提供了可能。

非遗体验

田山歌、阿婆茶、摇快船、宣卷、江南丝竹、土布染织技术、苏绣、苏州宋锦、古琴艺术（浙派古琴）、中国蚕桑丝织技艺（杭罗织造技艺、余杭清水丝绵制作技艺）、篆刻（金石篆刻）。

土特产

余姚杨梅、余姚榨菜、余姚瀑布仙茗、余姚茭白、余姚蜜梨、余姚荷藕、四明山红枫、余杭径山茶、朱家角扎肉、芡实糕、鸡头米、太湖白鱼、太湖白虾、太湖鸡、太湖毫红、塘栖枇杷。

行程规划

➔ **线路：**河姆渡遗址—良渚国家考古遗址公园—马家浜遗址—崧泽古文化遗址—三山文化遗址。

◎ **总里程：**460公里。

◎ **总天数：**3天。

△ 越窑青瓷砚滴（五代十国，绍兴市上虞博物馆 藏）

△ 河姆渡遗址

△ 河姆渡遗址

DAY1 河姆渡遗址—良渚文化村
(行驶里程 160 公里)

今日来到闻名世界的河姆渡遗址，这是新石器时代的遗址，通过发掘和研究，证明了早在六七千年前，长江下游已经有了比较进步的原始文化，是中华民族文化的发祥地之一。

❯ 路况

整体路况良好，途经丹东线、古乍线、杭州湾环线高速、杭州绕城高速。

❯ 海拔情况

余姚市城区的平地海拔是 13 米，最高峰大长山青虎湾岗海拔 979 米。

❯ 沿途特色景区

河姆渡遗址——全国重点文物保护单位。遗址总面积约 4 万平方米，叠压着四个文化层，其中第四层的时代，经测定距今已有六七千年。河姆渡遗址出土的稻谷数量之多，保存之完好，分布范围之广，在已发现的新石器时代遗址中是十分罕见的，填补了我国新石器时代"有粳无籼"的空白。

河姆渡遗址博物馆——博物馆建筑造型源于河姆渡 7000 年前"干栏式"建筑风格，有"长脊、短檐、高床"的特点，构筑出高于地面的架空层，人字形坡屋面上耸起多组交错构件，象征着 7000 年前榫卯木作技术，再配以土红色波纹陶瓦、炒米黄毛面墙砖，显得古朴、野趣，与河姆渡文化融为一体。

田螺山遗址——全国重点文物保护单位。田螺山遗址是迄今为止发现的河姆渡文化中地面环境保存最好、地下遗存相对完整的一处史前村落遗址，它向人们提供了极有价值的研究视角。遗址发现的多层次的干栏式建筑以及埠头、独木桥等遗迹对河姆渡文化聚落研究具有关键的价值。

上虞博物馆——这里陈列展览的上虞越窑是早期越窑的主体。上虞境内古窑址数量众多，以小仙坛窑址为代表的曹娥江中游地区，是举世公认的瓷器发源地。境内还分布着大量的古墓葬，出土了大量的各个时期的越窑青瓷。越窑青瓷是上虞博物馆最具特色的藏品。"上虞越瓷"展出了 97 件自河姆渡文化至北宋时期的陶瓷。

❯ 旅行锦囊

加油站：

中国石油加油站（古乍线站）、中国石化加油站（交通四站）。

服务区：

余姚服务区、绍兴服务区、下沙服务区。

△ 河姆渡遗址公园挖掘现场

△ 田螺山遗址现场馆

△ 上虞博物馆

△ 良渚国家考古遗址公园

温馨提示： 河姆渡遗址：门票免费。

餐饮推荐

三鲜过桥、百鸟朝凤、黄鱼面、笋干菜扣肉、生爆鳝背、榨菜甲鱼、青鱼划水、鸡羹糊、火腿鱼圆、傍林鲜。

DAY2 良渚国家考古遗址公园—马家浜遗址—嘉兴市
（行驶里程 110 公里）

今日前往良渚国家考古遗址公园参观。良渚文化主要分布于长江下游、太湖流域，向东延伸到东海之滨，西北至江苏镇江、常州一带。良渚文化是马家浜文化经过崧泽文化发展而来。

路况

整体路况良好，途经京岚线、杭州绕城高速、杭甬高速（杭州支线）、沪昆高速。

海拔情况

杭州平原的海拔高度在 20~60 米，山地海拔在 1000~1500 米。

沿途特色景区

良渚国家考古遗址公园——全国重点文物保护单位。这是我国长江下游太湖流域新石器时代晚期的重要的古文化。良渚文化的特征是一种以稻作为主的原始文化，玉器制作技术达到极高水平，器形种类繁多，创中国古代玉文化之先河。良渚文化晚期正处于原始社会向阶级社会过渡阶段，对研究中华文明具有极重要的价值。

良渚博物院——国家 4A 级旅游景区。是一座综合反映良渚文化考古研究成果的专题性博物馆。

马家浜遗址——全国重点文物保护单位。这里是长江下游、太湖流域新石器时代马家浜文化的代表遗址，距今约 6000 年。马家浜遗址以其鲜明典型的文化特征，受到考古学界重视，并命名为马家浜文化，确定了它在中国史前文化中的地位。

嘉兴博物馆——博物馆有书画、石器、骨器、陶瓷器、玉器和其他馆藏珍贵文物近 6000 件。《禾源—嘉兴史前文物展》以马家浜遗址的发现作为嘉兴文化的源头，系

△ 良渚国家考古遗址公园（南城墙遗址展示点建筑）

△ 良渚国家考古遗址公园

△ 上海嘉兴马家浜文化博物馆

△ 上海福泉山遗址出土新石器时代
良渚文化权杖（上海博物馆收藏）

统地展示马家浜文化、崧泽文化、良渚文化发展序列；《沃土嘉禾——历史时期的嘉兴》陈列分六个单元，围绕"禾"这一主线，较详细地记录了嘉兴从吴越时期开始历经唐宋元明清直到近现代各时代的发展变化过程。另有《馆藏珍贵文物展》和《馆藏书画展》基本陈列。

❯ **旅行锦囊**

加油站：

中国石化加油站（交通三站）、中国石化加油站（王店站）。

服务区：

长安服务区、嘉兴服务区。

❯ **餐饮推荐**

临平红烧羊肉、萧山八宝豆腐、豌豆糯米饭、粢毛肉圆、吴山鸭舌、嘉兴粽子、文虎酱鸭、荷叶粉蒸肉。

DAY3 嘉兴市—崧泽古文化遗址—三山文化遗址
（行驶里程 190 公里）

崧泽文化是以青浦区城东 4 公里处崧泽古文化遗址的中层文化为代表的一类新石器时代古文化。是前承马家浜文化，后接余杭良渚文化的一种太湖地区新石器时代的具有一定典型性代表的文化。崧泽文化距今 4900~5800 年，分布范围大致在长江以南、钱塘江以北、太湖以东地区。

❯ **路况**

整体路况良好，途经沪昆高速、上海绕城高速、沪常高速。

❯ **海拔情况**

上海市青浦区海拔高度在 2.8~3.5 米。

❯ **沿途特色景区**

崧泽古文化遗址——全国重点文物保护单位。这里经过一系列的考古调查和发掘，发现了一个原始村落，距今有五六千年，并保存了大量的文物和史迹。它是上海地区迄今为止最早的古文化遗址。发现可人工培植的籼稻和粳稻的谷粒，证明了青浦地区的先民在距今六千年左右已掌握了水稻种植技术，更证明了中国是世界上最早栽培水稻的国家。遗址还出土了西周晚期和春秋时期的陶器、瓷器、石器和少量青铜器，反映出我国当时的劳动人民对瓷器的制造已有了相当高的水平。

福泉山古文化遗址——国家 3A 级旅游景区、全国重点文物保护单位。考古发现证明，它是古代太湖地区在沼泽地带中的一种典型的高台墓地，完整地保留了 6000 年来各个时期的文化叠压遗存，内有丰富的新石器时代的马家浜文化、崧泽文化、良渚文化与战国时代的遗存，考古界一致誉其为"东方的土筑金字塔""古上海的历史年表""上海的发祥地"等。

青龙镇遗址——全国重点文物保护单位。这里在今上海青浦和嘉定两区的交界处，"先有青龙镇，后有上海滩"，青龙镇是上海地区最早的对外贸易港口，是千年上海的重要实证。青龙镇曾是海上"丝绸之路"的重要港口，对研究海上丝绸之路的发展具有重要的价值。

三山文化遗址——三山岛在苏州市吴中区东山镇西南太湖中。这里有着距今 1 万余年被称为"三山文化"的旧石器时代遗址及哺乳类动物化石遗存。三山岛旧石器地点发掘所得的石制品很丰富，石制品原料主要为燧石、石髓、玛瑙等类型，有刮削器、尖状器、锥、钻、砍砸器和雕刻器等。

❯ **旅行锦囊**

加油站：

中国石化加油站（嘉东十九站）、中国石油加油站（孙武路站）。

服务区：

枫泾服务区、小昆山服务区。

❯ **餐饮推荐**

东山白煨羊肉、苏州塘藕、碧螺虾仁、银鱼羹、奥灶面、蟹壳黄、酱汁肉、花雕熟醉蟹。

No.36 江南名城水乡之旅

手绘线路图

线路概况

本精品路线自南京开始沿长江东去入海，开启了长江下游江南水乡之行。通过串联起南京、扬州、镇江、无锡、苏州、上海等历史文化名城，领略瘦西湖、太湖、大运河、钟山、拙政园、外滩等著名景观，让游客欣赏到美丽富饶的江南水乡景象，展现出江南的人杰地灵、山清水秀和古韵幽香。

非遗体验

南京：古琴艺术（金陵琴派）、剪纸（南京剪纸）、南京云锦木机妆花手工织造技艺、南京金箔锻制技艺。扬州：古琴艺术（广陵琴派）、扬剧、扬州评话、扬州清曲、扬州弹词、茶点制作技艺（富春茶点制作技艺）。镇江：白蛇传传说、古琴艺术（梅庵琴派）、佛教音乐（金山寺水陆法会仪式音乐）。无锡：梁祝传说、吴歌、道教音乐（无锡道教音乐）、锡剧、泥塑（惠山泥人）。苏州：宝卷（吴地宝卷）、苏州玄妙观道教音乐、昆曲、苏剧、滑稽戏、苏州评弹（苏州评话、苏州弹词）、苏绣。上海：谚语（沪

谚）、江南丝竹、沪剧、木偶戏（海派木偶戏）、滑稽戏。

土特产

南京：盐水鸭、雨花茶、南京云锦、辟邪。扬州：高邮湖大闸蟹、仪征绿杨春茶、广洋湖青虾、江都方酥、牛皮糖、扬州酱菜、高邮鸭蛋。镇江：镇江香醋、扬中河豚、丁庄葡萄、金山翠芽、丹阳黄酒、镇江小磨麻油、马兰叶茶。无锡：三凤桥酱排骨、清水油面筋、太湖三白、惠泉黄酒、方糕、小笼馒头、无锡惠山泥人、阳山水蜜桃。苏州：苏绣、苏州桥酒、碧螺春茶叶、长江刀鱼、太湖三白（白鱼、银鱼和白虾）、阳澄湖大闸蟹。上海：蝴蝶酥、状元糕、高桥松饼、七宝方糕、上海卤鸭、崇明糕。

行程规划

⊘ **线路：** 南京市—扬州市—镇江市—无锡市—苏州市—上海市。

◎ **总里程：** 430公里。

◎ **总天数：** 3天。

△ 南京钟山风景名胜区中山陵

DAY1 南京市—扬州市—镇江市
（行驶里程 136 公里）

今日首先来到我国的著名古都之一的南京，这里是中华文明的重要发祥地，有着 7000 多年文明史和近 500 年的建都史，当之无愧的我国首批历史文化名城。随后前往扬州，这里是世界遗产城市、世界美食之都、世界运河之都，一句"烟花三月下扬州"名满天下，也荣膺我国首批历史文化名城。

▶ **路况**

整体路况良好，途经南京绕城高速、沪陕高速、扬溧高速。

▶ **海拔情况**

南京：平均海拔 20～30 米；扬州：海拔 4～8 米；镇江：海拔 5～10 米。

▶ **沿途特色景区**

钟山风景名胜区——中国著名的风景游览胜地、首批国家级风景名胜区、首批国家 5A 级旅游景区、国家森林公园。景区以中山陵为中心，明孝陵和灵谷寺相辅，各类名胜古迹数量众多，其中世界文化遗产 1 处，全国重点文物保护单位 15 处。整个景区有明孝陵景区、中山陵景区、灵谷景区、头陀岭景区和其他景点五大部分。

侵华日军南京大屠杀遇难同胞纪念馆——国家 4A 级旅游景区、红色旅游经典景区。纪念馆新馆造型犹如一艘巨大的"和平之舟"，东部拔地而起的高大船头是陈列展厅；中部是原馆的遗址悼念区；西部大片开阔区域是树木葱茏的和平公园，有十多座形态逼真、寓意深刻的雕塑点缀其中；还有馆藏交流区。这是一座纪念性的遗址型历史博物馆，也是全国爱国主义教育基地和全国文物保护单位。

栖霞山风景名胜区——国家 4A 级旅游景区、国家级森林公园。栖霞山濒临长江，青峰逶迤。最南是景致岗，中间为千佛岩，北面为黑石挡、平山头及三茅峰。其中三茅峰最高，又名凤翔峰，是栖霞山之主峰，海拔 286

△ 侵华日军南京大屠杀遇难同胞纪念馆

△ 深秋的栖霞山桃花湖

米，卓立天外，雄镇群峰。

瘦西湖风景区——国家级风景名胜区、国家 5A 级旅游景区。因在扬州西北部，湖面瘦长，故称"瘦西湖"。窈窕曲折的湖道，串以长堤春柳、四桥烟雨、徐园、小金山、吹台、五亭桥、白塔、二十四桥、玲珑花界、熙春台、望春楼、吟月茶楼、湖滨长廊、石壁流淙、静香书屋等岸边景点，俨然一幅天然秀美的国画长卷。

运河三湾风景区——国家 4A 级旅游景区、国家水利风景区、世界文化遗产。景区以古运河为轴线、以运河三湾风景区为核心，分布有剪影桥、凌波桥、听雨榭、观鸟屋、津山远眺、琴瑟桥、乐水园等景点。

> **旅行锦囊**

加油站：

中国石油加油站（扬州水晶宫站）、中国石化加油站（镇江跃进桥站）。

服务区：

四桥服务区、仪征服务区。

> **温馨提示：** 侵华日军南京大屠杀遇难同胞纪念馆：周一闭馆。

> **餐饮推荐**

南京：盐水鸭、鸭血粉丝汤、美人肝、炖生敲、清炖鸡孚、金陵丸子、凤尾虾、炖菜核。扬州：扬州炒饭、扬州烫干丝、扬州三丁包子、黄桥烧饼、扬州灌汤包、扬州盐水鹅、牛皮糖、四喜汤圆。镇江：水晶肴肉、红烧河豚、清炖蟹粉狮子、东乡羊肉、拆烩鲢鱼头、宝堰红烧甲鱼。

DAY2 **镇江市—无锡市—苏州市**（行驶里程 188 公里）

今日来到镇江，这里早在春秋战国时就有建制，是长江和京杭大运河的唯一交汇枢纽，成就了中国"江河立交桥"坐标，为我国第二批国家历史文化名城。接着前往国家历史文化名城——无锡，这里自西汉建县以来已有 2200 多年历史，也是吴文化发祥地、中国近代民族工商业和现代乡镇企业发源地，保存下来的历史遗存和非物质文化遗产非常丰富。

> **路况**

整体路况良好，途经沪蓉高速、快速内环西、苏台高速。

> **海拔情况**

无锡：平均海拔 8 米；苏州：平均海拔 4 米。

> **沿途特色景区**

南山风景区——国家 4A 级旅游景区。风景区有始建于东晋时期的三大古寺——招隐寺、竹林寺、鹤林寺，以及三口名泉——虎跑泉、鹿跑泉、珍珠泉。六朝后，历代文士名流曾在此隐居，在中国文化史上有重要地位。

△ 瘦西湖风景区五亭桥航拍

△南山风景区

△春秋淹城旅游区

"米氏云山"书法、《昭明文选》都出于此，戴颙、苏东坡、周敦颐和南山也有不解之缘。

春秋淹城旅游区——国家5A级旅游景区。是我国目前西周到春秋时期保存下来的最古老、最完整的地面古城池。淹城气势壮观，遗址有土墙三重，分为外城、内城、子城，各城均有护城河环绕，只在西面有一出口通道。外城呈椭圆形，周长约2.5公里，内城和子城都为方形。城内有淹君殿、跑马岗、甘露城、头墩、肚墩、脚墩、玉井、摇铃钟声、龙泉等古景点。城内外散布着的百余个土墩中，以头墩、肚墩、脚墩为最大。

惠山古镇——国家5A级旅游景区。古镇由南北走向的横街和东西走向的直街围成，直街的东端有写着"惠山古镇"四个大字的古镇大照壁。游客可以看到大片古祠堂，祠堂群始建于唐，盛于明清，在古镇看到的多是清代祠堂。这些祠堂涉及80多个姓氏，大家不妨在此寻踪问祖一回……镇上的无锡泥人是不错的手信，美食也值得品尝。

鼋头渚景区——国家5A级旅游景区。鼋头渚在太湖之滨的充山西面，因为有石渚像鼋头一样伸入湖中，所以称为鼋头渚。有充山隐秀、鹿顶迎晖、鼋渚春涛、横云山庄、万浪卷雪、湖山真意、十里芳径、太湖仙岛等10多处景点。太湖风光以雄浑清秀见长，四季景色不同，晨暮意境迥然，鼋头渚是观赏太湖风光的最佳地点。

❯ **旅行锦囊**

加油站：

中国石化加油站（无锡桑园站）、中国石化加油站（苏州塔园路站）。

服务区：

窦庄服务区、芳茂山服务区。

❯ **餐饮推荐**

无锡：无锡小笼包、清炒虾仁、太湖一锅鲜、无锡排骨、玉兰饼、梁溪脆、太湖三白、响油鳝糊、三鲜馄饨。

苏州：羊方藏鱼、蟹粉狮子、霸王别姬、大煮干丝、水晶肴肉、清蒸鲥鱼、文思豆腐、将军过桥。

△ 惠山古镇春色

△ 鼋头渚樱花

DAY3 苏州市—上海市
（行驶里程 106 公里）

今日来到苏州，这里是我国家首批国家历史文化名城之一，至今保持着"水陆并行、河街相邻"的双棋盘格局，小桥流水、粉墙黛瓦、古迹名园的独特风貌无可复制。最后前往上海，这里是全国第二批国家历史文化名城，有着众多的历史古迹和深厚的近代城市文化底蕴，是一座中西合璧、充满独特韵味的东方大都市。上海自19世纪中期登上国际舞台以来，就以自身独特的魅力和耀眼的光芒，闻名遐迩，蜚声中外，其繁华与璀璨不逊色于世界上任何一座城市。

❯ 路况

整体路况良好，途经沪常高速、沈海高速、延安高架路。

❯ 海拔情况

上海：平均海拔 2.19 米。

❯ 沿途特色景区

寒山寺——国家 4A 级旅游景区。它的闻名于世要归功于唐代诗人张继。当年张继进京赶考，名落孙山，郁郁还乡，途经苏州，夜宿枫桥，触景生情，写下了千古绝唱的《枫桥夜泊》：月落乌啼霜满天，江枫渔火对愁眠。姑苏城外寒山寺，夜半钟声到客船。

拙政园——全园分东、中、西、住宅四部分，是典型的苏州民居。东部明快开朗，以平冈远山、松林草坪、竹坞曲水为主，主要景点有：兰雪堂、缀云峰、芙蓉榭、天泉亭、秫香馆等。中部是拙政园精华所在，以水为主，池广树茂，景色自然，临水布置了形体不一、高低

错落的建筑，主次分明，主要景点有：远香堂、香洲、荷风四面亭、见山楼、小飞虹、枇杷园等。西部主体建筑为靠近住宅一侧的卅六鸳鸯馆，水池呈曲尺形，特点是台馆分峙、回廊起伏，水波倒影，别有情趣，装饰华丽精美，主要景点有：卅六鸳鸯馆、倒影楼、与谁同坐轩、水廊等。

南京路步行街——国家 4A 级旅游景区。南京路是上海最热闹最繁华的商业大街，被誉为"中华商业第一街"。在这里汇集了数百家现代化商厦、中华老字号商店及名特产品商店。南京路成为我国最大的零售商品集散地和商业信息总汇，每天流向南京路的人流达到上百万人次。

外滩——百余年来，外滩一直作为上海的象征出现在世人面前。特别是外滩西侧各种风格迥异的中西建筑物，尽显"远东华尔街"风采，至今仍有"万国建筑博览"的美誉。转向东侧，游客可以领略上海母亲河——黄浦江的风采，远眺对岸浦东陆家嘴地区的新姿，或散步于绿树花坛之间，感受大都市花园的别有风味，享受大都市少有的清新空气和明媚阳光。

东方明珠广播电视塔——国家 5A 级旅游景区、爱国主义教育基地。东方明珠塔坐落于浦东新区黄浦江畔、陆家嘴嘴尖上，背拥陆家嘴地区现代化建筑楼群，与隔江的外滩万国建筑博览群交相辉映，展现了国际大都市的壮观景色。入夜，遥望东方明珠，色彩缤纷、璀璨夺目；登塔俯瞰夜上海，流光溢彩、美不胜收。

❯ 旅行锦囊

加油站：

△ 寒山寺普明塔院

△ 拙政园

△ 外滩

中国石油加油站（苏州平门站）、中国石油加油站（上海曹家堰路站）。

温馨提示：沿线高速没有服务区，出发前请务必关注油量。

● **餐饮推荐**

上海：上海八宝鸭、水晶虾仁、上海白斩鸡、上海红烧肉、油爆虾、上海糖醋小排、醉蟹、清蒸松江鲈鱼。

△ 南京路步行街

△ 东方明珠广播电视塔

No.37 百年红色起源之旅

手绘线路图

李白烈士故居
上海市
上海总工会旧址
（原湖州会馆）
上海瞿秋白旧居
上海宋庆龄故居
上海
毛泽东旧居
江
上海陈毅广场(陈毅塑像)
宋庆龄陵园
中国共产党
第一次全国代表大会会址
龙华革命烈士陵园
淀
山
湖
闵行区
闵行区烈士陵园
浦
陈云故居
暨青浦革命历史纪念馆
青浦区
黄
练塘古镇

线路概况

上海是中国革命的五大圣地之一、这里有三十多处红色旅游基地。本精品线路以红色旅游经典景区等为载体，集中展现党的伟大历程和光辉岁月，引导广大人民群众探寻革命历程，传承红色基因。

非遗体验

沪剧、滑稽戏、奉贤山歌剧、扁担戏、上海绒绣、上海绕口令、嘉定竹刻、海派木偶戏、上海面人赵、海派玉雕、杏花楼广式月饼制作技艺、小绍兴白斩鸡制作技艺、香囊制作技艺、下沙烧卖制作技艺、石库门里弄营造技艺、南翔小笼馒头制作工艺、上海龙华庙会。

土特产

余山笋豆、农家土糕、练塘茭白、芡实糕、朱家角扎肉、新长发糖炒栗子、大白兔奶糖、上海梨膏糖、城隍庙五香豆、奉贤黄桃、崇明白山羊、金山蟠桃、崇明金瓜、浦东鸡、马陆葡萄、三林崩瓜、上海水蜜桃、奉贤黄秋葵、沪香枇杷、农灯草莓、上海芦笋。

行程规划

线路： 上海瞿秋白旧居—李白烈士故居—上海总工会旧址（原湖州会馆）—上海陈毅广场（陈毅塑像）—中国共产党第一次全国代表大会会址—上海毛泽东旧居—上海宋庆龄故居—龙华革命烈士陵园—陈云故居暨青浦革命历史纪念馆。

总里程： 80 公里。

总天数： 3 天。

DAY1 瞿秋白旧居—李白烈士故居—上海总工会旧址（原湖州会馆）—上海陈毅广场（陈毅塑像）
（行驶里程 10 公里）

上海的解放离不开革命先烈的英勇抗争与不懈奋斗，不仅有工人工会、有隐秘战线的无名英雄，还有中华人民共和国成立后的领导人和建设者。因为他们才有如今国际化大都市。今日一起走进他们的住所，瞻仰他们的故事，敬仰他们的壮举。

路况

整体路况良好，途经上海市内道路。

海拔情况

上海：平均海拔 2.19 米。

沿途特色景区

上海瞿秋白旧居——上海市文物保护单位、红色旅游经典景区。1984 年，上海市人民政府确定山阴路 133 弄 12 号东照里为瞿秋白在上海的旧居。瞿秋白是中国共产党早期领导人、伟大的马克思主义者、卓越的无产阶级革命家、理论家和宣传家，1935 年 6 月 18 日在福建长汀县罗汉岭下被国民党杀害。

李白烈士故居——上海市文物保护单位、红色旅游经典景区、爱国主义教育基地。李白烈士故居是李白烈士生前在上海进行革命斗争的工作和居住场所之一。

上海总工会旧址（原湖州会馆）——上海市文物保护单位、红色旅游经典景区。1927 年上海工人第三次武装起义胜利后，上海总工会在花厅楼下举行新闻记者招待会，报告起义经过。中共上海区委也曾在会馆内办公，并在大厅召开全市活动分子大会，由陈独秀、罗亦农主持并讲话。湖州会馆上海总工会会所成为当时上海工人阶级的革命指挥机关，一些产业工会的筹备会议和成立大会也常在会馆大厅举行。

上海陈毅广场（陈毅塑像）——国家 3A 级旅游景区、红色旅游经典景区。陈毅广场位于上海十里南京路东端，是为了纪念上海市第一任市长陈毅而建。陈毅塑像坐北朝南，塑像再现了陈毅同志视察工作时的典型姿态，显示他一路风尘、勤勤恳恳的公仆形象，又有和蔼可亲，虚怀若谷的儒将风度。塑像两侧就是上海著名的景点、城市名片——外滩。

旅行锦囊

加油站：

中国石化（永兴加油加气站）。

> **温馨提示**：李白烈士故居：周一、日闭馆。

餐饮推荐

炝虾、叶榭软糕、水晶肴肉、红烧油面筋、桂花糖藕、上海阳春面、粢饭、虾子大乌参、八宝辣酱、三鲜豌豆。

DAY2 中国共产党第一次全国代表大会会址—上海毛泽东旧居—上海宋庆龄故居
（行驶里程 10 公里）

上海是中国共产党人的初心始发地，也是我们党百年辉煌历程的见证地。"走得再远都不能忘记来时的路"。今日，我们回望和瞻仰"一大会址"目的就在于秉承立党初心、牢记崇高使命、把握历史主动，在时代的洪流中，不断奋进。

路况

整体路况良好，途经上海市内道路。

海拔情况

上海：平均海拔 2.19 米。

沿途特色景区

中国共产党第一次全国代表大会会址——国家一级博物馆、全国爱国主义教育示范基地、全国廉政教育基地、国家国防教育基地、国家 5A 级旅游景区。中共一大纪念馆由中国共产党第一次全国代表大会会址、宣誓大厅、新建展馆等部分组成。是一幢沿街砖木结构一底一楼旧式石库门住宅建筑，坐北朝南。中国共产党第一次全国代表大会于 1921 年 7 月 23 日至 30 日在一楼客厅举行。

上海毛泽东旧居——国家 2A 级旅游景区、红色旅游经典景区、爱国主义教育基地。旧居是一幢二楼二底、砖木结构、坐南朝北的老式石库门里弄住宅建筑，是毛泽

△ 阳春面

△ 上海宋庆龄故居历史别墅草地庭院

东和夫人杨开慧在 1924 年 2 月至年底住过的地方。

上海宋庆龄故居——国家 4A 级旅游景区、全国重点文物保护单位、爱国主义教育基地。宋庆龄故居是一幢红瓦白墙的小洋房，洋房原是一个德国人的私人别墅，分为前花园、主楼和后花园。楼前有宽广的草坪，楼后是花木茂盛的花园，周围有常青的香樟树掩映，环境优美清静。从 1948 年到 1963 年，宋庆龄在这里工作、生活达 15 年之久。是宋庆龄一生中居住时间最长的地方，也是她从事国务活动的重要场所，留下了许多珍贵的历史瞬间和大量文物。

宋庆龄陵园——国家 2A 级旅游景区、全国重点文物保护单位、红色旅游经典景区、爱国主义教育基地。宋庆龄陵园四周松柏青翠、肃穆宁静。宋庆龄的汉白玉雕像矗立在鲜花丛中。雕像后面即是墓地。墓前卧着一块素净的花岗石墓碑，后面洁白如玉的大理石墓椁。墓地正中是宋庆龄父母之墓，西侧是李燕娥女士之墓。陵园内设有纪念馆和上海儿童博物馆，远近谒墓瞻仰者络绎不绝。

▶ **旅行锦囊**

加油站：

中国石化加油站（延安中路站）。

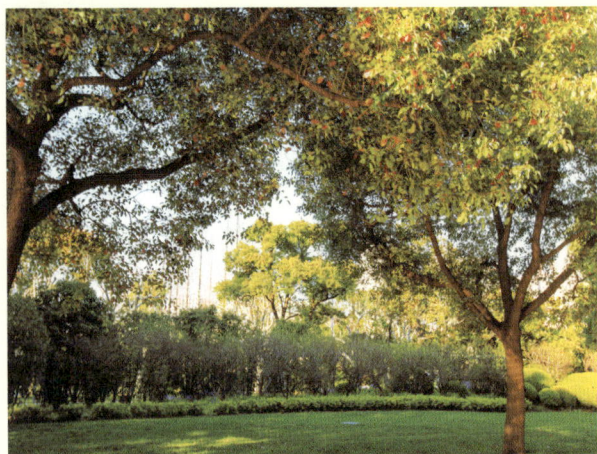

△ 宋庆龄陵园一角

温馨提示： 1. 中国共产党第一次全国代表大会会址：周一、四闭馆。

2. 上海毛泽东旧居：周一闭馆。

3. 宋庆龄陵园：周一闭馆。

▶ **餐饮推荐**

面拖蟹、龙凤酸辣汤、炒鳝糊、四喜烤麸、小绍兴白斩鸡、小绍兴鸡粥、上海春卷、蛤蚧当归炖草鸡、百花竹荪鱼翅卷、烟熏鲳鱼。

△ 上海宋庆龄陵园：宋庆龄雕像

△ 上海春卷

△ 蟹黄灌汤包

DAY3 龙华革命烈士陵园—陈云故居暨青浦革命历史纪念馆
（行驶里程 60 公里）

今日首先来到龙华烈士陵园，缅怀先烈，学习革命英烈事迹，将烈士们抛头颅洒热血的事迹代代相传。随后前往参观陈云故居暨青浦革命历史纪念馆，这里展示陈云同志的光辉一生，也反映了青浦人民在中国共产党的领导下，进行社会主义革命和建设的光辉历程。

❯ **路况**

整体路况良好，途经沪闵高架路、沪昆高速。

❯ **海拔情况**

上海：平均海拔 2.19 米。

❯ **沿途特色景区**

龙华革命烈士陵园——国家 4A 级旅游景区、全国重点文物保护单位、红色旅游经典景区、爱国主义教育基地。这里原为淞沪警备司令部旧址和龙华革命烈士就义地。中华人民共和国成立后，作为革命烈士纪念地予以保护，并与上海烈士陵园合并建设。重新开放后，成为一座集纪念瞻仰、旅游、文化、园林名胜于一体的新颖陵园，素有"上海雨花台"之称。陵园设纪念瞻仰区、烈士墓区、遗址区、地下通道与就义地、碑林区、青少年教育活动区、干部骨灰存放区和游憩区八大功能区。11 座大型雕塑与纪念广场坐落于南北主轴线上。

闵行区烈士陵园——红色旅游经典景区、爱国主义教育基地。闵行区烈士陵园位于休闲公园湖中小岛上，形如一把琵琶，迎宾大道似琴弦，居中轴线上，横贯陵园东西。

陈云故居暨青浦革命历史纪念馆——国家 4A 级旅游景区、上海市文物保护单位、红色旅游经典景区、爱国主义教育基地。馆区北依市河，南临西塘港，建筑设计体现江南特色，并与陈云故居及周边民间建筑尽量保持风格一致与和谐。

练塘古镇——古代江南闻名的商业集镇，也是国家 4A 级旅游景区。古镇区老街就在镇中市河两侧，两条石板路隔河相望。"高屋窄巷对街楼，小桥流水处人家"构成了练塘独特的景观。

❯ **旅行锦囊**

加油站：

中国石化加油站（龙华站）、中国石化加油站（青周站）。

温馨提示：1. 龙华烈士陵园：周一闭馆。
2. 闵行区烈士陵园：周六、日闭馆。

❯ **餐饮推荐**

松江四鳃鲈鱼汤、银鱼炒蛋、银鱼羹、金泽状元糕、南翔小笼包、蟹黄灌汤包、卤味扎肉、清蒸刀鱼、老街汤团、枫泾丁蹄。

△ 清蒸刀鱼

No.38 海派科技人文之旅

手绘线路图

线路概况

博物馆藏品、展览的专业性与精美度，往往能体现一个城市的品位与品质。上海有着众多的历史古迹和深厚的文化底蕴，是一座中西合璧、充满独特品位的东方大都市。本精品线路串联起上海中国航海博物馆、上海科技馆、上海博物馆、上海鲁迅纪念馆等国家一级博物馆，引领游客探访博物馆，穿越历史，见证奇迹。

非遗体验

沪剧、滑稽戏、奉贤山歌剧、扁担戏、上海绒绣、上海绕口令、嘉定竹刻、海派木偶戏、上海面人赵、海派玉雕、杏花楼广式月饼制作技艺、香囊制作技艺、下沙烧卖制作技艺、石库门里弄营造技艺、南翔小笼馒头制作工艺。

土特产

佘山笋豆、农家土糕、练塘茭白、芡实糕、朱家角扎肉、新长发糖炒栗子、大白兔奶糖、上海梨膏糖、城隍庙五香豆、奉贤黄桃、金山蟠桃、浦东鸡、马陆葡萄、三林崩瓜、上海水蜜桃、奉贤黄秋葵、沪香枇杷、农灯草莓、上海芦笋。

△ 上海中国航海博物馆

△ 滴水湖

行程规划

线路： 上海中国航海博物馆—上海科技馆—上海博物馆—上海鲁迅纪念馆。

总里程： 80 公里。

总天数： 3 天。

DAY1 上海中国航海博物馆—滴水湖—新场古镇—上海迪士尼度假区
（行驶里程 60 公里）

今日来到位于上海东南面的上海中国航海博物馆，这里是经国务院批准设立的中国第一家国家级航海博物馆，旨在弘扬中华民族灿烂的航海文明和优良传统，建构国际航海交流平台，培养广大青少年对航海事业的热爱，营造上海国际航运中心的文化气氛。

路况

整体路况良好，途经申港大道、沪芦高速。

海拔情况

上海：平均海拔 2.19 米。

沿途特色景区

上海中国航海博物馆——我国首个经国务院批准设立的国家级航海博物馆，也是我国规模最大、等级最高的综合性航海博物馆。馆内有航海历史、船舶、航海与港口、海事与海上安全、海员、军事航海六大展馆，渔船与捕鱼、航海体育与休闲两个专题展区，以及天象馆、4D 影院和儿童活动中心。

滴水湖——国家 3A 级旅游景区、国家水利风景区。这里是上海临港新城主城区的地标，设计构思来源于德国 GMP 公司的总体规划方案，"一滴来自天上的水滴，落入大海，泛起层层涟漪，水滴落入处形成滴水湖"。它是目前国内最大的人工淡水湖，已经成为长三角和上海国际都市的生态名片。

新场古镇——国家 3A 级旅游景区。作为上海浦东地区唯一具有江南水乡特色的千年古镇，这里保存完好，原汁原味的古街、古桥、古寺、古树，无不折射出古镇独特韵味。

上海迪士尼度假区——中国内地首座迪士尼主题乐园，也是一座具有纯正迪士尼风格并融汇了中国风的主题乐园。有米奇大街、奇想花园、探险岛、宝藏湾、明日世界、梦幻世界等场景以及迪士尼城堡、漫威英雄总部、巴斯光年星际营救等游乐项目，深受广大国人的喜爱。

△ 新场古镇

△ 上海迪士尼的奇想花园

△ 上海科技馆

△ 上海世纪公园夜景

◉ 旅行锦囊

加油站：

中国石油加油站（环湖西三路站）。

服务区：

临港服务区。

> **温馨提示：** 上海中国航海博物馆：门票 50 元 / 人；
> 参观时间 9:30—16:30（15:30 停止入馆）；周一闭馆。

◉ 餐饮推荐

新场羊肉面、海棠糕、下沙笋肉烧卖、昂刺鱼菜饭、油炸臭豆腐、苏记咸蹄。

DAY2 上海科技馆—上海世纪公园—东方明珠广播电视塔—浦东美术馆
（行驶里 10 公里）

今日来到位于上海浦东新区行政文化中心世纪广场的上海科技馆，这里是上海市最主要的科普教育基地和精神文明建设基地，是深受青少年和市民欢迎的国家一级博物馆、国家 5A 级旅游景点和国内外游客喜爱的上海特色文化地标。

◉ 路况

整体路况良好，途经锦绣路、世纪大道。

◉ 海拔情况

上海：平均海拔 2.19 米。

◉ 沿途特色景区

上海科技馆——国家 5A 级旅游景区。这里展现了"自然·人·科技"的主题，有教育与科研、合作与交流、收藏与制作等功能，并用学科手段寓教于乐，让每个参观者能在互动活动中，接受科技知识的教育和科学精神

的熏陶。主馆有 11 个风格各异的主题展区、4 个高科技特种影院、3 个古今中外科学家及其足迹的艺术长廊、2 个主题特展和若干个临时展厅。

上海世纪公园——国家 4A 级旅游景区，是上海内环线中心区域内最大、最富自然特征的生态型城市公园。公园犹如一枚绿色的翡翠镶接在壮观的世纪大道终点，展现了"人、自然、和谐"的主题，东西方园林艺术和"人与自然"理念在这里完美融合。公园有大面积的草坪、森林和湖泊，步行其中，宁静平和。

东方明珠广播电视塔——电视塔毗邻黄浦江，与外滩隔江相望，是上海的标志性文化景观之一，是全国首批 5A 级旅游景区。塔高 468 米，从上到下有 11 个球体串联。位于 267 米球体的旋转餐厅，是 360° 观赏上海夜景的绝佳去处。259 米处为悬空观光廊，通道采用钢结构，玻璃敷设地面与墙体，可以俯视黄浦江和陆家嘴全貌。

浦东美术馆——国内首家以展示国外优秀艺术作品为特色的展示型美术馆。美术馆在陆家嘴滨江第一线，西侧直接面向浦江对岸的外滩历史建筑群；东侧的绿地成为从美术馆延伸出的一个艺术公园，也是举办音乐节、艺术节等重大户外活动的草坪公园。自对外开放后，一跃成为上海的新网红打卡地。

◉ 旅行锦囊

加油站：

中国石化加油站（浦建路站）。

> **温馨提示：** 上海科技馆：免费开放；参观时间 9:00—17:00（16:00 停止入馆）；周一闭馆。

△ 浦东美术馆夜景

△ 上海城隍庙

❯ 餐饮推荐

炝虾、叶榭软糕、水晶肴肉、红烧油面筋、桂花糖藕、上海阳春面、粢饭、虾子大乌参、八宝辣酱、三鲜豌豆。

DAY3 上海博物馆—上海城隍庙—南京路步行街—上海鲁迅纪念馆
（行驶里程10公里）

今日首先参观上海博物馆，这里的馆藏年代跨度上自旧石器时代，下迄近现代，藏品之多、之全、之精，在国内外都享有盛誉，有文物界"半壁江山"的美誉，无愧为上海最负盛名的国家一级博物馆。随后前往上海鲁迅纪念馆，这里以鲁迅的作品、思想和人格感召观众，让观众了解鲁迅。鲁迅纪念馆是新中国建立后第一个人物性纪念馆。

❯ 路况

整体路况良好，途经延安东路、外滩隧道

❯ 海拔情况

上海：平均海拔 2.19 米。

❯ 沿途特色景区

上海博物馆——国家 4A 级旅游景区、爱国主义教育基地。是一座大型的中国古代艺术博物馆，馆藏珍贵文物十数万件，其中尤以青铜器、陶瓷器、书法、绘画为特色。藏品之丰富、质量之精湛，在国内外享有盛誉。现有青铜馆、陶瓷馆、书法馆、绘画馆、雕塑馆、玉器馆、钱币馆、家具馆、玺印馆、少数民族工艺馆等。如您是博物馆爱好者，建议至少抽出 6 小时来参观本馆。

上海城隍庙——国家 4A 级旅游景区、上海市文物保护单位。是上海著名的名胜和历史古观，殿堂建筑是南方大式建筑，红墙泥瓦，主体建筑由庙前广场、大殿、元辰殿、财神殿、慈航殿、城隍殿、娘娘殿组成。如今，商贾辐辏，百业荟萃，城隍庙也成了著名的小商品、特色产品和特色商品市场。

南京路步行街——国家 4A 级旅游景区。南京路是上海最热闹最繁华的商业大街，被誉为"中华商业第一街"。在这里汇集了数百家现代化商厦、中华老字号商店及名特产品商店。南京路成为我国最大的零售商品集散地和商业信息总汇，每天流向南京路的人流达到上百万人次。

上海鲁迅纪念馆——爱国主义教育基地。是中华人民共和国成立后第一个人物性纪念馆，展示了鲁迅的手稿、文献照片、遗物，从新文学开山、新人造就者、文化播火人、精神界战士、华夏民族魂五个专题，体现鲁迅为追求民族和社会的解放而英勇不屈地进行斗争的生平业绩，以鲁迅的作品、思想和人格感召观众，让观众在走近鲁迅中接受爱国主义教育。

❯ 旅行锦囊

加油站：

中国石化加油站（云明站）。

> **温馨提示：** 1.上海博物馆：免费开放；参观时间 9:00—17:00（16:00 停止入馆）；周一闭馆。
> 2.上海鲁迅纪念馆：免费开放；参观时间 9:00—16:30（16:00 停止入馆）；周一闭馆。

❯ 餐饮推荐

面拖蟹、龙凤酸辣汤、炒鳝糊、四喜烤麸、小绍兴白斩鸡、小绍兴鸡粥、上海春卷、蛤蚧当归炖草鸡、百花竹荪鱼翅卷、烟熏鲳鱼。

自驾须知

一、行前准备

（一）证件类

出行之前记得检查好各种证件是否带齐，必备证件：驾驶员的驾驶证、车辆的行驶证、保险单以及随行人员的身份证。如果是外籍人士需准备好护照和中国的驾驶证。

（二）设备检查类

出行前到 4S 店为车辆做一个彻底的保养，尤其是轮胎和刹车系统，以便车辆保持最佳状况，为之后的出行保驾护航。出行必备：车绳、搭铁线、打气泵，常用的易损汽车零件等。

（三）必备装备

个人用品类：

1. 服装

准备四季衣物为佳，建议准备冲锋衣裤（红、黄是最佳）、羽绒服、排汗内衣、抓绒衣等，做好防寒保暖，切勿感冒。鞋袜需要准备低帮徒步登山鞋、拖鞋、保暖舒适的袜子。帽子、手套、丝巾、围巾都是必备之品。准备的

△ 长江三峡自然保护区风光

衣物一定要易于增减!

2. 鞋袜

常规城市旅游穿旅游鞋等方便出行的鞋类即可,高原段或者涉及登山,则要准备防水中低帮徒步登山鞋、舒适袜子。

3. 太阳镜

如去高原段,则防紫外线能力越高越好!保护脸部面积越大越好!

4. 雨伞、雨衣各1件

雨具也是雨天时的遮挡物。

5. 防晒霜

行走高原地区一定要做好防晒,准备至少30倍防晒霜。

6. 润肤油、补水霜、润唇膏

防晒最佳。

7. 保温水壶。

食品类:

高能量零食(巧克力、牛肉干等)、方便食品、便于保存的水果、功能性饮料和矿泉水。路上难免会堵车,以便无法到达用餐点时补充能量,沿途均可以补给。

药品类(根据自身情况准备):

感冒药、肠胃药、镇痛药、葡萄糖粉、速效救心丸、抗菌消炎药、维生素泡腾片。参考药品:西洋参含片、阿司匹林、必理痛、牛黄解毒片、感冒灵、喉炎丸,止咳水、白花油、胃药、纱布、眼药水及消炎药。如去到高原,还可以准备抗高原反应的药,如红景天、肌苷口服液、携氧片,以及其他个人必需药品。

其他:

手电筒(非手机手电筒)、创可贴、电池、小刀、指南针、火柴、宽胶带、防蚊水,其他未列个人所需物品,如去高原,还建议准备帽子、手套、丝巾、围巾等防寒小物件。

(四)出行线路以及车型选择

1. 出行前请提前查阅路线的相关资料,做好攻略,根据驾龄长短以及开车技术选择合适的自驾路线,建议先从周边自驾开始,逐步向长途、需要更多驾驶技巧的地区扩展。

2. 根据出行线路选择合适的出行车型,如进入山区,最好选择 SUV 这类高底盘的车型。以应对出行中因为道路落石塌方或沙石太多导致车辆无法继续前进的情况。

> **温馨提示:** 在出游之前,一定要多做攻略,可以让你在面对一些突发情况时也能冷静地面对。同时要自备现金和零钱,虽然现在支付宝和微信已经很普及了,但难免有一些地方需要现金支付。不要在未经过同意和没有专业设备的情况下进入未知草原,因为救援难度较大,容易迷失方向。

二、行中事项

(一)关于维修

目前常规市县城市加油站、维修站还是比较多的,如果进入高原等地区,建议在每天出行前都前往附近的维修店留取电话,以备不时之需。

(二)关于路况

遇到山区隧道,要提前关注第二天路况信息,注意旅途中是否有限高、限宽、限长等要求,如有这种情况及时绕行,避免耽误行程。车型以越野车、SUV、高底盘轿车,车长以不超过 5.1 米为宜(以陆地巡洋舰为最大参考车型:长 5.17 米、宽 1.97 米、高 1.945 米)。

（三）关于驾驶

如遇第二天行驶时间较长，或路途较长时，注意早点休息，同时建议一车两位司机轮流驾驶，以避免疲劳驾驶。

三、特殊路况驾驶技巧

（一）山路驾驶技巧

1. 确保燃料充足

城区公路得保证油箱有一格（八分之一油箱容积）以上的燃油才不会在半路出问题，山区公路和乡道除非有把握，否则应保证油箱存有四分之一以上的燃油。

2. 关注车外的情况

山区行车不应隔绝外界闷头驾驶，要时刻关注路况和车况。

3. 利用多种喇叭和灯光

山路上行车条件差，超车、会车时都应该小心。喇叭和灯光是与路面其他车辆和行人沟通的重要途径，要会用、勤用，让其他车辆和行人知道你的存在、了解你的意图。

4. 控制车速

山路上视线不好，弯路、软基较多，控制好车速，不要心存侥幸。

5. 少用刹车

刹车其实是个容易折损的系统，用多了效能和可靠性就会下降。多用油门和挡位控制车速，少用刹车，确保刹车完好是安全的最后一道屏障。

6. 保持足够的驱动力

手动挡用低挡和中速挡，不要用超速挡。确保足够的爬坡动力和下坡牵阻力。自动挡用运动模式或者L3。长距离下坡时，要用低挡位

机械制动，自动挡车辆可切换至手动挡模式，切忌长时间踩刹车，容易导致刹车发热失灵；自动挡车上坡时，可切换至手动挡模式，并根据道路坡度大小，选择合适的挡位，一般是坡度越大，挡位越低。

7. 不要急加速和急刹车

这样不仅仅是为了安全，一般车辆也经不起山路剧烈驾驶。

8. 靠近山体行车

山路外缘常有软基，要尽量避开。

9. 视线放远、放宽

这样有助于提前发现问题，提前采取措施。

10. 保持沟通

打开车窗注意外面情况，遇有对方鸣喇叭、变光提示要积极回应。

11. 多停山顶少停山下。

12. 只停直道不停弯道。

13. 弯道要诀

遵循"一慢二鸣三右行"原则，提前减速、鸣笛，并靠右侧行驶，严禁占用左侧对方车道。

（二）冬季冰雪路面驾驶技巧

1. 控制行车速度

冰雪路面比较湿滑，轮胎与地面的摩擦力会变小，从而使车子更容易出现打滑的问题。所以雪天开车或通过结冰路面时，要缓慢行驶，不随意超车，轻点油门，轻点刹车，慢打方向，任何大的动作或不妥操作都可能带来危险。另外，在冰雪路面上，同等车速下汽车的刹车距离会变长，这时候控制行车速度，加大与前车之间的距离，才能保证有足够的刹车距离，避免出现追尾现象。

2. 保持匀速直线行驶

在冰雪路面行车的时候，要注意集中注意

力，提高警惕。行驶过程中，最好能保持车辆匀速直线行驶，驾驶员转方向盘要缓，油门及制动的力度都要轻柔，切忌动作幅度过大过猛。冰雪天气下，因为阴阳面不同，阳光照射强度不同，同一路段也会出现湿滑程度不一样的情况。当拐入一段背阴面的道路时，要注意减速缓行，以免出现不期而遇的冰面。

3. 刹车技巧

在冰雪路面上，刹车距离会成倍地增长，要尽量把制动距离增加到平时的3~4倍，提前判断，尽量早踩，但不要一脚踩死，因为抱死的轮胎更容易滑动！现在很多车型都配置了ABS防抱死系统，这在很大程度上可以保证冰雪路面的行车安全。

4. 降挡制动

当出现意外情况的时候，人们会下意识地赶快制动，以避免碰撞事故的发生。但是，如果是在冰雪路面上，紧急制动反而容易出现问题，产生侧滑，车辆的方向无法控制。在冰雪路面上制动，包括下坡都要尽可能采用降低挡

△ 金沙水拍云崖暖

位来控制车速，用低挡位让轮胎转速降下来。对于自动挡的车辆，驾驶员可以强制把挡位从D挡降到2挡或是1挡。

5. 弯道、坡道行驶必须提前减速

冰雪天气的时候，弯道和坡道是最容易出现汽车控制不良情况的路段。在过弯的时候要提前减速慢行，同时慢打方向盘，这样才不容易出现侧滑的现象。上坡时应尽量保持低挡位并且避免换挡，下坡时应避免空挡滑行，还要注意不要踩死刹车，可以降低挡位利用发动机制动来辅助降低车速。

△ 瞿塘峡风景名胜区

策划编辑：王　丛
责任编辑：陈　冰
责任印制：冯冬青
封面设计：路　平

图书在版编目（CIP）数据

长江国际黄金旅游带精品线路路书 / 文化和旅游部
资源开发司，国家发展改革委社会发展司编著 . -- 北京：
中国旅游出版社，2023.10
　ISBN 978-7-5032-7128-1

　Ⅰ.①长… 　Ⅱ.①文… ②国… 　Ⅲ.①旅游指南 - 中
国 　Ⅳ.① K928.9

中国国家版本馆 CIP 数据核字（2023）第 103427 号

书　　名：长江国际黄金旅游带精品线路路书

作　　者：文化和旅游部资源开发司　国家发展改革委社会发展司　编著
出版发行：中国旅游出版社
　　　　　（北京静安东里 6 号　邮编：100028）
　　　　　http://www.cttp.net.cn　E-mail: cttp@mct.gov.cn
　　　　　营销中心电话：010-57377103，010-57377106
　　　　　读者服务部电话：010-57377107
排　　版：北京中文天地文化艺术有限公司
印　　刷：北京工商事务印刷有限公司
版　　次：2023 年 10 月第 1 版　2023 年 10 月第 1 次印刷
开　　本：880 毫米 ×1230 毫米　1/16
印　　张：13.5
字　　数：208 千
定　　价：88.00 元
Ｉ Ｓ Ｂ Ｎ　978-7-5032-7128-1